国学一本通

徐 潜◎主编

汉书 后汉书

东汉·班固 南北朝·范晔◎著 于元◎主编

吉林文史出版社

图书在版编目（CIP）数据

汉书·后汉书/（东汉）班固，（南北朝）范晔著；于元主编.--长春：
吉林文史出版社，
2010.2（2022.1重印）（国学一本通/徐潜主编）
ISBN 978-7-5472-0295-1

Ⅰ.①汉… Ⅱ.①班…②范…③于… Ⅲ.①中国－古代史－西汉时代－纪传体②
中国－古代史－东汉时代－纪传体③汉书－注释④汉书－译文⑤后汉书－注释⑥后
汉书－译文 Ⅳ.①K234.042

中国版本图书馆CIP数据核字（2010）第007195号

国学一本通

汉书 后汉书

出版人/徐 潜

出版/吉林出版集团 吉林文史出版社

出版发行/吉林文史出版社（长春市人民大街4646号） www.jlws.com.cn

主编/徐 潜

原著/班 固 范 晔

撰文/于 元

项目负责/王尔立

责任编辑/杨晓天 王凤翎

责任校对/李洁华

装帧设计/李岩冰 董晓丽

印刷/北京一鑫印务有限责任公司

版次/2010年9月第1版 2022年1月第4次印刷

开本/720mm×1000mm 1/16

字数/280千字

印张/14

书号/ISBN 978-7-5472-0295-1

定价/55.00元

前言

历史名著《汉书》是东汉班固的力作。班固出身于书香门第，从小和妹妹班昭一起读书，才高八斗，学富五车。27岁时，班固接替父亲撰写西汉全史。他既模仿《史记》的纪传体，又有所创新，增加了《刑法志》、《五行志》、《地理志》、《艺文志》。其中《地理志》记录了全国各地的沿革、建制、户口、特产和风俗，对研究地理沿革大有帮助。《艺文志》则保存了古代书目，还记载了书籍分类法，是我国最早的、内容完整的目录学著作。此外，在纪传部分，比《史记》略胜一筹的是收入了人物的著述，如《贾谊传》中收了贾谊的《治安策》，《晁错传》中收入了晁错的《言兵事书》等等，这些都是研究当时社会情况和著者本人思想的珍贵史料。《汉书》包括十二纪、八表、十志、七十列传，起自汉高祖元年（公元前206年），终于刘玄更始二年（公元24年），记载了西汉230年的历史。其中《汉书》中的八表和《天文志》由班固的妹妹班昭和班固的同郡人马续续写。

范晔的《后汉书》上起光武帝中兴，下到汉献帝禅位，记载了东汉196年的历史。这部《后汉书》在《史记》、《汉书》纪传体的基础上，又增加了《文苑》、《列女》、《方术》、《逸民》、《独行》、《党锢》、《宦官》等七种新传体，有意识地为文学家、妇女、科学家和不愿意与统治者同流合污的隐士树碑立传。因此，有人说范晔是"文学家的功臣"和"为妇女争得一席之地的史学家"，将他的辉煌巨著《后汉书》和《史记》、《汉书》、《三国志》并列在一起，合称"前四史"。后来，人们又将它列入《二十四史》，流传至今。

本书将《汉书》和《后汉书》中的内容以故事形式写出，其中原文部分根据故事内容需要按句进行选择成段，基本未作整段选取，并对其原文作了题解、注释，目的是让读者对整个汉朝历史有个粗略认识。这些故事或谈经验，或讲教训，或谈史实，或讲人物，能够帮助读者认识历史，增加知识，给人以启发。当然，要全面认识汉朝历史，则不可不细读《汉书》、《后汉书》原著。

由于编辑水平有限，评注水平不甚理想，还望专家和读者多加指正。

目录

汉书 后汉书

目录

汉书 后汉书

前汉世系图

凡十二主共二百一十年

①高帝刘邦 在位八年 —— ②惠帝盈 在位七年嗣由吕后称制八年

③文帝恒 在位二十三年 ④景帝启 在位十六年

⑤武帝彻 在位五十四年 —— ⑥昭帝弗陵 在位十三年

戾太子据

史皇孙进 —— ⑦宣帝询 在位二十五年 ⑧元帝奭 在位十六年

⑨成帝骜 在位二十六年

定陶王康 —— ⑩哀帝欣

中山王兴 —— ⑪平帝衎

楚孝王嚣—广戚侯勋—广戚侯显—⑫孺子婴 在位三年

后汉世系图

凡十二主共一百九十六年

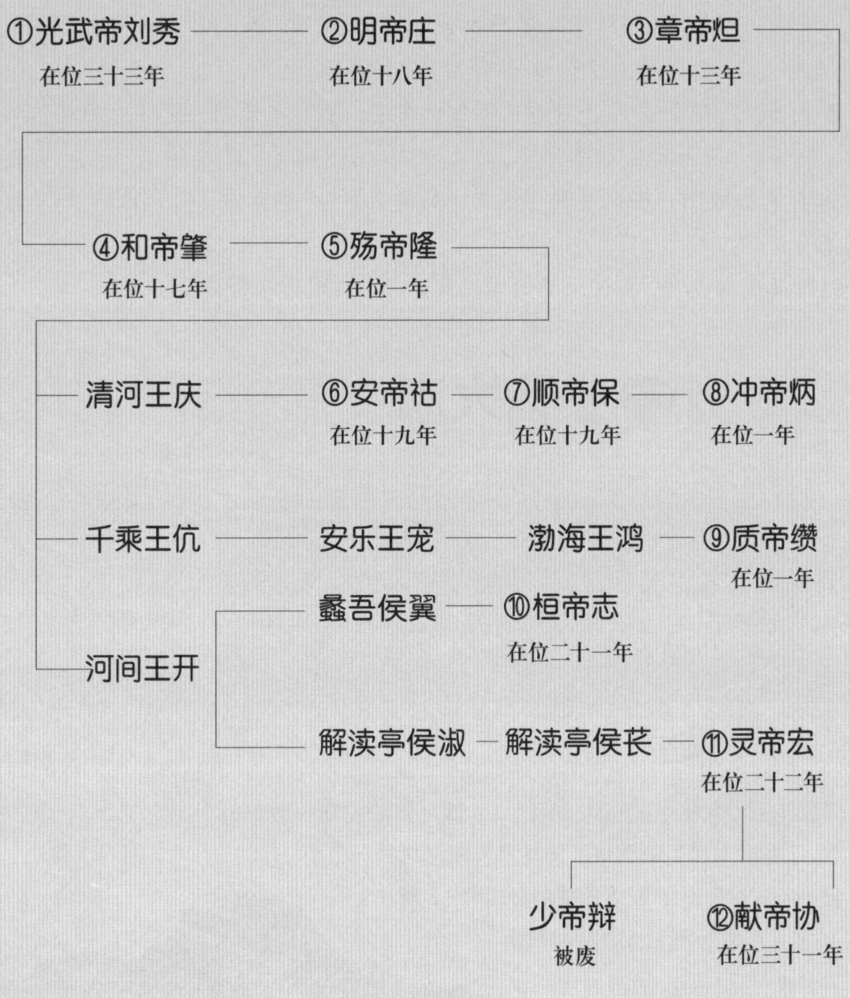

①光武帝刘秀 —— ②明帝庄 —— ③章帝炟

在位三十三年　　　　在位十八年　　　　在位十三年

④和帝肇 —— ⑤殇帝隆

在位十七年　　　　在位一年

清河王庆 —— ⑥安帝祜 —— ⑦顺帝保 —— ⑧冲帝炳

在位十九年　　　　在位十九年　　　　在位一年

千乘王伉 —— 安乐王宠 —— 渤海王鸿 —— ⑨质帝缵

在位一年

蠡吾侯翼 —— ⑩桓帝志

在位二十一年

河间王开

解渎亭侯淑 — 解渎亭侯苌 — ⑪灵帝宏

在位二十二年

少帝辩　　　⑫献帝协

被废　　　在位三十一年

开国之君汉高祖

题解

公元前207年，刘邦所率义军率先攻入秦都咸阳，公元前206年被义军盟主项羽封为汉王，公元前202年，刘邦称帝，建都洛阳。

登基后，刘邦命萧何次律令，韩信申军法，张苍定章程，叔孙通制礼仪，陆贾造《新语》。又与功臣剖符作誓，丹书铁契，金匮石室，藏之宗庙。他采取的休养生息的宽松政策，不仅安抚了人民、凝聚了中华，也奠定了汉代雍容大度的文化基础。

刘邦在位共八年，其得天下一因决策正确，二因用人得当。

小亭长有大志

高祖为人，隆準而龙颜[1]，美须髯[2]，左股有七十二黑子[3]。宽仁爱人，意豁如也[4]。常有大度，不事家人生产作业[5]。及壮，试吏，为泗上亭长[6]，廷中吏无所不狎侮[7]。

汉书故事

周赧王五十九年（公元前256年），也就是信陵君窃符救赵的第二年，汉高祖刘邦生于泗水郡沛县丰邑阳里村的一个小康之家。父亲刘瑞是个老实巴交的自耕农，人称"太公"。母亲王氏在家纺线织布。刘邦从小聪明多智，相貌奇伟，方面大耳，高鼻梁，双目炯炯有神。他的左腿上有七十二颗黑痣。父亲见他相貌异常，知道他将来不是一般人，所以给他起名叫刘邦，邦是邦国之邦。刘邦的

注释 <<<

① 隆準：高鼻梁。
② 须髯：胡须。
③ 黑子：黑痣。
④ 意豁如：性情豁达大度。
⑤ 家人：指平常人。
⑥ 泗上：地名，在今江苏沛县东。
⑦ 廷中吏：指县里的吏员。

◎汉代白玉壶◎

父兄都在家务农，为了让他做大事，父亲特地供他一个人读书。

　　刘邦从小就特别好交朋友，身前身后总有一群人围着他。朋友多了，在家吃饭不方便，免不了要到酒肆中吃饭。到了酒肆，又免不了要喝酒。久之，刘邦有了酒瘾，平时十分喜欢喝酒，常到武负、王媪的酒肆中去饮酒。武负、王媪见他的相貌和平常人不同，年终时，竟将记录板上的赊账一把擦掉，不收他酒钱。

　　秦始皇统一天下后，刘邦通过考试，当上了泗水亭长，做了秦朝的官。亭长是比乡长还要小一级的行政长官，负责管理地方百姓，解决邻里纠纷，处理诉讼。他手下有役卒两人，一个管洒扫，一个管缉捕。亭里遇有大事时，亭长要上报到县里。因此，刘邦认识了县里的一些官吏。刘邦为人大度，乐于助人，喜欢结交豪杰。沛县主吏萧何、狱掾曹参和夏侯婴是他的好朋友，他们常在一起喝酒。有一次，刘邦受县里委托，到咸阳出差，县吏每人送他三百钱，可萧何却送给他五百钱。

　　刘邦胸怀大志，不想做一个碌碌无为的人。一天，他在咸阳街头碰巧遇见秦始皇出巡。望着前呼后拥、八面威风的秦始皇，刘邦喟然长叹道："唉！大丈夫就应该如此啊！"

　　秦始皇末年，朝廷颁布命令，让各郡县押送狱中的囚犯到骊山为秦始皇修筑陵墓。沛县县令接到命令，不敢怠慢，忙派刘邦押送几十名刑徒到骊山去。为了修造骊山陵墓，秦始皇在全国征用的劳工多达几十万人。劳工去了一批又一批，去的人不是累死就是被监工打死。刘邦押着刑徒上路后，刑徒怕到骊山去送命，一出县境，就有人偷偷地逃跑了。向西走了几十里，又有几个人不见了。晚上，刘邦和刑徒在驿站投宿。早晨起来，清点人数，发现又少了几个。当走到沛县西面的大泽中时，刘邦决定放了这些刑徒。其中有十个人没有逃走，问刘邦说："亭长，你把人放了，如何回县里销差啊？"刘邦回答说："我也从此远走高飞了。"那十个人说："刘公如此仗义，我们情愿相随，共同保护你。"刘邦见这十个人愿意跟随他，便说："那好，我们暂时躲到芒砀山上去吧。"

◎刘邦画像◎

刘邦带着他们向芒砀山进发,对其中一个大汉说:"你在前面探路,有情况随时回来报告!"大家在后面走着,忽见大汉慌慌张张地跑回来,对刘邦说:"不好了,前面有巨蛇挡路!"刘邦借着酒力,"嗖"的一声拔出宝剑冲上前去,果见一条白色巨蛇横在路上,在夜色中更增加了恐怖感。众人见了,都倒抽了一口冷气。刘邦定了定神,纵身一跃,手起剑落,将巨蛇斩为两段。

◎刘邦的故乡——沛县◎

自从刘邦斩蛇之后,那十个人对他心服口服,知道他敢说敢做,在关键时刻是个靠得住的人。后来,刘邦斩蛇这件事被他们传得越来越神,说白蛇是白帝之子,刘邦是赤帝之子。刘邦杀了白蛇,象征刘邦将来会推翻秦王朝。刘邦听了这话,只是笑了笑,知道他们是好意。但后来一想,如果不推翻秦王朝,自己就得永远躲在这荒山沟里,过一辈子流亡生活,难得与妻子儿女团圆了。

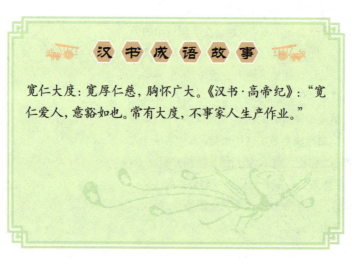

汉书成语故事

宽仁大度:宽厚仁慈,胸怀广大。《汉书·高帝纪》:"宽仁爱人,意豁如也。常有大度,不事家人生产作业。"

洞房花烛

高祖隐于芒、砀山泽间①，吕后与人俱求，常得之。高祖怪，问之，吕后曰："季所居上常有云气，故从往常得季。"高祖又喜。沛中子弟或闻之②，多欲附者矣。

注释 <<<

①芒、砀：二县名，在今河南永城县北。

②子弟：这里指年轻人。

汉书故事

　　刘邦躲进芒砀山后，有一天，正在想家的时候，他的妻子吕氏带着孩子来看他。

　　提起吕氏，还有一段婚姻佳话哩。吕氏名雉，字娥姁，老家在山东单父。秦朝末年，父亲吕公为躲避仇家，带着妻子儿女迁到沛县。沛县县令是吕公的好友，因此他们的到来受到了县令的热烈欢迎。沛县豪杰和县中官吏听说县令家来了贵客，纷纷前来祝贺。刘邦也有幸参加了迎宾盛会。吕公见到刘邦，不由得吃了一惊。原来，吕公善于相面，是百相百准的。他凭自己的相面术，认为刘邦有帝王之相。为此，他要把自己18岁的大女儿吕雉嫁给33岁的刘邦。刘邦一听，高高兴兴地答应了。因为他知道吕公的大女儿十分漂亮，连县令都相中了，曾向吕公求婚，但吕公不肯答应。

　　婚后，吕氏生了一男一女。男孩就是后来的汉惠

阅读延伸

汉代灯具

　　两汉时期的灯具，对战国和秦的灯具既有继承，又有创新。汉代灯具从质地说，除了陶灯、青铜灯外，还出现了铁灯、玉灯和石灯，其中以青铜灯具最为多姿多彩。两汉时期的灯具造型，有塑成人物形象的，有制成动物形象的，有模拟器物形态的，制作得栩栩如生，达到了绝妙的境界。

帝，女孩就是后来的鲁元公主。

吕氏除了操持家务，抚育儿女外，有时还要下田干农活。一天，吕氏带着两个孩子在田里正忙着，有个老翁从田边经过，向吕氏要水喝。老翁喝完，看了看吕氏，不由得说道："夫人是天下的大贵人啊！"吕氏听了，说道："原来老丈会相面，请给这两个孩子相一相吧。"老翁说："夫人之所以大贵，就是因为这个男孩啊。这个女孩也是贵相。"老人刚走，刘邦就来了。吕氏将老人相面的事同刘邦讲了，刘邦忙向老人走的方向追去。追上老人后，刘邦说："求老丈也给我相相面如何？"老人说："刚才母子三人的面相好，都是因为你啊，你的相貌贵不可言！"

自从刘邦逃进芒砀山后，吕氏惦记他，便带上孩子来看他。刘邦奇怪地问："这里山深林密，你是怎么找到我的？"吕氏说："你住的地方，上面总有云气，所以我能找到你。"刘邦听了，心中暗喜，更坚定了做一番大事业的信心。吕氏见了刘邦，一家人又团圆了。原来，刘邦逃走后，吕氏受到株连，被逮到县里监禁起来。狱吏见吕氏貌美，竟在狱中调戏吕氏，要做不法之事。吕氏如何能答应，便大呼求救。这时，有个叫任敖的小吏，与刘邦有交情，闻声赶来，将狱吏打得鼻青脸肿。县令听说后，让萧何审理此事。萧何判道："狱吏执法犯法，情节严重，应该惩罚；任敖虽然粗莽，但情有可原，应该宽宥。"县令认为他判得对，便照办了。萧何灵机一动，趁机对县令说："吕氏身为女流，不问外事，刘邦有罪，她并不知道。不如放了吕氏，以示宽大。"县令一听有此借口，便放了吕氏。吕氏出狱后，不敢再在沛县住下去，便带着孩子来寻刘邦了。

刘邦在山里找了一个山洞，一家四口住了进去。后来，人们称这个山洞为"皇藏峪"。

◎汉代调兵用搓银◎

荣任沛公

◎ 前209年 陈胜、吴广在大泽乡起义。◎

高祖数让，众莫肯为，高祖乃立为沛公。祠黄帝①，祭蚩尤于沛廷②，而衅鼓旗③。帜皆赤，由所杀蛇白帝子，杀者赤帝子故也。于是少年豪吏如萧、曹、樊哙等皆为收沛子弟，得三千人。

注释 <<<
①黄帝：传说为古代帝王，号轩辕氏。
②蚩尤：传说为古代部落首领，善战，败于黄帝。祭祀黄帝、蚩尤，以祈求得到保佑。
③衅鼓旗：杀牲以血涂于鼓旗。

 汉书故事

秦始皇死后，在赵高、李斯的策划下，逼死太子扶苏，立秦始皇的小儿子胡亥为皇帝，史称秦二世。秦二世荒淫暴虐，赋税徭役过重，百姓不堪其苦，终于纷纷起来造反了。秦二世元年（公元前209年）秋季七月，阳城人陈涉、阳夏人吴广在蕲地大泽乡起兵了。

陈涉率领起义队伍先后攻下大泽乡、蕲和陈。这时，他们已有战车六七百辆，骑兵千余人，步兵数万人了。于是，陈涉自立为王，国号"张楚"。这时，秦朝各郡县早已受尽了苦，官逼民反了。再说，六国灭亡之后，各国后人本来就不甘心，如今听说陈涉起兵反秦，建国称王，便也纷纷起兵，杀掉长官，自立为王。

这年九月，刘邦、项羽和田儋分别在沛县、吴郡和狄城率先起兵。陈涉起兵后，沛县县令也想起兵独立，县吏萧何、曹参说："大人是秦朝的官员，恐怕沛县百姓不服你的约束。请大人召回逃亡在外的沛县子弟，让他们劫持百姓，百姓就不敢不听了。"于是，县令让刘邦的妹夫樊哙去召回刘邦。这时，远在百里之外的刘邦，手下已经有百十号人马

了。樊哙找到刘邦，说明来由，刘邦大喜道："总算熬出头了。"他集合好队伍，带上吕氏和孩子，立即出发。

过了些天，县令在城楼上见刘邦领回百十来人，怕他生变，不利于自己，又后悔了。他忙令人将城门关上，还要杀掉萧何、曹参。萧何、曹参闻讯，急忙逃出城去，投到刘邦队伍中。刘邦听说县令反悔了，便用笔在帛上写了一封信，用箭射进城去，劝沛县父老杀了县令。父老见了刘邦的信，便率领沛县子弟冲进县衙，杀了县令，打开城门迎接刘邦。

沛县反秦后，大家一致拥护刘邦当头领，尊刘邦为"沛公"。沛县子弟听说后，纷纷参军，刘邦一下子就组成了一支三千人的队伍。这年，刘邦48岁，因他敢于反秦，得以荣任沛公，这是他一生的转折点。从此，他像大鹏展翅一样，扶摇直上了。

率先灭秦

◎ 前206年 刘邦军至霸上，子婴败，秦亡。◎

元年冬十月①，五星聚于东井②。沛公至霸上③。秦王子婴素车白马，系颈以组④，封皇帝玺符节，降枳道旁⑤。

注释 <<<

①元年：汉元年（公元前206年）。汉初沿用秦历，以十月为岁首。

②五星：指水、火、木、金、土、五星。东井：星名，即井宿。

③霸上：地名，在今陕西西安市东。

④系颈以组：以丝带系颈，表示是该死的罪犯。系，丝带。

⑤枳道：一说为亭名。

汉书故事

秦二世三年（公元前207年），刘邦西进途中，遇到骁将彭越。彭越帮助刘邦攻打昌邑，没有攻克。刘邦为了抓紧时间西进，便继续向前进军。刘邦大军路过高阳时，高阳儒者郦食其求见刘邦，要帮助刘邦灭秦。

郦食其入见刘邦时，刘邦正由两个女子为他洗脚。郦食其进去后，见刘邦不理他，便长揖不拜，对刘邦说："请问，将军是想帮助秦国打六国呢，还是想帮助六国打秦国啊？"刘邦骂道："你这个腐儒，难道不知道天下让秦国害苦了？我怎么会帮助秦国打六国呢？"郦食其说："既然如此，那就不应该在见到长者时不讲礼貌啊。"刘邦听了这话，马上停止洗脚，整理好衣服，请郦食其坐下，向他赔礼，并请教说："先生前来，有何见教啊？你看，我该如何进军呢？"郦食其献计道："将军手下都是乌合之众、散乱之兵，而且不满万人。如果这样进攻秦国，岂不等于进虎口去拔牙吗？前面的陈留县是天下要冲，道路四通八达。陈留县令是我的朋友，我可以为将军去劝降他。如果他不听，我便为将军做内应，帮将军打下陈留县。"刘邦听了，心中大喜，依计而行，很快占领了陈留县。于是，刘邦封郦食其为广野君，封他的弟弟郦商为将军。

接着，刘邦在洛阳东面大战秦军，被秦军所阻，

◎秦代兵士铠甲图◎

便决定不走函谷关这条大路，改道向南，穿过方城，直奔宛城，经武关进入关中。当时，东方六国要进入关中，只有两条大路，即南路和北路。北路要过函谷关才能进入关中，南路必须过武关才能进入关中。刘邦为了火速进军，到宛城时绕城而过。当他路过宛城后，张良献计说："沛公不要急着进攻关中，应先打下宛城。否则，强敌在前，宛城在后，前后夹击，我军就危险了。"于是，刘邦又从另一条路线绕回。他命令将士偃旗息鼓，免得被敌人发现。等到天亮时，他们已将宛城围了三层。

秦国南阳郡守吕齮见兵临城下，拔剑就要自刎，舍人陈恢拦住劝道："大人，我自有办法，如果不成，到时候再死也不晚。"于是，他出城见刘邦说："听说将军先入关便可称王。宛郡连城数十，如果投降必死，他们一定会誓死守城的。那时，将军如何能抢先入关啊？为将军着想，不如将投降者封官，仍令其守城如故，而将军带投降者的兵马西进。这样，秦国郡守必然望风而降，将军便可一往直前，抢先入关了。"刘邦听了，连声叫好，依计而行。于是，吕齮投降，被封为殷侯，陈恢被封为千户。结果，前面守城的郡守没有一个不投降的。

◎汉代铜灯◎

在行军路上，刘邦大军秋毫无犯，秦民大喜。这年八月，刘邦攻入武关。赵高闻讯，心中大惧，便杀了秦二世，派使者来见刘邦，要和刘邦平分关中。刘邦骂道："这个祸国殃民的奸臣，真是白日做梦！"使者吓得逃了回去。赵高无可奈何，只得立秦二世哥哥的儿子子婴为秦王。子婴知道赵高要谋反，便埋伏武士，将他杀死。子婴除了内奸，立即派大将率军把守峣关，抵御刘邦。峣关是武关之西的一道雄关，位于关中内部。刘邦见秦王子婴派人前来把守，便要挥军夺关。刘邦依张良之计，大败秦军。

汉高祖元年（公元前206年）冬十月，刘邦率大军到了霸上。霸水原名兹水，秦穆公更名霸水。霸上在霸水之滨，故名霸上。这里离长安只有几十里，已经逼近咸阳了。秦王子婴见败局已定，只得跟着素车白马，献出皇帝玉玺，投降刘邦，秦朝灭亡了。这样，由于刘邦肯听人献计，虚心接受别人的建议，仅用一年时间便攻入关中，抢先灭了秦国。

屈就汉王

◎ 前206年 项羽自立为西楚霸王 ◎

二月，羽自立为西楚霸王①，王梁、楚地九郡，都彭城。背约，更立沛公为汉王，王巴、蜀、汉中四十一县②，都南郑。

注释 <<<

①西楚：当时称江陵为南楚，彭城为西楚。项羽主持分封，自王梁、楚，都于彭城，故称西楚霸王。霸王，霸主之意。

②巴、蜀、汉中：皆郡名。巴郡治江州（今四川重庆市），蜀郡治成都（今四川成都市），汉中治南郑（今陕西汉中市）。

汉书故事

刘邦进入咸阳后，诸将纷纷进入府库，分财分物，只有萧何到了丞相府，将文书地图都收藏起来。从此，刘邦对天下的地理形势了如指掌。

刘邦废除了秦朝的苛法，只给关中百姓定了三条法律："杀人偿命，伤人抵罪，偷盗治罪。"秦民听说后，非常高兴。刘邦还约束军队，不许侵害百姓。于是，秦民争送牛、酒犒军，刘邦一概不收。秦民见状，更高兴了，一个个唯恐刘邦不做秦王。

这时，项羽大军正向关中开来。原来，项羽北上救赵，大败秦军。后来，章邯投降了。为了报复，项羽将投降的二十万秦兵全活埋了。项羽封章邯为雍王，也就是要让他做关中之王。项羽救赵获胜之后，本应到楚怀王那儿去报到。但他一贪关中秦宫之富，二为了给叔父项梁报仇，又率军向关中杀来。有人对刘邦说："关中沃野千里，富甲天下，东有函谷关，西有散关，南有武关，北有萧关，这里是天下形胜之地。听说项羽已封章邯为雍王，如果他们进入关中，将军就不能当关中王了。不如马上叫人守住函谷关，不让诸侯的军队进关，并在关中征兵自卫。"刘邦采纳了这个建议，派重兵守住函谷关。

◎刘邦约法三章◎

十二月，项羽率大军来到函谷关前。见关门紧闭，项羽大怒，派英布攻进关去。刘邦的左司马曹无伤为了求得封赏，便派人对项羽说："刘邦想要在关中称王，让子婴担任相国，将秦宫珍宝都据为己有。"项羽的谋臣范增也对项羽说："刘邦在东方时，原本是贪财好色的。如今进关后，他不取珍宝，不近女色，这是胸有大志，要夺天下啊！将军应该立即发兵进击刘邦，千万不要错过机会啊！"项羽采纳了他们的建议，让士兵吃饱喝足，准备第二天早晨向刘邦发起进攻。这时，项羽的叔父项伯急了，他的好友张良在刘邦军中，明晨必死无疑。为了搭救好友，项伯不顾夜色如墨，骑上战马，来到刘邦大营，张良听他讲明原因后，对他说："这事不能不告诉沛公。如果我就这样走了，太不讲义气了。"张良夜见刘邦，细诉军情。刘邦听说后，第二天早晨亲自到驻扎在鸿门的项羽大营，向项羽谢罪。范增见刘邦送上门来，一再示意项羽除掉刘邦，幸有项伯从旁相救，刘邦才未被杀。刘邦侥幸回营，诸将都来庆贺。

过了几天，项羽进军咸阳，下令屠城，杀了秦王子婴。接着，放火焚烧秦宫，秦人大失所望。项羽派人请示楚怀王如何处理关中，楚怀王说："一如旧约。"项羽听说还让刘邦做关中王，心中大怒。表面上尊封楚怀王为义帝，但什么也不听他的，一切都由项羽说了算。项羽首先自封为西楚霸王，占了梁、楚九郡，建都彭城。接着，开始大封将领为王。

刘邦先入关中，灭了秦国，本应按照楚怀王约定封他为秦王。但项羽竟封他为汉王，占有巴蜀和汉中四十一县。项羽将关中一分为三，由雍王章邯、塞王司马欣、翟王董翳平分了。这三人都是秦军的降将。至于东方各地，项羽大多封给了他的部将。这一年本来是汉王元年，但因刘邦后来做了皇帝，庙号高祖，所以历史古籍都称这一年为汉高祖元年。

项羽将秦宫中的珍宝和美女全部掠走，带回东方。临行前，韩生劝项羽说："关中地势险要，沃野千里，可以在此建霸业啊。"项羽见秦宫已经烧为灰烬，又思念故乡，便没有采纳他的建议，还将韩生烹了。刘邦未被封为秦王，心中大怒，要攻打项羽。萧何劝阻，于是，刘邦到汉中做了汉王，任命萧何为丞相。

秦末天下大乱的形势暂时结束了。但是，由于项羽未遵守楚怀王之约封刘邦为秦王，不久便爆发了更大的战争——楚汉相争。

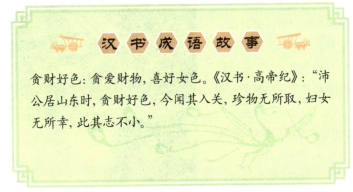

汉书成语故事

贪财好色：贪爱财物，喜好女色。《汉书·高帝纪》："沛公居山东时，贪财好色，今闻其入关，珍物无所取，妇女无所幸，此其志不小。"

暗度陈仓

注释 <<<
①治粟都尉:官名,主管粮食。

汉王既至南郑,诸将及士卒皆歌讴思东归,多道亡还者。韩信为治粟都尉①,亦亡去。萧何追还之,因荐于汉王,曰:"必欲争天下,非信无可与计事者。"于是汉王齐戒设坛场,拜信为大将军,问以计策。

汉书故事

刘邦要入汉中去做汉王时,张良要回韩国,刘邦依依不舍地送他上路。

当初,项梁曾封韩王的后人韩成为韩王,张良担任韩国司徒。楚怀王让刘邦西征灭秦时,刘邦身边缺少谋臣,想借张良一用,韩王韩成便让张良帮助刘邦西征。现在,西征已经胜利结束,张良作为韩国司徒,当然要回到韩国去了。张良在和刘邦分手时献计说:"大王,在进入汉中的途中,应该将关中通往汉中的栈道烧掉。这样,一来可以避免诸侯兵马攻入汉中,二来可以向项羽表示大王已无东归之意了。"原来,从关中到汉中,全是崇山峻岭,根本没有路。后来,人们在山险处架木为路,称为栈道。

◎刘邦乘虚入关中◎

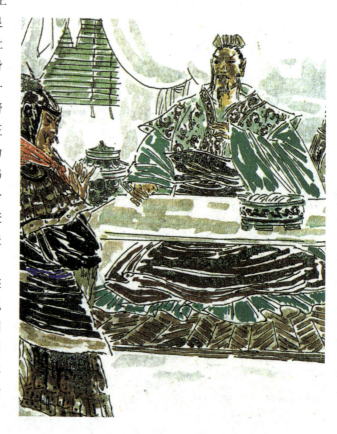

刘邦采纳了张良的建议，边走边放火烧了栈道。

汉王刘邦到汉中后，才发现将士已经逃掉不少了。他们大多是东方人，因为思念家乡，逃回了东方。这时，有个叫韩信的人也逃了。韩信是淮阴人，能文能武，有经天纬地之才。秦末

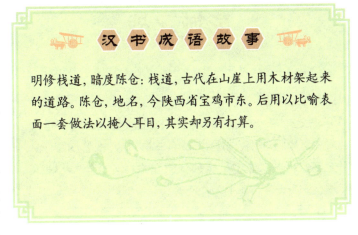

汉书成语故事

明修栈道，暗度陈仓：栈道，古代在山崖上用木材架起来的道路。陈仓，地名，今陕西省宝鸡市东。后用以比喻表面一套做法以掩人耳目，其实却另有打算。

天下大乱时，他投到项羽军中。因项羽不听他的计谋，他见项羽无所作为，又投到刘邦军中，刘邦也未重用他。他见自己无用武之地，就跟着别人一起逃走了。萧何深知韩信之才，知道刘邦要夺天下，非靠韩信不可。于是，他跳上马背去追韩信，将韩信追了回来。

刘邦听说韩信能帮他夺得天下，心中大喜，立即拜韩信为大将。刘邦向韩信咨询大计，韩信说："大王的将士都是东方人，日夜思归故乡。大王应该利用他们思乡的情绪打回关中去。如果时间一长，人们安定下来，军心就不可用了。"刘邦听了，深觉有理，心中大悦。

汉高祖元年（公元前206年）八月，刘邦在韩信的帮助下，率军向关中进发。韩信献计道："为了迷惑敌人，大王可明修栈道，暗度陈仓。"原来，从汉中进入关中有两条路，一条路是走栈道，一条路经过陈仓。刘邦采纳了韩信的建议，兴师动众、大张旗鼓地抢修栈道。章邯见刘邦派人抢修栈道，便没有在陈仓设防，而只在栈道的北端布下重兵，准备拦击汉军。韩信见章邯中计，火速率军从陈仓进军，攻入关中。后来，在关中设置了渭南、河上、上郡三郡。

大将韩信

◎大将韩信雕像◎

彭城之战

◎ 前205年 刘邦、项羽战于彭城，汉军伤亡十余万。 ◎

汉王遂入彭城，收羽美人货赂，置酒高会。羽闻之，令其将击齐，而自以精兵三万人从鲁出胡陵[1]，至萧，晨击汉军，大战彭城灵壁东睢水上[2]，大破汉军，多杀士卒，睢水为之不流。

注释 <<<
①鲁：县名，今山东曲阜。胡陵：县名，今山东鱼台县东南。
②灵壁：邑名，在今安徽宿县西北。睢水，鸿沟支脉之一，经彭城南，流入泗水。

汉书故事

田儋的堂弟田荣是齐王的后代，见项羽封随他北救赵国和西进关中的田都为齐王，心中不服，便起兵将田都赶走了。项羽得报，犹豫不决，是迎击西方的刘邦呢，还是进击东方的田荣？正在经营韩国的张良给项羽写了一封信，信中说："汉王刘邦不过是想按怀王旧约做秦王罢了，并无东进之意。"项羽见信，信以为真，便率军伐齐，进攻田荣去了。

原来，张良东归后，韩王韩成已经被项羽杀了。听说刘邦已经攻入关中，项羽又立原吴令郑昌为韩王，让他防止刘邦东进。

汉高祖二年（公元前205年）十月，项羽为了自己说了算，决定踢开义帝。于是，他让九江王英布将义帝杀死。张良见项羽的所作所为令人失望，而韩王郑昌更是不值得辅佐，便悄悄离开韩国，从小路去投奔刘邦了。刘邦大喜，封张良为成信侯。

刘邦率军冲出函谷关，继续东进。河南王申阳无力抵抗，举兵投降，刘邦设置了河南郡。不久，韩王郑昌兵败投降，刘邦改封韩太尉韩信为韩王。这个韩信与刘邦拜的大将韩信同名同姓，但不是一个人。为了解除后顾之忧，刘邦又回到关中，派诸将平定了陇西。在关中，刘邦又下令说："允许秦民在原秦朝皇家园林中耕田。"秦民奔走相告，心中大悦。

◎张良庙◎

正月，项羽大败田荣，田荣逃到平原郡，被平原百姓所杀。齐地将士失掉了国王，尽降项羽。不料，项羽下令焚烧齐地的城郭，齐人又反了。

二月，刘邦从临晋东渡黄河，魏王豹投降了。接着，又进兵打败殷王司马卬，设置了河内郡。进军到修武时，项羽手下的陈平脱离项羽，前来投奔刘邦，成了刘邦的重要谋士。

刘邦南渡黄河，到了洛阳。洛阳新城三老董公对刘邦说："顺德者昌，逆德者亡，师出无名，其事难成。只有让人知道大王进攻的是贼，才能打败敌人。项羽无道，杀了义帝，正是天下的贼。仁义之师不靠勇和力，大王现在应该抓住这个机会，让三军穿上丧服，为义帝发丧，号召天下诸侯共讨项羽。"刘邦于是命令三军为义帝发丧，大哭三天。这样，出师果然名正言顺，天下纷纷响应。

这时，田荣的弟弟田横召集数万人，立田荣的儿子田广为齐王。项羽虽然已经知道刘邦东进了，但他心想："不如平定齐地后，再对刘邦用兵。"于是，便率军到齐地去了。刘邦见项羽外出，后方空虚，便趁机攻下楚都彭城，将宝玩和美女都占为己有了。

项羽在齐地听说刘邦日日在彭城饮酒作乐，不由得气炸了肺，让将领继续攻打齐国，自己率领三万精兵日夜兼程赶回彭城，包围了汉军。刘邦猝不及防，全军大败，将士大都战死，尸体堆积如山，睢水为之不流。刘邦被楚军包围了三层，眼见要做俘虏了。这时，大风忽从西北刮来，飞沙走石，折树拔屋。楚军大乱，刘邦才得以同数十人骑马逃掉。诸侯见汉军大败，又纷纷叛离而去，投靠了项羽。

◎楚霸王彭城大捷◎

这时，刘邦妻子吕氏的哥哥周吕侯吕泽正在下邑驻兵，刘邦逃去投奔他，这才渐渐召集了一些逃散的士兵。刘邦十分忧愁，张良献计说："九江王英布是楚国的骁将，但他和项羽不和。还有彭越，已经和齐国联合反对项羽了。大王要赶快用这两个人。在大王的将领中，韩信可以独当一面。大王如果把关东交给这三个人，就一定能够打败项羽的。"刘邦采纳了他的建议，对谒者随何说："如果你能劝九江王英布投降，项羽一定会去攻打他，怎么也得打上几个月。这样，我就有机会重整旗鼓，夺取天下了。"随何领命前往，英布真的投降了。

五月，刘邦到了荥阳。萧何从关中不断地补充兵源和军粮，韩信也收军前来会合，刘邦军势复振。

智取天下

◎ 前202年 刘邦围项羽于垓下，项羽自刎于乌江。◎

项羽自知少助食尽，韩信又进兵击楚，羽患之。汉遣陆贾说羽，请太公，羽弗听。汉复使侯公说羽，羽乃与汉约，中分天下，割鸿沟以西为汉，以东为楚。九月，归太公、吕后，军皆称万岁。乃封侯公为平国君。羽解而东归①。汉王欲西归，张良、陈平谏曰："今汉有天下太半②，而诸侯皆附，楚兵罢食尽③，此天亡之时，不因其几而遂取之④，所谓养虎自遗患也。"汉王从之。

汉书故事

刘邦和项羽在荥阳北面的广武山上隔着鸿沟对峙，各有胜负。鸿沟是一个南北走向的深涧，又名广武涧。沟宽最远处近二里，深有四十丈。项羽东西奔命，感到心力交瘁，便隔着广武涧喊话，要和刘邦单独决战。刘邦骑马而出，历数项羽十大罪，然后说："你是个十恶不赦的人，不配向我挑战，让一个受过宫刑的人打你就行了。"项羽闻言大怒，下令暗弩齐射，射中了刘邦的胸部。刘邦怕动摇军心，忙俯身摸着脚趾说："这个死囚，竟然射中了我的脚趾！"回营后，刘邦伤重，卧床不起。韩信见了，忙拉他起来，强撑着巡视军营。汉军见了，军心才安定下来。

◎刘邦机变救危难◎

这时，韩信派人前来对刘邦说："齐地与楚地接壤，如果我不做代理齐王，权轻位低，难以服众。"刘邦闻言大怒，要进攻韩信。张良对刘邦说："我军正处于不利地位，不如立韩信为齐王，让他坚守齐地，免得树敌。"刘邦猛醒，忙改口说："大丈夫处世，做什么代理齐王，要做就做真齐王。"便让张良送去大印，封韩信为齐王，并让他进攻楚军。

项羽缺粮，十分担忧；彭越和田横在后方骚扰，使他日夜不安；听说韩信又要来攻他，他更加忧心如焚。一天，他想出一计，把刘邦的父亲放在大肉案上，推到阵前，对刘邦说："再不服输，我要烹太公了。"刘邦说："当年，我和你共事怀王，约为兄弟，我的父亲就是你的父亲。如果你一定要烹他，请分我一杯肉汤。"项羽闻言大怒，要杀太公。他的叔叔项伯劝道："天下胜负难料，况且争天下的人一向都不顾家，杀了太公也无益于事。"项羽听了，便没有杀太公。

过了一个月，刘邦派人到楚军去接太公和吕后，条件是答应休兵罢战，各守疆界。项羽见难以灭掉刘邦，军粮又吃光了，便答应放回太公和吕后，相约以鸿沟为界，和刘邦平分天下。鸿沟以东属楚，鸿沟以西属汉。

繁荣的汉代漆器

汉代是我国古代漆器生产制造的繁荣时期。汉代的富户和小康人家生前大量使用漆器，死后又将漆器随葬。汉代名篇《盐铁论》中称漆器乃"养生送终之具也"。

楚军退走后，刘邦也想退军。谋士张良和陈平说："大王已占天下大半，诸侯又都归附我们。现在，楚军兵疲食尽，这正是天亡项羽之时。如果此时不进击项羽，会养虎贻患的。"刘邦听了，猛然醒悟，忙派人通知韩信和彭越，要他们率大军前来会合，共袭楚军。不久，刘邦率军追上楚军，而韩信和彭越却没有率军前来会合。结果，楚军大败刘邦，刘邦赶紧逃入营寨，坚守不出。刘邦问张良说："韩信和彭越不肯发兵助战，这如何是好？"张良说："当初封韩信为齐王，不是出于大王本意，韩信心中不安；彭越攻占梁地，一直盼着封王。现在，应该扩大韩信的封地，将他的家乡也封给他，并封彭越为梁王。这样，他们一定会出兵的。"刘邦依计而行，韩信和彭越果然都出兵了。在三路大军的进击下，项羽兵败，在乌江自刎而死。

汉高祖五年（公元前202年）二月，刘邦在众臣劝说下，做了皇帝，建立了汉朝，建都洛阳。秦末天下大乱，到这时又统一了。由于刘邦尊重谋臣，肯听他们献计，终于用智慧夺取了天下。

田横五百士

初，田横归彭越。项羽已灭，横惧诛，与宾客亡入海①。上恐其久为乱，遣使者赦横，曰："横来，大者王，小者侯②；不来，且发兵加诛。"横惧，乘传诣雒阳③，未至三十里，自杀。上壮其节，为流涕，发卒二千人，以王礼葬焉。

汉书故事

刘邦在洛阳南宫大宴群臣后，过了几天，有人入报说："故齐王田横现在藏匿在东方的海岛里，有党徒五百多人。"刘邦听了，马上派人带着诏书前去招安。

原来，齐国灭亡时，齐王田横被汉将灌婴打败，曾投奔彭越。后来，他见彭越起兵支援刘邦，怕被攻击，便逃到东海，找了一个海岛暂时驻扎下来。田横是个仗义疏财、喜交好士的人，因此有很多人随他一同来到海岛。后来，又有闻风而至的，加上原来的人马，总共有五百多人。

汉使前来招安，田横说："我曾参与烹杀郦食其，今日虽蒙天子赦罪，让我入都，但他弟弟郦商还活着，现在是上将，能不为他哥哥报仇吗？因此，我不敢奉诏。"汉使听他这样说，只得告辞，回京复命。刘邦召入郦商，当面嘱咐说："齐王田横将要来朝，你不可为哥哥报仇，私下杀害他。如果违命，定当灭族！"郦商虽然心中不平，但也不敢违拗，应声退出了。

刘邦再次让那个使臣到海岛去召田横，对他说："天子对臣说：'田横若来，大可封王，小可封侯。如果违诏不来，一定发兵诛讨！'"田横听了这话，只得动身。那五百个壮士也要跟随田横进京，田横对他们说："我不是不愿意带你们进京，只是怕人数过多引起疑忌。你们不如暂留此地，等我的消息。我如果入都受封了，一定回来接你们。"那些人听了，便留了下来。

田横带了两个门客，随着汉使乘船登岸，骑着驿马向洛阳进

注释 <<<
①亡：逃跑。
②大者王，小者侯：高者给王位，低者也给侯爵。
③传：驿传。

发。田横走到尸乡驿时，见离洛阳只有三十里了，便对汉使说："朝见天子，应该沐浴。此地正有驿舍，可以让我洗个澡吗？"汉使不知田横另有他意，便答应了。田横避开汉使，密唤两个门客到面前，对他们说："当初，我和汉王同样面南称孤，本不相属，现在我去朝见他，岂不可耻！何况我曾经烹杀人家的哥哥，现在却要与人家同朝为官，能不惭愧吗？我已经国破家亡，死了也是应该的。"两个门客刚要阻拦，田横早已拔剑在手，自刎而亡了。刘邦听说后，用王者之礼厚葬田横，两个门客在坟上哭罢，也自刎而死。

刘邦召见群臣，担心地说："田横自杀，两个门客也自杀了。如果海岛上那五百多人也像这两个门客一样忠贞，为田横效死，岂不是一大隐患吗？"于是，再一次派使者驰赴海岛，对五百多人说："田横已经受封，特来召你们进京。"那五百多人信以为真，随使者来到洛阳。到了洛阳，他们才知道实情，一个个痛哭失声，一齐来到田横墓上，又哭又拜，然后集体自杀了。

白登之围

◎ 前200年 刘邦率军北击匈奴，被匈奴单于冒顿围于平城白登山。 ◎

七年冬十月，上自将击韩王信于铜鞮①，斩其将。信亡走匈奴，其将曼丘臣、王黄共立故赵后赵利为王，收信散兵，与匈奴共距汉。上从晋阳连战，乘胜逐北，至楼烦②，会大寒，士卒堕指者什二三③。遂至平城④，为匈奴所围，七日，用陈平秘计得出。使樊哙留定代地。

注释 <<<

①铜鞮：县名。今山西沁县南。

②楼烦：县名。今山西宁武。

③什二三：十分之二三。

④平城：县名。在山西大同东北。

汉书故事

汉高祖七年（公元前200年），刘邦正在大殿上召见群臣，忽然接到边报说："匈奴单于冒顿亲率十万大军来犯，兵锋甚锐，已到燕、代两地，请旨定夺。"刘邦见报，大吃一惊。刘邦反复考虑之后，命令道："传朕的旨意，着韩王信移镇太原，防堵匈奴，不得有误！"

匈奴本是长城之北的游牧民族，善于骑马，生性好战。战国末年，匈奴经常侵犯北方各国边境，烧杀淫掠，北方百姓深受其害。为了自卫，北方各国不得不动用大量人力物力修建长城，拦堵匈奴。秦朝灭亡之后，接着又是楚汉相争，中原无暇北顾，匈奴又蠢蠢欲动了。

匈奴单于头曼十分骁勇，他的长子冒顿比父亲更骁勇，因而被立为太子。后来，头曼阏氏去世，续娶的阏氏如花似玉，头曼极其宠爱她。不久，她为头曼生了个儿子，夫妻大喜。头曼想杀掉冒顿，立小儿子为太子。冒顿十分警觉，先下手为强，杀了头曼、续娶的阏氏以及他们的儿子，自立为单于。部众都害怕他，谁也不敢反对。冒顿率领匈奴骑兵东征西杀，打败了东胡，赶跑了西边的大月支，接着便开始南侵了。

韩王信接到刘邦的圣旨，立即率军出发。不料，刚进马邑，匈奴骑兵就蜂拥而至，将马邑城围得像铁桶似的。韩王信登城一望，见遍地都是匈奴的骑兵，哪敢出战？只得派人冲出重围，向刘邦求救。但是，远水难救近火，韩王信怕救兵一时难到，万一城破，性命难保，便派人到匈奴营中求和。不久，救兵来到，听说韩王信已经和匈奴签订和约，便派人去报告刘邦。

刘邦得报大怒，派使者责问韩王信。韩王信畏罪，索性一不做，二不休，竟献城投降匈奴了。冒顿进了马邑，命韩王信作向导，越过勾注山，直捣太原。刘邦接到太原警报，立即下诏亲征。刘邦到了晋阳，打了几次胜仗。

接着，乘胜前进，追击到离石，又得了许多牲畜。这时，因天寒地冻，雪深数尺，汉兵受不了北方的严寒，刘邦只得下令退回晋阳。

过了几天，刘邦派奉春君刘敬单人前去探听匈奴虚实，以图进取。刘敬长期戍边，熟知匈奴内情，因此刘邦把他带在军中，充当顾问。两天后，刘敬回来报告说："依臣愚见，不可轻进。按常理，两国相争，都将精锐之师派往前方。但臣此行侦察匈奴，所见都是老弱残兵。匈奴兵强马壮，恐怕其中有诈，不可不防啊！"刘邦听了，脸色骤变，怒道："休得胡言！想那项羽凶悍不可一世，尚且被朕灭了。区区匈奴，何足道哉！你竟敢动摇军心，长他人志气，灭自己威风！来人，将刘敬关进广武狱中，等朕得胜回来，再从重发落。"刘邦话音刚落，早有几个武士上来，将刘敬带了下去。

第二天，刘邦亲率精兵猛将，全线出击。一路上路滑难行，一个匈奴骑兵也没看见。好不容易到了平城，刚刚驻扎下来，还未造饭，猛听得号角声起，匈奴的骑兵像潮水一样冲了过来，冒顿也亲率铁骑指挥战斗。这时，汉军已经人困马乏，只得且战且退，一直退到白登山下。刘邦见白登山高耸入云，极其险峻，便率军上山，命人守住山口，以防匈奴冲上山来。冒顿用老弱残兵引诱汉军深入，现在见汉军上了白登山，便命人马将白登山团团围住。汉军被围，过了几天，粮食快吃光了，刘邦这才后悔当初没听刘敬的话，中了匈奴诱敌深入之计。

这次出征，张良没有随军前来，刘邦便找谋士陈平商量对策。陈平派一个有胆有识的使臣，趁单于外出时，带上一张美人图和许多金银珠宝下山，买通匈奴士兵，进入单于大帐，面见冒顿新立的阏氏。阏氏见到许多金银珠宝，心中高兴，都收下了。接着，她又去看美人图。阏氏心想："这美人比我美多了，如果单于看见，一定会要的。那时，我岂不就失宠了。"于是，她对使者说："美人图可以留下，但美人千万不要送来。"使者忙说："汉帝也舍不得这位美人，只是出于无奈。如果阏氏能说服单于罢兵解围，汉帝自然不会将美人送来，还会送更多的金银珠宝孝敬阏氏的。"阏氏说："放心吧，我自有办法。你可以回复汉帝，就等好消息吧。"

第二天，单于就撤兵北归了。

原来，陈平见刘邦向他问计，便站在山巅仔细观察，见单于和阏氏出双入对，知道他们感情和谐，所以才定下这一妙计。刘邦见单于解围而去，便率军南归。途经广武时，将刘敬从狱中放出，封为建信侯，并对随军的大臣和将领们说："朕不听刘敬之言，身陷重围。若无陈平之计，朕便不能生还了。今后，你们见朕有错，尽管当面指出，朕决不怪罪。"

大军经过曲逆县时，刘邦见城池坚固，不亚于洛阳，并且物产丰饶，百姓众多，便把曲逆县赏给了陈平，封陈平为曲逆侯，以报他献计之功。

刘邦之死

◎ 前195年 刘邦卒 ◎

上击布时，为流矢所中，行道疾。疾甚，吕后迎良医。医入见，上问医。曰："疾可治。"于是上嫚骂之，曰："吾以布衣提三尺取天下[1]，此非天命乎？命乃在天，虽扁鹊何益[2]！"遂不使治疾，赐黄金五十斤，罢之。

卢绾与数千人居塞下候伺，幸上疾愈，自入谢。夏四月甲辰[3]，帝崩于长乐宫。卢绾闻之，遂亡入匈奴。

注释 <<<

①三尺：指剑。

②扁鹊：古代名医秦越人。

③四月甲辰：即公元前195年阴历四月二十五日。

汉书故事

汉高祖十一年（公元前196年），淮南王英布造反，刘邦抱病亲征，被流矢射中。刘邦在归途中未能及时医治箭伤，病情加重了。

刘邦回到长安后，病情转危。吕后找了一位名医来给刘邦治病。刘邦问医生说："我的病还能治吗？"医生诊脉之后，先是皱皱眉头，然后委婉地说："陛下的病虽然很重，但还是可以治的。"刘邦骂道："还治什么！我手提三尺宝剑取得天下，这不是天命吗？现在上天要我的命了，即使把名医扁鹊找来，又有什么用呢！"说完，他吩咐赏给医生黄金五十斤，也不叫开药方，就把医生打发走了。

汉高祖十二年（公元前195年），刘邦知道自己不行了，就带着文武大臣到太庙里去宣誓，立下了不许封异姓王的遗嘱。刘邦叫手下人牵来一匹白马，亲自主持了杀马宣誓的仪式。他端起一碗冒着热气的马血酒，当着祖宗的灵位，当众宣布说："从今以后，凡不是刘姓的人，一概不许封王；没有功劳的人，一概不许封侯。大家一定要发誓遵守，谁违反这个规定，天下人要共同讨伐他！"

刘邦杀马宣誓，是怕异姓人夺他的天下。吕后是个有政治野

◎汉代青铜瓶◎

心的人，她见刘邦危在旦夕，很想知道他怎样安排后事，就问他说："陛下百年之后，萧相国如果也死了，谁能接替他呀？"刘邦说："曹参可以接替他。"吕后又问道："谁能接替曹参呢？"刘邦说："王陵

汉书成语故事

丹书铁契：古代帝王赐给功臣世代享受优遇和免罪特权的证件，因用丹书写在铁板上，故名。

能接替。不过，他有时显得笨些，可以让陈平协助他。陈平智谋有余，但不能独当一面。周勃虽说缺少文化，但是稳重厚道，将来安定刘家天下的必定是他，可以叫他做太尉。"吕后还想接着往下问，汉高祖说："再往后的事，你也不能知道了。"

又过了几天，时当孟春，刘邦在长乐宫中去世了。

◎汉代玉人仕女 ◎

阅读延伸

汉代玉人

汉代的人物形玉佩，较常见的有两种：玉舞人和玉翁仲。玉舞人是汉代常见的佩饰，多琢舒袖舞人形象，即文献上记载的"翘袖折腰"。在造型方面注重抓动态，强调舞女的韵律和气势，衣着简单，作风粗犷之中又显活泼生动。翁仲在汉代一般雕成一老者持立状，老者长须大袍，头戴平冠。

仁弱皇帝汉惠帝

题解

西汉的第二个皇帝就是刘邦和吕后的儿子汉惠帝刘盈，汉惠帝是个年轻的皇帝，他在16岁的时候就继承了皇位，但他也是个短命的皇帝，在位仅仅七年就去世了，这和他的母亲吕后有直接的关系。刘盈继承皇位后，继续实施仁政，"闻叔孙通之谏则惧然，纳曹相国之对而心说"，可谓宽仁之主。但是仁弱的惠帝在位期间大权实际上掌握在强势的母亲吕太后之手，因此后世司马迁作《史记》时甚至不设惠帝本纪，而设吕后本纪。

惠帝死后，吕太后继续掌握了长达八年的实际统治权。在文化方面，将"挟书律"废除，这使得长期受到压抑的儒家思想和其他思想都开始活跃起来，为儒家被汉武帝确定为国家的统治思想提供了前提条件。

惊见人彘

◎ 前195年 太子刘盈即位，是为汉惠帝，吕后掌权。◎

孝惠皇帝①，高祖太子也，母曰吕皇后。帝年五岁，高祖初为汉王。二年，立为太子。十二年四月，高祖崩。五月丙寅，太子即皇帝位，尊皇后曰皇太后。

汉书故事

汉高祖十二年（公元前195年）四月，刘邦去世。五月，太子刘盈即位，史称汉惠帝。东西两汉除了汉高祖和东汉中兴之祖光武帝外，称号中都带一个"孝"字，所以汉惠帝也称汉孝惠帝。转眼到了这年九月，九月一结束，就是汉惠帝元年了。因为汉承秦制，仍以十月为岁首。

刘盈是汉高祖刘邦和吕后的儿子，性格仁弱。刘邦的爱妃戚夫人生的儿子刘如意性格很像汉高祖，是汉高祖最喜欢的儿子。汉

高祖生前，曾多次想废掉优柔寡断的太子刘盈，立如意为太子。由于大臣坚决反对，才没有立成。

汉高祖死后，吕后先把刘如意的母亲戚夫人打进冷宫，给她脖子上套个囚犯戴的铁箍，穿上囚犯的衣服，罚她一天到晚舂米。如果舂不到一定数量的米，就不给她饭吃。戚夫人读书识字，能歌善舞，从未干过舂米的力气活。有时实在干不动了，也得挣扎着拼命干。她编了一首歌，边干边唱道："子为王，母为虏，终日舂，薄暮常与死为伍。相离三千里，谁当使告汝？"吕后听说后，大怒道："这贱奴还想依靠儿子吗？"于是，吕后就派人召赵王如意从封国到京城来，准备杀害他。如意的相国周昌是个忠贞不二的硬汉子，说什么也不让如意进京。如果是别人，吕后一定不会善罢甘休的，但对周昌，她却无可奈何。因为当初刘邦第一次在朝廷上提出要换太子时，周昌曾站出来反对，而且态度最坚决。

吕后是个和刘邦一样的奸雄，否则怎能帮助刘邦定天下呢？她见如意没有应召前来，便调虎离山，改召周昌进京。周昌不能违命，只得应召前来。吕后见了周昌，怒斥道："你不知道我怨恨戚氏吗？为何不让赵王进京？"周昌答道："先帝将赵王托付给臣，臣在赵一日，就该保护赵王一日。何况赵王是皇上的少弟，为先帝所钟爱。臣当初曾力保皇上，先帝让臣做赵相，无非让臣再保赵王，以免兄弟相残。如果太后怀有私怨，臣怎敢参与？臣惟知有先帝遗命罢了。"吕后被他说得无言以对，只得让他退下，但不放他再到赵国去了。

周昌进京后，吕后马上又召如意进京，

◎银盒◎

如意真的来了。汉惠帝从小和如意在一起玩耍，虽说是异母兄弟，感情却很融洽。汉惠帝听说母亲把刘如意召来，知道凶多吉少，就赶紧把如意接到宫里，想尽一切办法保护他。由于汉惠帝的保护，吕后好几个月都没有机会对如意下手。有一天，汉惠帝清早起来出去打猎，刘如意因为睡懒觉，没有起来跟他去。吕后见有机可乘，就派人送去毒酒，把刘如意毒死了。如意死后，吕后叫人砍断戚夫人的手脚，挖掉眼珠，熏聋耳朵，灌了哑药，把她叫做"人彘"，抛进了茅房。

过了几天，吕后派人来叫汉惠帝说："太后请陛下去看人彘。"汉惠帝看了一会儿，见厕中有一物，奇怪地问："这是什么？我怎么不认识呢？"宫监回答说："人彘就是戚夫人！"经宫监这么一说，他才知道这个没有手脚、又瞎又聋又哑的"人彘"就是父亲生前最宠爱的妃子戚夫人，顿时吓得号啕大哭，急忙回宫了。汉惠帝一连数日不愿起床，后来一直病了一年多。

萧规曹随

注释 <<<
①百岁：古人以为人生不过百岁，故以其为死之讳称。
②顿首：磕头。
③恨：遗憾。

高祖崩，何事惠帝。何病，上亲自临视何疾，因问曰："君即百岁后①，谁可代君？"对曰："知臣莫如主。"帝曰："曹参何如？"何顿首曰②："帝得之矣。何死不恨矣！③"

汉书故事

汉惠帝二年（公元前193年），萧何病重。汉惠帝亲往探病，见萧何瘦骨如柴，起卧都需要人照料，知道他将不久于人世，便向他问道："丞相百岁后，谁可继任为丞相？"萧何回答说："知臣莫若君。"汉惠帝猛然想起父亲遗嘱，便问道："曹参如何？"萧何在病榻上叩头说："皇上能以曹参为丞相，臣死无憾事了。"

曹参是沛县人，曾担任秦朝沛县狱掾，是刘邦的好友。随刘邦起兵后，他曾身经百战，历任中涓、王大夫、执圭、将军、左丞相。刘邦称帝后，他出任齐王的相国。齐国有个盖公，精通黄老之术，曹参用重礼将他请来，向他请教治国之术。盖公回答说："天下大乱之后，最高的治国策略是清静无为。这样，百姓才能过上安定的日子。"曹参采纳了他的建议，将正房让出来给他住，自己搬到厢房里去住，随时向盖公请教。不久，齐国果然大治，曹参因而被称为贤相。曹参在齐相职位上一干就是九年。

曹参听说萧何去世，便让舍人整治行装。舍人问道："大人要到哪里去啊？"曹参笑了笑说："我要进京做丞相了。"舍人听了，似信非信，但也只好应命办理。舍人刚整治完行装，朝使就到了，命曹参进京出任丞相。舍人吃了一惊，这才知道曹参有先见之明。

曹参到了长安，见过吕后母子，接了相印，便上任视事了。曹参与萧何同是沛县县吏出身，两人本来

是挺要好的。后来，两人随刘邦打天下，论功行赏时，曹参排在了萧何的后面。如今萧何死了，曹参来接任丞相之职，人们以为曹参一定会心中不满，力反前任萧何的。出人意料的是，曹参接替萧何担任丞相后，在用人和行政方面全按旧时的样子，不做任何更改。在法令方面也都按照萧何生前的规定治国，不做任何变动。只是将舞文弄法、惹是生非的官吏罢掉了几个。

曹参日夜饮酒，不理政务。有的大臣向他献策，他也不谢绝，但请进相府后，便摆上宴席，让他们喝酒，令人无法开口谈政事。惠帝听说后，十分生气。曹参的儿子曹窋在朝中担任太中大夫。一天，曹窋上朝，汉惠帝命曹窋劝一劝他父亲。曹窋回家后，刚劝完父亲，只听曹参大怒道："你晓得什么，敢来饶舌？"说完，就从座旁取过戒尺，将曹窋打了二百多下。曹窋无缘无故挨了一顿打，十分痛苦，便入宫告诉了汉惠帝。

◎彩绘陶舞蹈俑◎

汉惠帝听说后，更加生气，趁曹参上朝时，责备他说："是朕让曹窋劝你的，为什么要打他？再说，朕把这么大的国家交给你，你怎能日夜饮酒，无所作为呢？"曹参脱下帽子，叩头赔礼，然后问道："皇上自比高祖如何？"汉惠帝说："朕当然不如高祖。"曹参又问："那么，臣比萧何如何呢？"汉惠帝说："你似乎也赶不上萧何。"曹参说："是的，皇上不如高祖，我也赶不上萧何。而高祖和萧何早已经把治国的法令规定好了，我们只要认真执行就可以了，何必另有作为呢？"汉惠帝一听，认为他说得有道理，便也表示赞同。

曹参担任三年相国就去世了。在他担任相国期间，天下太平，民安国富。人们根据他能依据萧何成法治国一事，衍化出一句成语——萧规曹随。

汉书成语故事

萧规曹随：西汉初年，萧何创立的法规政令，死后由曹参照章实行。后比喻按照前人的成规办事。

大婚

四年冬十月壬寅①，立皇后张氏②。
秋八月戊寅，帝崩于未央宫③。九月辛丑，葬安
陵④。

注释 <<<
①壬寅：十三日。
②张氏：张敖之女。
③帝崩：惠帝终年23岁。
④安陵：惠帝陵。又县名，
在今陕西咸阳市北。

汉书故事

吕后的女儿鲁元公主嫁给了赵王张耳的儿子张敖。不久，公主生下女儿张嫣。张耳去世后，张敖即位做了赵王。张敖为人忠厚，知书识礼，刘邦不喜欢这样的人。张嫣从小在赵王宫中生活，是个实实在在的千金郡主。不料在她5岁那年，父亲因受牵连被捕，几乎丢了性命。因吕后多方搭救，才活了下来，但被降为空平侯，封国也丢了。从此，全家移居京城。一晃，张嫣12岁了。

汉惠帝四年（公元前191年），吕后为21岁的汉惠帝选皇后。她见惠帝大了，怕选后不当，自己就控制不了皇帝了。最后，她决定亲上加亲，立张嫣为皇后。这是一桩十分荒唐的婚姻，刘盈是张嫣的亲舅舅，怎能成亲呢？但吕后是个极爱权力、一手遮天的人，为了保住权力，她什么也不顾了。

亲舅舅和亲外甥女成亲后，并没有夫妻生活。刘盈只在后宫和他中意的妃子同寝，有时也和漂亮的男童共眠。婚后三年，惠帝去世了。15岁的张嫣仍是个处女，当然没有儿子了。吕后便将汉惠帝和后宫妃子生的儿子当做张嫣的儿子，取名刘恭，立为皇帝，史称前少帝。这样，张嫣便成了皇太后。但是，一切都由吕后自己说了算。吕后虽未登基，但实际上成了中国历史上第一个女皇。

汉惠帝死后，葬于安陵。张嫣死后，葬于安陵之侧。后人因她一生不幸，白璧无瑕，尊她为花神，立庙祭祀。

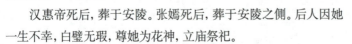

吕后篡权

◎ 前180年 吕后卒，周勃、陈平诛杀诸吕，迎代王刘恒为帝，是为汉文帝。◎

惠帝崩，太子立为皇帝，年幼，太后临朝称制，大赦天下。乃立兄子吕台、产、禄、台子通四人为王①，封诸吕六人为列侯②。

秋七月辛巳，皇太后崩于未央宫。

注释 <<<
①四人为王：吕台为吕王，吕产为梁王，吕禄为赵王，吕通为燕王。
②六人为列侯：吕平为扶柳侯，吕种为沛侯，吕他为俞侯，吕更始为赘其侯，吕忿为吕城侯，吕庄为东平侯。

汉书故事

汉惠帝死后，吕后假惺惺地哭了一场。这时，张良的儿子张辟疆在朝中做侍中的官。他虽然只有15岁，却猜出了吕后假哭的秘密。于是，他跑去对丞相陈平说："太后只有惠帝一个儿子，如今儿子死了，太后哭时却一滴眼泪都没有，你知道这是为什么吗？"陈平反问说："你说这是什么缘故呢？"张辟疆说："皇帝没有成年的儿子，太后一定害怕你们这些功臣。你现在去请太后任命她的侄子吕台、吕产、吕禄当将军，让他们带兵，请吕家其他人进宫掌权。这样，太后就放心了，你们也就不会有什么危险了。"陈平是个足智多谋又十分忠于刘邦的人，他对吕后的野心已经有所察觉，不过认为吕后篡权的面目还没有暴露，目前还不能和她闹翻，最好还是顺着她的意思办。于是，他按照张辟疆的意思，进皇宫叩见吕后，吕后十分高兴，便任命吕台和吕产为将军，分管南北两军。

吕台和吕产都是吕后的侄子，他们的父亲便是周吕侯吕泽。南北二军一直是宫廷卫队，南军护卫皇宫，驻扎城内；北军护卫京城，驻扎城外。南北两军原归太尉掌管，现在南北两军归吕氏兄弟掌管，则京中兵权全归吕氏了。这时，吕后再哭时，果然声泪俱下了。但是，吕后一家篡权的活动也就从此开始了。

其实，前少帝只不过是一个小傀儡。当时，朝中的一切号令都是由吕后发出的，她是实际上的女皇。吕后篡权后，想封吕家的子侄为王，借以巩固她的地位。她先征求右丞相王陵的意见。王陵是个直心眼，不懂吕后的用意，当面反对，吕后听了很不高兴。过了几天，吕后免掉王陵的右丞相一职，叫他去做前少帝的老师——太傅。王陵很生气，推说有病，告假回故乡去了。吕后赶走了王陵，把左丞相陈平升为右丞相，把自己的亲信审食其提拔为左丞相。汉朝时，右丞相的职位在左丞相之上。

接着，大臣们顺从吕后的意见，替吕台请封，吕后就把吕台封为吕王，把济南郡作为他的封国。又封吕产为梁王，吕禄为赵王，吕台的儿子吕通为燕王。接着，又封了六个吕家的人为列侯。吕台封王后，不到一年就病死了，由他的儿子吕嘉继承王位。

吕后所立的前少帝年幼无知，连做了几年傀儡。后来，前少帝长大了些，有点懂事了。他听近侍密谈，说张皇后不是他的母亲，吕后不是他的祖母，他的亲生母亲已经被害死了，就愤愤不平地说："太后竟杀了我的母亲，我将来长大了，一定要替母亲报仇！"吕后听了这话，害怕将来会出乱子，就将前少帝偷偷杀害了。这是吕后掌权第四年（公元前184年）的事。这年五月，吕后立恒王刘义为帝，更名刘弘。刘弘是个小孩子，史称后少帝，照旧由吕后执掌朝中大权。这时，吕后和吕家的人已经把刘家的天下篡夺了。

后少帝刘弘即位的第四年（公元前180年）三月上巳日，吕后依着民俗，亲临渭水，被除不祥。游了几个时辰，吕后觉得身体困倦，命驾回宫。不料车驾刚刚驶上轵道，忽有一只苍狗冲上车驾，照着吕后腋下就是一口，咬得吕后痛彻骨髓，失声大呼，跌倒在车上。回宫后吕后就病倒了，病情日重一日。

吕后见自己的病好不了了，怕死后吕家的人倒霉，就指派赵王吕禄为上将军，掌管长安北军，指派梁王吕产掌管长安南军。吕后临死前，告诫吕产、吕禄说："高帝生前曾和大臣订过盟约：'不是刘姓的人称王，天下人共同讨伐他。'如今，咱们吕家的人封了王，大臣们都不服气。我死之后，皇帝年纪小，大臣们恐怕会发动叛乱，你们千万要抓好兵权，守住皇宫，不必为我送丧，以防有人暗算。"说完，她就死了。在遗嘱中，她指定梁王吕产担任相国，把吕禄的女儿嫁给少帝刘弘做皇后。

吕后临朝称制长达八年之久。吕后死后，诸吕造反。大将周勃和丞相陈平等人将吕氏灭门后，商量说："后少帝其实不是惠帝的儿子，不应该做皇帝。代王刘恒是高祖的儿子，仁孝宽厚，闻名天下，众望所归，帝位应该由他来继承。"于是，派人到代国去迎接刘恒做皇帝。

励精图治汉文帝

题解

汉文帝刘恒（公元前203年—公元前157年），汉朝第三位皇帝，汉高祖刘邦四子，惠帝刘盈弟，母薄姬。在位期间，继续执行与民休息和轻徭薄赋的政策，励精图治，兴修水利，衣着朴素，以德化民，废除酷刑，使汉朝进入强盛安定的时期。后世将这一时期与其子景帝执政的时期统称为"文景之治"。

众望所归

◎ 前179年 刘恒即位，是为汉文帝。◎

孝文皇帝，高祖中子也，母曰薄姬[1]。高祖十一年，诛陈豨，定代地，立为代王，都中都[2]。十七年秋[3]，高后崩，诸吕谋为乱，欲危刘氏。丞相陈平、太尉周勃、朱虚侯刘章等共诛之，谋立代王。

注释 <<<

[1] 薄姬：吴人，刘邦之妃，刘恒之母。刘恒为帝以后，尊她为皇太后。

[2] 中都：县名，在今山西平遥西。

[3] 十七年：指代王之十七年（汉代诸侯王国自有纪年）。

汉书故事

汉文帝刘恒是汉惠帝刘盈的同父异母弟。汉文帝的母亲薄氏原是魏王豹的妃子，魏王豹于秦末起兵，随项羽入关，被项羽封为魏王。后来，韩信东渡黄河，打败魏王豹，魏王豹投降刘邦，又在回魏地探亲时造反。韩信再次将他俘虏，不久被杀。这时，他的宫妃都被掠到汉宫。汉高祖五年（公元前202年），薄氏生下刘恒。

汉高祖十年（公元前197年），代相陈豨造反，刘邦费了好大力气才平定了叛乱。事后，刘邦觉得代郡地处边陲，与匈奴接壤，是北方重要门户，应该设

◎骑马武士纹铜牌◎

国。于是，在第二年建立了代国，派刘恒去做代王。那年，刘恒才7岁。

第二年，刘邦去世，凡是被他宠爱的姬妾都被吕氏幽禁起来，而薄氏一直失宠，也不同吕后争宠，吕后便放她出宫，到代国去同儿子团聚了。

刘恒接到拥立他做皇帝的消息，吃了一惊，不知是凶是吉。刘恒回到后宫，请母亲拿主意。薄氏有幸逃出吕后的虎口，至今心有余悸，哪敢让儿子去冒险。于是，刘恒便让人占卜一番，结果是可以做天王。刘恒说："我已经称王了，还做什么天王啊！"卜者说："天王是皇帝，和王是不一样的。"于是，刘恒便派舅舅薄昭到长安去查问一下。

◎汉文帝刘恒◎

不久，薄昭回到代国，对刘恒说："朝中大臣真心拥护大王做天子，大王快快动身吧。"于是，刘恒带着身边大臣坐车到了长安，即位做了皇帝，他就是历史上有名的汉文帝。这一年是汉文帝前元元年（公元前179年）。刘恒做皇帝时，已经24岁了。

仁　君

诏曰："方春和时，草木群生之物皆有以自乐，而吾百姓鳏寡孤独穷困之人或阽于死亡，而莫之省忧。为民父母将何如？其议所以振贷之。"又曰："老者非帛不暖，非肉不饱。今岁首，不时使人存问长老①，又无布帛酒肉之赐，将何以佐天下子孙孝养其亲？今闻吏禀当受鬻者②，或以陈粟③，岂称养老之意哉！具为令④。"

注释 <<<

①存问：慰问，安抚。

②禀（lǐn）：赐给。鬻：稀粥。

③陈粟：久旧之粟。

④具为令：制定条令。

汉书故事

刘恒做了皇帝，第一道诏书就说："春天快到了，草木复苏，万物充满了欢乐，而贫苦的百姓却面临死亡，为民父母的怎能不关心他们呢？要立即赈济他们。"又说："老年人离开帛就感到冷，没有肉就吃不饱饭。现在正是一岁之首，官府却不按时慰问老年人，不分发布帛酒肉给他们，如何给天下百姓做敬老的榜样啊？凡八十岁以上的老人，每人每月赐米一石，肉二十斤，酒五斗。九十岁以上的老人，外加帛二匹，棉絮三斤。"百姓闻讯后，齐声赞扬刘恒是仁君。

这年六月，有人献给刘恒一匹千里马，刘恒拒绝接受说："朕出行时，前有鸾旗，后有随车，走得快时一日行五十里，走得慢时一日才行三里。朕一个人乘千里马，其他人怎么办？"说完将千里马退了回去。接着，下令全国，以后不许地方进献宝物。

过了半年，汉文帝已经在实践中学会了治国之道。一天，汉文帝早朝，问右丞相周勃说："天下一年之内，总计要断多少个案子啊？"周勃回答说："臣不知道。"汉文帝又问："天下钱粮，总计一年收支能有多少啊？"周勃仍然不知道。汉文帝见周勃答不上来，又问左丞相陈平说："你说呢？"陈平也不熟悉这些事，便凭着他的机智，随口答道："这两件事各有专职负责，陛下不必问臣。"汉文帝便问："此事何人专管？"陈平回答说："一年之中断案多少，请问廷尉；至于钱粮收支，请问治粟内史吧。"文帝听了，作色道："如此说来，你主管何事啊？"陈平见状，赶紧趴在地上，叩头说："陛下不知道臣愚钝，让臣担任丞相。丞相的职务是上佐天子调理

阴阳，顺应四时，下安万民；外镇诸侯，内使群臣尽职，责任重大啊！"汉文帝听到这里，才点头称善。

周勃见陈平对答如流，感到相形见绌，更加愧疚。汉文帝退朝后，周勃同陈平出宫，埋怨陈平说："你为何不事先教我？"陈平笑了笑说："你身为丞相，高居相位，难道连职责都不知道吗？倘若皇上问你长安盗贼还有几个，试问你如何回答呢？"周勃无言以对，默然回府了。第二天，周勃上朝，递上辞呈，推说有病，要交回相印。汉文帝准奏，周勃这才松了一口气。过了几个月，陈平一病不起，不久便去世了。陈平死后，汉文帝又让周勃担任丞相，周勃又痛痛快快地挑起了丞相的担子。

刘邦在位时，南越王赵佗接受刘邦册封，称臣纳贡。吕后专权时，不许向南越卖铁器，赵佗大怒，和汉朝断绝了关系，自称南越武帝。吕后派隆虑侯周灶率兵讨伐赵佗，无功而返。

汉文帝即位后，四夷归附，只有赵佗仍然称帝，不服汉朝管束。汉文帝为了让赵佗归顺汉朝，特地派人到真定，命令真定县令在赵佗父母坟旁安排了守坟的人，按时祭祀，还赏赐了赵佗的兄弟和亲戚。

接着，汉文帝和丞相陈平商量，要派人到南方去招安赵佗。陈平说："当年，陆贾曾出使南越，能够不辱使命。这次不如还派他去，他驾轻就熟，一定会成功的。"陆贾受命南下，见了赵佗，说明来

意，并献上汉文帝的亲笔诏书。赵佗看罢诏书，知道父母和兄弟受到特殊照顾，激动地说："汉天子如此仁义，赵佗还有何说? 愿奉明诏，永为藩臣。"陆贾又劝赵佗去掉帝号，赵佗当即允诺，下令国中说："天无二日，地无二君，汉天子是真正的贤天子，从今以后，我赵佗不再称帝，永为藩臣。"陆贾一听，心中大喜。

赵佗设宴款待陆贾，两人不拘形迹，像老朋友重逢一样，有说不完的话。赵佗为人豪放，与陆贾十分相投，留陆贾住了多日，才放他北归。汉文帝见陆贾不辱使命，避免了一场战争，便重赏了他。

这一年，汉文帝废除了连坐法。过去，一人犯罪，要连累父母、兄弟、妻子。文帝说："法律本来是禁止暴行、保护好人的，既然犯法的人已经判刑，又何必对他人施暴呢?"

文帝前元十三年（公元前167年），齐国太仓令淳于意被人诬陷，押往长安去接受肉刑。淳于意没有儿子，只有五个女儿。临行时，他骂女儿说："只生女，不生男，危难时一点用处也没有!"他最小的女儿叫缇萦，听了这话很伤心，便跟父亲一起上路了。

◎持伞铜男俑◎

到了长安，缇萦上书汉文帝说："我父亲做官，人们都夸他廉洁公平，现在却要受肉刑。须知人死不可复生，截掉了肢体，就再也接不上了。这些受刑的人就是想悔过自新也不可能了。为此，我很伤心。我愿意给官府做女奴，换取我父亲不受肉刑。"汉文帝见了这封书文，极为感动，当即下令废除了脸上刺字、割鼻、砍脚等肉刑。规定脸上刺字改为罚做苦工，割鼻改为笞打三百下，砍脚改为笞打五百下。

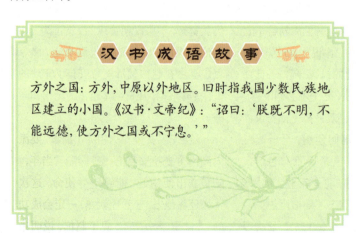

汉书成语故事

方外之国：方外，中原以外地区。旧时指我国少数民族地区建立的小国。《汉书·文帝纪》："诏曰：'朕既不明，不能远德，使方外之国或不宁息。'"

贾谊上书

贾谊，洛阳人也，年十八，以能诵诗书属文称于郡中①。河南守吴公闻其秀材②，召置门下，甚幸爱③。文帝初立，闻河南守吴公治平为天下第一，故与李斯同邑，而尝学事焉④，征以为廷尉。廷尉乃言谊年少，颇通诸家之书。文帝召以为博士。

注释 <<<
①属(zhǔ)文：撰写文章。
②秀材：优异之才。
③幸爱：宠爱。
④学事：从某人学习并侍奉之。

汉书故事

贾谊是洛阳人，能背诵诗书，善于作文章，18岁时就在洛阳出名了。河南郡守吴公听说后，将贾谊请到门下，十分器重他。汉文帝即位后，听说吴公政绩天下第一，又听说吴公和李斯同邑，曾向李斯学习过，便召吴公进京，拜为廷尉。

吴公进京后，常想起贾谊，便向汉文帝推荐。于是，汉文帝召贾谊进京，拜为博士。每当汉文帝议政时，朝臣往往无言对答，贾谊却能议论风发，滔滔不绝，令人满意。汉文帝认为贾谊是个能臣，不到一年时间，便破例升贾谊为太中大夫了。贾谊劝汉文帝改正朔，易服色，更定官制，大兴礼乐。汉文帝十分赞赏，但未来得及施行。贾谊又劝汉文帝亲耕籍田，遣列侯就国，汉文帝立即照办了。

在这期间，贾谊写了一些政论文，如《过秦论》、《论积粟疏》。贾谊在《过秦论》中说："一夫作难而七庙堕，身死人手，为天下笑者，仁义不施，攻守之势异也。"这是说陈涉一个人发难，秦朝的宗庙便被摧毁了，秦始皇的孙子死于项羽之手，被天下人笑话。这是

◎博弈◎

为什么呢？是因为秦朝不施仁义，而攻守的形势已经变了。秦朝统一天下之后，转攻为守，如果能对百姓好一些，是不会灭亡的。《论积粟疏》劝汉文帝重视农业，防患于未然，言简意赅，发人深省。《过秦论》和《论积粟疏》这两篇文章一下子震动了朝野，并成为千古名文。少年得志，贾谊正想为汉文帝尽忠之时，却遭到了一些老臣的妒忌。丞相周勃、太尉灌婴、东阳侯张相如、御史大夫冯敬等人在汉文帝面前诋毁贾谊说："洛阳少年贾谊无故多事，意在擅权，不宜轻用。"汉文帝经不住这些老臣的议论，只得让贾谊出京，去做长沙王的太傅。

贾谊不愿意离开朝廷，但圣命难违，只得怏怏南下。贾谊到汨罗江时，追悼屈原，联想自己，心中悲愤，写了一篇著名的《吊屈原赋》。贾谊在长沙待了三年。一天，一只鹏鸟飞进贾谊的书房，落在他的座侧。鹏鸟类似鸮，被人称为不祥之鸟。贾谊以为要发生什么不幸的事，有感而作了一篇《鹏鸟赋》。

过了一年多，汉文帝又想念贾谊了。于是，又派使者召贾谊进京。贾谊入宫觐见时，汉文帝刚祭完鬼神，便坐在未央宫前殿接见贾谊。他正有感于鬼神之事，便对贾谊说："你学识渊博，无所不知，今天就谈谈鬼神吧。"贾谊详细地谈了鬼神是怎么回事，一直谈到半夜。汉文帝听得入了迷，不禁将坐席向前挪了挪，挨近贾谊，侧耳细听。接见完毕，汉文帝叹道："我好久不见贾谊了，自以为会超过他的，现在才知道还是不如他啊。"于是，拜贾谊为梁怀王太傅。梁怀王是汉文帝的小儿子，汉文帝十分疼爱他。因为他喜欢读书，所以汉文帝让贾谊给他当太傅。

汉书成语故事

覆车之戒：前面翻了车，引起后面车的警惕。比喻引为教训的往事。《汉书·贾谊传》："前车覆，后车诫。"

贾谊关心国家，见到匈奴内侵，百姓遭殃；天下初定，制度不健全，诸侯王太强，尾大不掉，便上了一篇《治安策》讨论时政得失。贾谊在《治安策》中说：现在应该痛哭的有一件事，就是诸侯王太强，难于统管；应该流涕的有两件事，一是匈奴入寇，二是无人抵御外侮；应该长叹的有六件事：奢侈无度，尊卑无序，礼义不兴，廉耻不行，储君失教，臣下失御。汉文帝看罢《治安策》，不住地点头称善。特别是最后一条，汉文帝认为最有道理。于是规定，以后大臣有罪就要自杀。

汉文帝前元十一年（公元前169年），梁王骑马入朝，不幸马失前蹄，竟将梁王活活摔死了。贾谊听说梁王摔死了，顿时哭得昏了过去。梁王爱好学习，平时像尊敬父皇一样尊敬贾谊。梁王死后不到一年，贾谊也因思念梁王，忧郁而死。

细柳营

十四年冬，匈奴寇边，杀北地都尉卬①。遣三将军军陇西、北地、上郡②，中尉周舍为卫将军，郎中令张武为车骑将军，军渭北③，车千乘，骑卒十万人。上亲劳军④，勒兵，申教令⑤，赐吏卒。自欲征匈奴，群臣谏，不听。皇太后固要上⑥，乃止。于是以东阳侯张相如为大将军，建成侯董赫、内史栾布皆为将军⑦，击匈奴，匈奴走。

注释 <<<

①卬：孙卬。
②三将军：指陇西将军隆虑侯周灶，北地将军宁侯魏遬，上郡将军昌侯卢卿。
③渭：渭河。
④劳军：慰劳军队。
⑤申：申明。
⑥固：坚决。要（yāo）：强迫。
⑦内史：官名，掌治京畿地区。

汉书故事

过了两年，匈奴老上单于病死，太子军臣单于即位。汉文帝后元六年（公元前158年）冬，匈奴骑兵分两路入侵，一入上郡，一入云中。所到之处，烧杀淫掠。守边将士已经有好多年不见战火，现在看见匈奴骑兵大举入寇，忙点燃烽火报警。汉文帝接到警报，急调大军迎敌。大军出发后，汉文帝还怕有疏漏，为确保京城安全，令河内太守周亚夫驻军细柳，宗正刘礼驻军霸上，祝兹侯徐厉驻军棘门。布置完毕，汉文帝才稍觉安心。

过了几天，汉文帝亲自劳军，先到霸上，后到棘门，都是直入营中，未曾通报。刘礼和徐厉都深居帐内，直到汉文帝进去，他们才慌忙迎接，显得局促不安。接着，汉文帝又来到细柳营，远远就见营外甲士森然排列，有的持刀，有的执戟，

有的张弓搭箭，如临大敌。汉文帝见了，暗暗称奇。汉文帝让人前去通报说天子到了，守门士兵喝道："站住！我们只知将军令，不知天子诏。"

派去的人回来报告汉文帝，汉文帝驱动车驾，亲自来到营门，又被守门士兵挡住，不许进去。汉文帝取出符节，交给随员，入营通报。周亚夫见了符节，才让士兵打开营门。守门士兵开门时，对汉文帝的车夫说："将军有令，营中不许奔驰。"汉文帝听说后，只得让车夫按辔徐行。汉文帝到了营中，周亚夫全副武装，佩剑出迎，只作了一个长揖说："甲士不拜，臣只能照军礼而行，请陛下不要见责。"汉文帝见了，不禁为之动容。劳军已毕，汉文帝出营，周亚夫也不相送。汉文帝到了营外，营门立即紧紧地关上了。

汉文帝边走边回头说："这才是真将军哩！霸上和棘门两处，简直如同儿戏一般，如果敌人偷袭，主将都将被擒。像周亚夫这样严谨，才无隙可乘啊。"在汉文帝的督责下，将士用命，匈奴退军了。

汉文帝回朝后，提拔周亚夫为中尉。周亚夫是周勃的二儿子。

汉书成语故事

比类从事：比，比照。其他类似的情况按照这种精神办理。《汉书·文帝纪》："它不在令中者，皆以此令比类从事。"

文帝之死

◎ 前157年 文帝刘恒卒 ◎

注释 <<<
①露台：露天平台。
②中人：指不富不贫的中等家业之人。
③弋：黑色。绨：厚缯。
④曳（yè）：拖。

　　孝文皇帝即位二十三年，宫室苑囿车骑服御无所增益。有不便，辄弛以利民。尝欲作露台①，召匠计之，直百金。上曰："百金，中人十家之产也②。吾奉先帝宫室，常恐羞之，何以台为！"身衣弋绨③，所幸慎夫人衣不曳地④，帷帐无文绣，以示敦朴，为天下先。治霸陵，皆瓦器，不得以金银铜锡为饰，因其山，不起坟。

汉书故事

　　汉文帝一生，做了许多好事。为了让百姓畅所欲言，汉文帝废除了妖言诽谤罪。他说："这种罪让人不敢讲真话，使我无法知道自己的过失，一定要废除。"汉文帝在位期间，轻徭薄赋，与民休息，曾两次将田赋减为三十税一，甚至十二年免收全国田赋。他还大兴水利，加速发展农业生产。汉文帝生活十分节省。有一次，他想建一座露台，一算需费百金，相当于中产人家十户的家产。他嫌花钱多，便停建了。

　　汉文帝后元七年（公元前157年），汉文帝突然患病，医治无效，卧床不起了。太子刘启到榻前侍疾，汉文帝边喘边说："周亚夫十分可靠，将来如果国家有难，可以让他掌兵，不要迟疑。"刘启哭着点头答应说："儿臣谨记父皇之命。"这年六月，汉文帝驾崩，他在位二十三年，年仅46岁。

　　汉文帝在遗诏中嘱咐道："生死是天地之理，万物之自然，不要过分哀伤。民俗提倡厚葬，令人破产，只能有害于生者，朕极不赞成。朕死之后，百姓三天即可除掉丧服。丧期中不要禁止百姓嫁娶，不许禁止人们饮酒吃肉。对朕只可利用山势埋葬，不许起高坟。"

　　汉文帝的殉葬器物只有瓦器，没有珠宝和金玉。因此，在汉朝皇帝中，只有他的墓没有被盗掘过。

◎汉文帝爱民如子◎

子承父业汉景帝

题解

汉景帝在西汉历史上占有重要地位，他继承和发展了其父汉文帝的事业，与父亲一起开创了"文景之治"；又为儿子刘彻的"汉武盛世"奠定了基础，完成了从文帝到武帝的过渡。班固在撰写《汉书》时，也有着继承父亲班彪"采其旧事，旁贯异闻"为《史记》补著续篇的遗志的因素在里面，虽然具有官方史书的背景，但班固在历史观上仍然有自己的审视和思想。对于汉景帝平定七国之乱，劝课农桑，勤于政事，厉行节俭，继续推行与民休养生息政策的治国之道，依然充满赞颂与敬仰之情。在《汉书·序传》中，班固这样阐述他撰写《景帝纪》的出发点：孝景莅政，诸侯方命，王室以定。匪怠匪荒，务在农桑，著于甲令，民用宁康。对景帝一生作出了恰如其分、符合历史事实的评价。

即位

◎ 前157年 太子刘启即位，是为汉景帝。◎

孝景皇帝，文帝太子也。母曰窦皇后。后七年六月，文帝崩。丁未①，太子即皇帝位，尊皇太后薄氏曰太皇太后，皇后曰皇太后。

注释 <<<
①丁未：指后七年六月九日。文帝十七年改称后元年（前163年）。

汉书故事

汉景帝刘启是汉文帝做代王时由窦姬生的。汉文帝进京做皇帝前后，代王妃和她生的四个儿子先后病死了。于是，刘启因年长被立为太子。母以子贵，母亲窦姬也被立为皇后。

窦皇后姐弟三人，她还有两个弟弟。窦皇后早年丧母，童年是很苦

◎汉景帝陵◎

的。父亲因躲避秦末战乱，带着三个孩子隐居赵地观津钓鱼，不幸落水而死。父母早亡，只剩下三个孤儿，实在无法生活了。也是天无绝人之路，这时，正赶上刘邦初定天下，宫中派人到赵地来招宫女。窦皇后前去应选，因聪明漂亮而被选上了。

汉惠帝死后，吕后临朝称制，决定遣散宫女，分给藩王。窦皇后为了和弟弟团圆，对主管太监说："请把我分到赵王宫去，好能见到弟弟。"主管太监答应了。不料，这个主管太监在做花名册时，一时健忘，竟把窦皇后分到与赵国相邻的代国去。吕后批准后，宫女纷纷上路，想改已经不可能了，窦皇后只得哭哭啼啼地前往代国。不料她却因此得福，被代王刘恒看中，一连生了三个孩子：长女刘嫖、长男刘启、次男刘武。汉文帝死后，太子刘启即位，史称汉景帝。

窦皇后喜欢读《老子》一书，主张清静无为，不骚扰百姓，让百姓安居乐业。

◎彩绘鱼雁铜灯◎

 七国之乱

◎ 前154年 晁错议削藩，吴楚七国叛乱。 ◎

吴王濞、胶西王卬、楚王戊、赵王遂、济南王辟光、菑川王贤、胶东王雄渠皆举兵反[1]。大赦天下。遣太尉亚夫、大将军窦婴将兵击之。斩御史大夫晁错以谢七国[2]。

注释 <<<
[1]此指七国之乱事。
[2]七国：指吴、胶西、楚、赵、济南、菑川、胶东等七个诸侯王国。

 汉书故事

汉景帝继续执行汉文帝时与民休息的政策，国家越来越富了。与此同时，藩王的势力也越来越强，对中央形成了威胁。其中最强大的是刘邦的侄儿吴王刘濞。

汉文帝立儿子刘启为皇太子时，吴王刘濞曾把吴太子刘贤送到长安，名义上是陪伴皇太子一块儿学习，实际上是送个儿子到皇宫里做人质，想迷惑汉文帝，表示他并没有谋反的野心。皇太子刘启和吴太子刘贤都喜欢赌博，两个年轻人火气都很旺，赌着赌着就吵起来，有时甚至动手厮打。有一天，两人因赌博又打起来了。皇太子刘启顺手拿起赌博用的木盘扔了过去，一下子把吴太子打死了。

汉文帝前元七年（公元前173年），贾谊曾向汉文帝上书分割诸侯的王国，削弱他们的力量。太子家令晁错也和贾谊有同样的看法。汉文帝明知他们的建议都很好，可是觉得时机还未成熟。刘启即位后，任命自己的管家晁错为御史大夫。晁错又一次建议削夺王国的领地。有一天，晁错对汉景帝说："吴王因为儿子被打死，假装有病不来朝拜天子。这种狂妄的行为，按照古代的礼法是应当杀头的。现在，他不肯改过自新，反而更加骄横，应当趁早削夺他的领地。"汉景帝说："削夺他的领地，他造反怎么办？"晁错说："削夺他的领地，他要造反；不削夺他的领地，他也要造反。削他的领地，他早一点造反，危害小一些；不削他的领地，他晚一点造反，准备得更充分，危害就更大了。"汉景帝认为晁错说得有道理，就开始采取削弱王国的措施。

汉景帝先放过吴国，而从其他几个王国下手。他先把楚国的一个郡、赵国的一个郡和胶西国的六个县削减下来，划归朝廷直接管辖。刘濞见汉景帝已经削了三个王国，下一个就要轮到他，便决定起兵了。刘濞联合楚王、胶西王、赵王、济南王、菑川王、胶东王一起出兵，于汉景帝前元三年（公元前154年）发动了叛乱，这就是历史上有名的"七国之乱"。七国起兵的名

义是"清君侧"，就是要求杀掉汉景帝身边主张削弱王国的晁错。其实，这是借口，实际上是刘濞纠集割据势力，要夺取汉景帝的皇位。

汉景帝接到密报后，想起了父皇临终前的叮嘱，于是，便任命周亚夫为太尉，让他前去平叛，对付吴王和楚王。此外，还令窦婴等分头率军出战：大将军窦婴屯兵荥阳，监视战局；郦寄率军进攻赵国，对付赵王；栾布率军进攻齐国，对付胶西王、济南王、菑川王、胶东王。同时，汉景帝不愿意扩大事态，就把晁错杀了，想借以缓和七国的敌对情绪。汉景帝虽然杀了晁错，可七国仍然没有退兵，继续向长安进军。

周亚夫是周勃的儿子，善于用兵。他接受平叛的任务后，汉景帝批准了周亚夫"先把梁国丢下不管，好牵制他们的力量，再断其退路，才能取胜"的作战计划，周亚夫领兵出发了。大军到了霸上，有个叫赵涉的人拦住周亚夫的马车献计说："吴王占据的地方很富饶。他招兵买马，想要造反已经很久了。这次太尉出兵征讨，他一定会在半路上选山势险峻

之处设伏袭击官军。因此，请太尉千万不要
从近道走，要奔蓝田，出武关，再绕向洛阳。
这条路虽说远一些，要多花一两天时间，但
走这条路会出于吴王意料之外，他们一定不
会防备。"周亚夫接受了赵涉的建议，大队人
马从南路直奔洛阳。

赵涉的建议果然起到了出奇制胜的作
用，周亚夫率领的大军很快截住了吴楚联
军。周亚夫派出一支军队，切断了叛军的粮
道和归路。叛军猛攻梁国，梁国向周亚夫求
救，周亚夫拒不出兵。梁国又向汉景帝哀求，汉景
帝便命令周亚夫援救梁国。周亚夫说："将在外，君命有所不受。"
拒不奉诏。吴楚联军进攻周亚夫，周亚夫深沟高垒，坚守不战。

◎弋射收割画像砖◎

一个月后，形势转为对叛军不利了。吴王想要西进，有梁国誓
死守城，挡住了去路；想要和周亚夫决战，周亚夫就是不出战。归路
已无，粮道又断，士兵饿得纷纷逃窜。最后，楚王刘成自杀，吴王刘
濞带了几千人冲出重围，逃到长江南岸的丹徒。他想去联合东瓯兵，
卷土重来。周亚夫早已悬赏一千斤金子购买他的人头，东瓯人不但
不帮助他，反而乘机杀了他，把他的脑袋献给了周亚夫。

至此，这场七国之乱，仅用三个月就平息了。汉景帝对吴王的胁
从一概不加追究，甚至还要为吴王立嗣。母亲窦太后说："吴王是
刘家的前辈，本应率领宗室支持朝廷，但他却带头造反，你还为他
立什么嗣？"汉景帝听了，这才作罢。

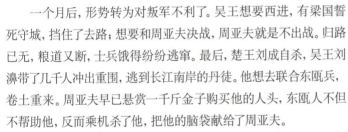

汉书成语故事

与民休息：与，给予。休息，休养生息。减轻租税和徭
役，使百姓得以休养生息。《汉书·景帝纪》："汉兴，扫
除烦苛，与民休息。至于孝文，加之以恭俭，孝景遵业，
五六十载之间，至于移风易俗，黎民醇厚。"

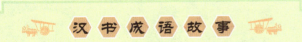

与民休息

◎ 前141年 景帝刘启卒，太子刘彻即位，是为汉武帝。 ◎

三年春正月，诏曰："农，天下之本也。黄金珠玉，饥不可食，寒不可衣，以为币用，不识其终始①。间岁或不登②，意为末者众，农民寡也。其令郡国务劝农桑，益种树③，可得衣食物。吏发民若取庸采黄金珠玉者④，坐臧为盗。二千石听者⑤，与同罪。"

注释 <<<

①终始：这里是本末的意思。
②间岁：近年。
③种树：种植。
④发民：利用其民。取庸：雇佣。
⑤二千石：指郡守。听：言听之任之。

汉书故事

汉景帝平定七国之乱后，实行休养生息的政策，鼓励农民安心从事生产。他认为只有农业生产搞好了，政府才能收到更多的赋税。他向地方官吏下命令说："黄金、珍珠、宝玉这些东西，肚子饿了不能当饭吃，身上冷了不能当衣穿，不如粮食、丝、麻这些东西更实惠。你们做地方官的应当劝农民种好粮食和桑麻，让百姓有饭吃，有衣穿，政府才能够收到更多的赋税。"为了鼓励农民生产，汉景帝把赋税减到三十税一，就是农民生产的粮食，按三十分之一的比例上缴。

汉文帝时，废除了历代相传的肉刑，将刺字改为罚做苦工，割鼻改为笞打三百

下，砍脚改为笞打五百下。汉景帝说："笞刑和肉刑没有什么区别。受了笞刑的人，即使侥幸不死，也终身残废了。现在，要改一下，原定为笞打五百下的改为笞打三百下，笞打三百下的改为笞打二百下。"这样执行了一段时间后，发现仍有犯人被笞打而死。于是，汉景帝又将三百之数改为二百，二百改为一百。汉景帝对大臣说："笞刑是为了教育罪犯，一定要尽量保证不把罪犯打死。"

为了确保国家安定，汉景帝继续执行汉初以来的与匈奴和亲的政策。为了大局，对匈奴的入侵，汉景帝从未还击，只是防御而已。汉景帝还在边境设置关市，和匈奴互通有无，促进了和匈奴的经济交流。这种对匈奴的宽厚政策，确保了国家的安定局面，对经济发展起了很大的作用。

汉文帝和汉景帝在位期间，经济繁荣，国家大治，被誉为"文景之治"。到了汉景帝末年，国库里的钱堆积如山，穿钱的绳子都烂掉了。粮库里的粮食多得连仓库都放不下，只好放在外面任其发霉。

汉景帝后元三年（公元前141年），汉景帝死于未央宫，他在位十六年，终年48岁。汉景帝有十四个儿子，太子刘彻即位，史称汉武帝。

汉书成语故事

雕文刻镂：在宫室、用具上雕刻镂花，加以美化。指浪费民力，不利于农耕。形容干劳民伤财的事。《汉书·景帝纪》："诏曰：'雕文刻镂，伤农事者也；锦绣纂组，害女工者也。农事伤则饥之本也，女红害则寒之原也。'"后用以形容夸张不实的文章。

雄才大略汉武帝

题解

汉武帝刘彻，16岁登基，在位五十四年，建立了汉朝最辉煌的功业。汉武帝登基之初，继续他父亲生前推行的养生息民政策，进一步削弱诸侯的势力，颁布大臣主父偃提出的推恩令，以法制来推动诸侯分封诸子为侯，使诸侯的封地不得不自我缩减。同时他设立刺史，监察地方。在军队和经济上则加强中央集权，将冶铁、煮盐、酿酒等民间生意编成由中央管理，同时禁止诸侯国铸钱，使得财政权集于中央。他采用董仲舒的建议，"罢黜百家，独尊儒术"，为儒学成为封建正统思想铺平了道路。派张骞等出使西域；任用卫青、霍去病等大破匈奴；设郡县于云南、贵州，将汉朝推向全盛时期。

独尊儒术

◎ 前140年 董仲舒上"天人之策"，罢黜百家，独尊儒术。◎

自武帝初立，魏其、武安侯为相而隆儒矣。及仲舒对册[1]，推明孔氏，抑黜百家。立学校之官，州郡举茂材孝廉，皆自仲舒发之。

注释 <<<
①仲舒：董仲舒，西汉著名的思想家、政治家。汉武帝元光元年，董仲舒在著名的《举贤良对策》中，提出其哲学体系的基本要点，并建议"罢黜百家，独尊儒术"。汉武帝采纳了董仲舒的建议，儒学开始成为我国封建社会的官方哲学。

汉书故事

汉武帝从小喜爱读书，胸怀大志。刚一即位，就下了一道诏书，命令丞相、御史、列侯、郡守、诸侯相等举荐人才。他知道众擎易举，要想治理好国家，光靠他一个人是不行的。

不久，一些人才被推荐上来了，其中有广川人董仲舒，淄川人公孙弘，会稽人严助。全国各地的有名学者都进京了，约有一百多人。汉武帝亲自主考，让每人写一篇文章，谈谈自己的治国方略。卷子交上来后，汉武帝亲自审阅，一边看一边摇头。可是当看到董仲舒的文章时，汉武帝却不禁拍案叫好，叹为

奇文。

董仲舒生于汉高祖十年（公元前197年），从少年时代起，就钻研《春秋公羊传》。为了专心致志地学习，他谢绝了一切客人，用帷幕将书房围起来，一个人坐在里面日夜读书，冥思苦想。通过刻苦钻研，董仲舒学问大进，终于建立了自己完整的理论体系，成了精通儒家学说的大学问家。董仲舒认为，朝廷对匈奴的进攻一味退让，各王国坐大，多次谋反，都是诸子百家的学说在作怪。这些学说不是提倡无为，就是提倡无君无父。为此，必须提倡儒家学说，忠君爱国，奋发有为；宣传大一统的思想，巩固皇帝中央集权的地位。

董仲舒根据自己的理解和当时政治上的需要，改造了由孔子创立、经过孟子发展的儒家学说，并且把孔孟等大儒的各家学说和阴阳五行等迷信思想融合在一起，使儒家学说变成了一种为封建政治制度服务的、带有宗教迷信色彩的理论。

董仲舒还向汉武帝提出了"天人之策"。他说："天是有意志的，人世间的事物是按照天的意志存在和变化的。皇帝是天的代表，皇帝的权力是天授予的，百姓服从皇帝，就是服从天，就是服从天道。在天道之下，君臣、父子、夫妻、兄弟之间，都必须严格遵守上下尊卑的礼节，绝对不许违反这种礼节。诸子百家的学说妨碍皇帝的绝对权威，只有儒家学说才能保持思想上的统一。因此，儒家以外的诸子百家学说都应当禁止传播，只许把儒家的经书《诗》、《书》、《易》、《礼》、《春秋》等传授给读书人，诸子百家的著作一律不许作为教学的内容。"

汉景帝平定七国之乱后，全国实现了政治上的统一。汉武帝为了巩固统治，进一步实现了学术思想上的统一。他接受董仲舒的建议，罢黜百家，独尊儒术，结束了战国以来百家争鸣的局面。

汉武帝认为董仲舒的建议很适合他的统治，就下令在政府里设置了专门传授儒家学说的五经博士，在五经博士下面配置了五十名弟子员。这些弟子员在五经博士的指导下攻读儒家经书，规定每年进行一次考试，五经中能学通一经的就可以做官，成绩优良的还可以做大官。依靠儒家学说做官的人，按照董仲舒的理论帮助汉武帝治理天下，并且用儒家学说来教育子孙后代。

从董仲舒起，中央集权的思想成了正统思想，儒家学说统治了整个思想领域。

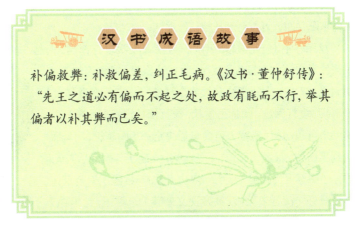

汉书成语故事

补偏救弊：补救偏差，纠正毛病。《汉书·董仲舒传》："先王之道必有偏而不起之处，故政有眊而不行，举其偏者以补其弊而已矣。"

赫赫武功

元封元年冬十月^①，诏曰："南越、东瓯咸伏其辜，西蛮北夷颇未辑睦^②。朕将巡边垂，择兵振旅，躬秉武节，置十二部将军，亲帅师焉。"行自云阳^③，北历上郡、西河、五原，出长城，北登单于台^④，至朔方，临北河^⑤。勒兵十八万骑，旌旗径千余里，威震匈奴。

注释 <<<

①元封元年：公元前110年。

②辑睦：和睦。

③云阳：县名，在今陕西淳化县西北。

④单于台：在长城外，具体地点不明。

⑤北河：黄河自宁夏流向河套，在阴山南麓，分为南北二河，北边的称北河。

汉书故事

汉武帝是个好大喜功的人。他不甘寂寞，总是不断进取，要做一个大有作为的好皇帝。

秦末，百越形成了三个国家：南越、东瓯和闽越。其中闽越最强，有士兵数十万。汉朝建立后，闽越根本不把汉朝放在眼里，不进贡，也不出人效力，还经常派兵骚扰汉朝的边境。

七国之乱暴发后，吴王刘濞逃到东瓯，被东瓯人所杀。他的儿子刘驹逃到闽越，为报父仇，多次劝闽越王驺郢攻打东瓯。建元三年（公元前138年），闽越王派兵攻打东瓯。东瓯王抵挡不住，派人到长安向汉武帝求救。武帝派庄助持节到会稽，调会稽军队从海上前去救援东瓯。闽越王闻讯，连忙撤兵了。东瓯王怕闽越王再来攻打，向汉武帝请求内迁。汉武帝一口答应了。不久，汉武帝派人将东瓯共四五万人全部迁到江淮地区。

建元六年（公元前135年），闽越王又发兵攻打南越。南越王派使者向汉武帝报告了战况。汉武帝得报，盛赞南越王深明大义，立即派大行王恢和大农令韩安国分别从豫章和会稽出兵，攻打闽越。闽越王见状，派兵抵抗汉军。闽越王的弟弟余善和国相、宗室大臣商量后决定杀了闽越王，将首级送到王恢处。汉武帝闻讯，下令撤兵，立越王勾践的后人无诸的孙子繇君丑为越繇王。余善恃功不服，与越繇王对峙起来。越繇王只好向汉廷求救，汉武帝便立余善为东越王，与越繇王分地

◎彩绘龙纹罐◎

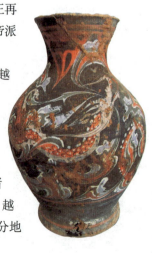

而治，让他们友好相处。

接着，汉武帝派庄助出使南越，慰问南越王赵胡。赵胡十分感激，派太子婴齐到长安侍奉武帝。婴齐在长安娶摎氏女为妻，夫妻恩爱异常。后来，婴齐回国即位后，立摎氏为王后。摎氏生子赵兴，即位后，封母亲摎氏为太后。南越太后想让南越归属汉朝，宰相吕嘉极力反对，竟然杀了南越王和太后。汉武帝大怒，出兵灭了南越。武帝元鼎六年（公元前111年），汉军进攻南越时，东越王余善支持吕嘉，进攻汉军，还刻了玉玺，准备称帝。汉武帝听说后，心中大怒，派出五路大军前去讨伐。大军压境，东越发生内讧，部将杀了余善，向汉军投降。汉武帝考虑到东越民风强悍，地势险要，容易发生叛乱，便把东越人也都迁到江淮地区。从此，独立的南方和东南方都归入了中国的版图。

秦汉之际，匈奴成了北方严重的边患。匈奴骑兵常常南下，烧杀淫掠。汉初，经过多年战乱，经济凋敝，国家无力反击匈奴，只得采用和亲下策，将公主嫁给单于。和亲的办法是起到了一定的作用，但匈奴的入侵仍时有发生。汉武帝建元六年（公元前135年），匈奴单于又派人前来请求和亲，汉武帝召集百官商议。最后，汉武帝在民间选了一个美女，装扮成公主，嫁给匈奴单于了。

第二年，马邑富豪聂壹通过王恢对汉武帝说："去年刚和亲，匈奴一定相信我们，我们可以引诱他们深入，一举歼灭他们。"汉武帝一听，正合心意，立即准奏了。聂壹将一个被判死刑的人斩首，将首级挂在城头，说这是他砍下的马邑县令的人头，让单于率兵前来攻占马邑。单于一听，心中大喜，立即倾国

而来。这时，汉武帝命韩安国为护军将军，李广、公孙贺、王恢、李息等人为将军，在马邑附近埋伏下三十万大军，要一举歼灭匈奴。

单于为了夺取财物，亲率十万大军直趋马邑。当进入距马邑百余里的地方时，单于忽然发现原野之上只有牛羊，却没有牧人。他心中大疑，忙攻下汉军一座城堡，捉获雁门尉史，从俘虏口中才知道汉军之计，忙退军而去。汉军见状，齐出追击。追之不及，只得退军。从此，汉匈关系又破裂了。这样，武帝便不用举行廷议，可以按照自己的意愿对匈奴用兵了。汉武帝派大将卫青和霍去病发动了数次反侵略战争，赶走了匈奴，保障了黄河流域广大地区的安定，促进了经济的发展。为了防止匈奴卷土重来，汉武帝又派张骞出使西域，让西

◎汉武帝北击匈奴◎

域各国脱离匈奴，归附汉朝。这样，等于斩断了匈奴的右臂。

汉武帝还解决了西南方的问题。西南夷邻近蜀郡，物产丰富。建元六年（公元前135年），汉武帝派唐蒙出使夜郎，让其带着一千多士兵和一万人组成的运输货物的队伍。夜郎和附近的小国都接受了汉朝使者的礼物，相约归附汉朝了。于是，汉朝在那里设置了犍为郡，设官员管理他们。

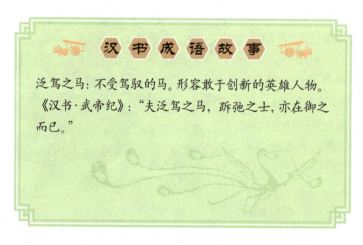

元鼎六年（公元前111年），西南夷的且兰君杀了汉使和犍为太守，率众造反了。汉武帝派中郎将郭昌、卫广率军前去镇压，杀了且兰君、邛君和笮君，平了西南夷，在那儿设置了牂牁郡。夜郎旧王朝汉，被封为夜郎王。西夷冉、駹两部震恐，请求内附。于是，汉武帝以邛都为越嶲郡，笮都为沈黎郡，冉、駹为汶山郡。滇王依仗兵马和归附他的部族，拒绝服从汉朝命令，并杀了汉使。元封二年（公元前109年），汉武帝派兵征讨，滇王降汉，愿意置官入朝。于是，汉武帝在那里设置益州郡，并赐给滇王大印，让他仍旧管理当地百姓和附近的部落。

汉武帝北击匈奴，南平百越，开发西域，征服西南夷和高丽，将国库中爷爷和父亲积下的银子都花光了。到了晚年，武帝手中空空如也。这时，汉武帝下了《罪己诏》，说自己不该穷兵黩武，以后再也不用兵了。他说到做到，天下又恢复了太平。

汉书成语故事

泛驾之马：不受驾驭的马。形容敢于创新的英雄人物。《汉书·武帝纪》："夫泛驾之马，跅弛之士，亦在御之而已。"

汉武帝和张骞

◎ 前138年 张骞出使大月氏 ◎

张骞，汉中人也①，建元中为郎。时匈奴降者言匈奴破月氏王②，以其头为饮器，月氏遁而怨匈奴，无与共击之。汉方欲事灭胡③，闻此言，欲通使，道必更匈奴中④，乃募能使者。骞以郎应募，使月氏，与堂邑氏奴甘父俱出陇西。

初，骞行时百余人，去十三岁，唯二人得还。

骞身所至者，大宛、大月氏、大夏、康居，而传闻其旁大国五六，具为天子言其地形，所有⑤。

骞还，拜为大行⑥。岁余，骞卒。

注释 <<<

①汉中：今陕西汉中东。
②月氏（ròu zhī）：汉代西域国名。
③胡：古代对西方和北方各少数民族的泛称，此指匈奴。
④更（gēng）：经过。
⑤所有：所生之物产。
⑥大行：官名，即大行令，汉武帝太初元年改名大鸿胪，掌接待宾客等事。

汉书故事

汉武帝从小读了很多书，受过良好的教育。《孙子兵法》上说："知己知彼，百战不殆。"他认为，对待匈奴，这条兵法也是适用的。

为了征讨匈奴，报仇雪耻，汉武帝曾就匈奴和外国的关系详细询问了一些投降过来的匈奴人。这些匈奴人说："冒顿单于统一匈奴各部后，曾经打败月氏国，把月氏王的脑袋砍下来当酒壶用。月氏人被迫西迁，他们恨透了匈奴，总想报仇，只恨无人相助。如果有人帮助他们，他们一定会和匈奴血战到底的。"于是，汉武帝下了一道诏书，招募精明强干的人出使西域，去联络月氏。

月氏在匈奴的西边，要到月氏去必须经过匈奴。胆小的人听到这样的使命，哪里敢来应征。但汉武帝身边有个叫张骞的卫士，胆子特别大。他认为打匈奴是为了汉朝的安全，出使月氏是很有意义的事，人活着总要立功扬名才行。于是，他报了名，勇敢地应征了。张骞是汉中成固人，长大后入宫做了郎官，负责侍从、警卫等工作。他平时意志顽强，胆气过人。一些勇士看到张骞报名了，也纷纷应征。有个叫堂邑父的匈奴人也报了名。

◎张骞雕像◎

○五九

汉武帝建元三年（公元前138年），汉武帝正式任命张骞为使者，让他带着堂邑父当翻译，还有其他应征的人，组成了一百多人的队伍，从陇西出发，到西域去联络月氏国。为了不被匈奴发现，他们白天休息，夜里赶路，相当艰苦。不料，他们一出陇西，就碰上了匈奴的骑兵。双方打起来，因为寡不敌众，张骞和他带领的一百多人都被俘了。匈奴单于听说张骞是到月氏国去的，生气地说："月氏人是我们的敌人，我不同意你们到月氏国去。"单于把张骞软禁起来。后来，单于见张骞相貌堂堂，英气逼人，便嫁给他一个匈奴女人，想让他留在匈奴当官。可张骞心里一直怀念汉朝，时时想着自己的使命。他把汉武帝交给他出使用的旌节偷偷地保存着，等待机会逃走。

过了几年，张骞和堂邑父两人终于找到了机会，弄到两匹好马，偷偷地逃出匈奴，继续向西走去。终于到了大宛国，大宛国国王早听说东南方有一个又大又富庶的汉朝，很想跟汉朝建立关系，却找不到门路。如今见到张骞，高兴极了，赶快拿出好酒和牛羊肉来招待他。过了几天，大宛王派出骑兵和翻译，护送张骞和堂邑父到了康居，再请康居人护送他们到月氏国去。

自从月氏国王被匈奴杀害后，月氏国的大臣们拥立国王的夫人为王，西迁到了大夏国境内。大夏人打不过月氏人，向月氏人投降，两个国家合并成一个国家，改名为大月氏国了。大月氏国所在的地方土地肥沃，物产丰富，四周又没有一个国家能打得过他们。他们的生活十分安乐，月氏人都不想回故地去面对杀人成性的匈奴人了。

◎张骞出使西域图◎

因此，张骞几次向大月氏王陈述汉朝想和他们联合对付匈奴的想法，大月氏王总是故意把话岔开，不作正面回答。张骞在大月氏国住了一年多，见达不到目的，只好动身返回了。

在回来的路上，张骞和堂邑父又被匈奴人捉住了。单于见是上次的汉使，心中大怒，罚他俩去做苦工，过了一年多，正好赶上单于死了，匈奴人因争位发生了内乱，张骞和堂邑父乘机逃走，回到了长安。他们这次出使西域，一共花了十三年时间。去的时候，张骞还是个年轻人；回来的时候，他的下巴上已经长了胡须了。去的时候，张骞带了一百多人；回来的时候，只剩下他和堂邑父两个人了。

张骞这次出使月氏，虽然没有达到预期的目的，但是他到了大宛、康居、大月氏、大夏等许多地方，看到了许多新奇的东西。他听别人说西域还有五六个大国，都是物产丰富、景色美丽的国家，并且也都很想和汉朝做买卖。汉武帝听到这些事，心中很感兴趣，便封张骞为中大夫，堂邑父为奉使君。考虑到如果西域其他几个大国能顺从汉朝，这样，汉朝等于扩充了几万里土地，还能得到许多新奇的东西。于是，汉武帝接受了张骞的建议，决定派张骞从四川出发，再一次出使西域。

汉武帝元朔六年（公元前123年），大将军卫青率领一万多名骑兵去攻打匈奴。张骞因为熟悉匈奴地理，从四川被召回，奉命随军出征。这一次出征，卫青大获全胜，消灭匈奴骑兵约四万人。张骞熟悉水源，使汉军不受饥渴，在战争中立了大功。回来后，汉武帝封他为博望侯。两年后，张骞奉命率领一万骑兵，配合大将李广包抄匈奴，不幸耽误了会合日期，使汉军蒙受了很大损失。汉武帝念张骞出使西域之功，没有按律处斩，将他贬为百姓了事。

◎汉代绿釉盘口尊◎

元狩四年（公元前119年），汉武帝对匈奴作战，又取得了胜利，想再派人出使西域，于是又想起了张骞。汉武帝召见张骞，张骞建议可以结交西域的乌孙国，斩断匈奴的右臂，然后共同对付匈奴。于是，汉武帝派张骞做正使，带领副使和将士三百多人，每人两匹马，带着许多金银、绸缎和牛羊出使西域。张骞到乌孙后，把副使分别派往大宛、康居、大夏、安息等国，他自己留在乌孙，跟乌孙王会谈。汉武帝元鼎二年（公元前115年），乌孙王决定跟汉朝建立友好关系，并且娶了汉朝的公主做夫人。

张骞从乌孙回长安后，过了一年多就病死了。张骞死后不久，他派到大宛等国去的副使也陆续带着各国的使者回到长安。这些国家和乌孙一样，都跟汉朝建立了友好关系。

张骞几次出使西域，踏出了汉朝通往西域的大道。西域出产的葡萄、核桃、石榴、黄瓜、蚕豆、豌豆、大葱和大蒜等传入中国。这些农作物在黄河、长江流域繁殖开来。汉族人先进的农业生产技术、打井和炼铁的方法也传到了西域。西域的音乐舞蹈和乐器传到了汉朝，汉族人的丝绸等也带进了西域。这样一来，汉朝和西域都得到了很大的好处。

汉武帝和霍去病

霍去病,大将军青姊少儿子也。其父霍仲孺先与少儿通,生去病。及卫皇后尊,少儿更为詹事陈掌妻。去病以皇后姊子,年十八为侍中。善骑射,再从大将军。大将军受诏,予壮士,为票姚校尉①,与轻勇骑八百直弃大军数百里赴利,斩捕首虏过当②。

去病为人少言不泄,有气敢注③。上尝欲教之吴孙兵法④,对曰:"顾方略何如耳⑤,不至学古兵法⑥。"上为治第,令视之,对曰:"匈奴不灭,无以家为也。"由此上益重爱之。

注释 <<<
①票(piào)姚:劲疾貌。
②斩捕首虏过当:言计其所将人数,则斩捕首虏为多,过于所当。一说汉军失亡者少,而杀获匈奴数多,故曰过当。
③敢注:《史记》作"敢任"。
④吴、孙:吴起、孙武。
⑤顾:视。
⑥不至:不必。

汉书故事

霍去病是汉武帝大将军卫青的外甥。他父亲是平阳县的一个衙役,被分在平阳公主家里当差,他母亲在平阳公主家当使唤丫头。霍去病出生在平阳公主府里,从小生活在奴婢群中,生活很苦。像他这样的人想要出息,唯一的办法就是参军立功。霍去病人穷志不穷,从小就勤奋地练习骑马射箭等各种武艺,希望有朝一日到战场上去杀敌立功。

霍去病十六七岁的时候,武艺已经练得十分出众,被汉武帝看中,派他做了自己的高级侍卫——侍中。霍去病18岁那年,即元朔六年(公元前123年),大将军卫青奉命出征匈奴。汉武帝认为这次出征十分重要,就把自己身边的霍去病拨给卫青指挥,并且赏给霍去病"票姚校尉"的官衔,叫他带领八百名最为精锐的骑兵去作战。

这次奉命出征的还有名将李广等人,张骞也因熟悉匈奴地理而随军出征。霍去病带领的八百名骑兵成了这次战争中的突击队。战争结束后,汉武帝论功行赏,霍去病得了头功,被封为冠军侯。

元狩二年(公元前121年),汉武帝任命霍去病为骠骑将军,率领精锐骑兵一万多人从陇西出发去夺取河西走廊。霍去病很会用兵,指挥机动灵活,打得匈奴骑兵连声叫苦。他们在燕支山一带转战六天,摧毁了匈奴人建立的一些小王国。最后,他们终于跨越燕支山,深入匈奴腹地一千多里,在皋兰山和匈奴骑兵展开了决战。霍去病阵斩匈奴折兰王和卢侯王。汉军消灭匈奴兵将八千九百多人,生擒浑邪王子和许多官吏,令匈奴闻风丧胆。匈奴最强悍的浑邪王和休屠王受到了严重的打击。

这年夏天，霍去病率领的部队和公孙敖率领的部队配合作战。半路上，公孙敖的部队困在沙漠中，迷失了方向，没能和霍去病的部队会师。霍去病设法掌握了匈奴骑兵的活动规律，大胆地采用孤军深入、直捣敌人心脏的作战方针，深入敌后几千里，一直挺进到祁连山。张掖一战，汉军战绩辉煌，俘获匈奴五王、王母、单于阏氏、王子五十九人，相国、将军、当户、都尉六十三人。消灭匈奴骑兵三万多人。单桓王、酋涂王及其官吏兵将二千五百人投降。经过这次大战，匈奴遭到了空前沉重的打击，军心涣散，士气低落。霍去病的威望进一步提高，和大将军卫青齐名了。

这年秋天，匈奴内部发生了剧烈的分化。匈奴单于严厉责备浑邪王和休屠王，督促他们向汉军发起反攻。浑邪王和休屠王商量后，决定投降汉朝。霍去病在河西收编了四万名投降过来的匈奴兵，把他们编成整齐的队伍听候汉朝调遣。汉武帝把这些匈奴人安排在河套南部定居，与当地汉人和睦相处。这次受降成功，是霍去病的一大功劳。从此，匈奴的力量大大削弱，使得汉朝能够削减驻扎在陇西、北地、上郡等地的边防驻军，节省了大量的军费开支。河西走廊被打开，丝绸之路畅通无阻了。

元狩三年（公元前120年），匈奴为了报复，改从长安东北方向的右北平、定襄一带南侵，杀掉汉人一千多人。元狩四年（公元前119年），卫青、霍去病各领兵五万，又一次奉命出征匈奴。霍去病大胆使用投降过来的匈奴人，打败匈奴的左贤王，夺得敌人的粮草作为自己的给养。经过激烈战斗，霍去病俘获匈奴单于近臣章渠、屯头王、韩王以及将军、相国、都尉等八十三人，歼灭匈奴骑兵七万多人。经过这次战役，匈奴单于再也不敢到漠南设置王庭了。自秦末以来，匈奴对我国北方制造的边患第一次被制止了。

汉武帝见霍去病立下了这样大的功劳，为了奖励他，特地派了许多工匠，为他修建了一所宽敞豪华的住宅。住宅造好后，汉武帝让霍去病先去看看，问他满意不满意。霍去病对汉武帝说："匈奴未灭，何以家为！"

霍去病18岁从军，24岁时不幸病死了。霍去病死后，汉武帝十分悲痛，命令边界上五个郡的匈奴移民穿上黑甲，护送霍去病的灵柩从长安到茂陵墓地安葬。汉武帝还为霍去病修建了一座形如祁连山的坟墓，来纪念这位挺进祁连山、赶走匈奴、打通河西走廊的青年将领。

◎霍去病墓◎

汉武帝和司马迁

◎ 前104年 司马迁始著《史记》 ◎

迁生龙门①，耕牧河山之阳②。年十岁则诵古文③。二十而南游江淮，上会稽，探禹穴④，窥九疑，浮沅湘。北涉汶泗⑤，讲业齐鲁之都，观夫子遗风，乡射邹峄⑥；阸困蕃、薛、彭城⑦，过梁楚以归。于是迁仕为郎中，奉使西征巴蜀以南，略邛、筰、昆明⑧，还报命。

是岁⑨，天子始建汉家之封，而太史公留滞周南，不得与从事，发愤且卒。

卒三岁，而迁为太史令，绌史记石室金匮之书。

注释 <<<

①龙门：山名，在今陕西韩城东北。相传为禹所凿之龙门。

②河山之阳：指黄河之西，龙门山之阳。

③古文：指用先秦篆文传抄的古书，如《尚书》等。

④禹穴：相传会稽山上有孔，名曰禹穴。

⑤汶泗：水名。都源于今山东省境，汶水注入济水与黄河。泗水流经江苏北部，注入淮河。

⑥乡射：古代的射礼之一。邹：汉县名，在今山东邹县东南。峄：山名，在今山东邹县东南。

⑦蕃：汉县名。在今山东滕县。薛：汉县名。在今山东滕县南。彭城：县名。在今江苏徐州市。

⑧邛、筰、昆明：古部族名。

⑨是岁：指元封元年(公元前110年)。

汉书故事

汉景帝中元五年（公元前145年），司马迁生于龙门。司马迁的父亲司马谈是一个历史学家，在朝廷里担任太史令。司马迁10岁时，随父亲到了长安，开始学习《尚书》、《春秋左传》、《国语》等古代历史书，在历史和文学两方面打下了坚实的基础。从20岁起，司马迁到全国各地去游历。经过多次游历和考察，司马迁开扩了眼界，增长了知识，锻炼了观察事物的能力，积累了大量的原始资料，为后来写《史记》打下了坚实的基础。游学结束，司马迁回到长安，被朝廷任命为郎中。不久，司马迁奉命参加了征讨巴蜀的战争，巡视了昆明等地。

司马谈生前的志向是编写一部从黄帝到汉武帝这段历史的史书，刚搜集了一些材料，写了几篇，还没有写完便病了。元封元年（公元前110年），汉武帝在泰山进行封禅大典，司马谈因病未能参加。为此，他深感遗憾，

◎司马迁墓◎

以致病情更重了。这时，司马迁从昆明赶回，来到父亲的病榻前，流着泪接受了父亲的嘱托。司马迁整理好材料，开始编写他父亲没有写完的历史书——《史记》。司马谈去世后的第三年，司马迁继任太史令。这个职务对他写《史记》是大有好处的。他有机会接触到国家的藏书，搜集了大量宝贵的资料。

◎抄本史记◎

　　司马迁48岁那年，正当他专心致志地撰写《史记》时，一场灾难突然降临到他的头上。司马迁有个老朋友，名叫李陵，是员猛将。汉武帝很赏识李陵，派他率五千人去征讨入境骚扰的匈奴。由于后援部队耽误了日期，致使李陵孤军深入，力尽被擒。当时有人传说李陵投降匈奴了，汉武帝一生气，把他的全家都杀了。李陵听到这个消息，就真的投降了匈奴。司马迁跟李陵认识多年，对李陵很了解。在朝中大臣纷纷传说李陵投降匈奴，对他大加谴责时，司马迁在汉武帝面前替李陵辩解了几句，汉武帝大怒，因为这时汉武帝的爱妃李夫人的哥哥李广利率领三万人出击匈奴，刚刚大败而归，汉武帝认为司马迁为李陵辩护是在贬低李广利。结果，司马迁受到了腐刑的处罚。他几次想自杀，可是一想到父亲的遗愿还没有实现，便决定活下去，把《史记》写完。

　　从此，司马迁利用已经搜集到的材料，夜以继日地发愤著书。经过四年的艰苦努力，在他53岁那年，终于写出了继《春秋》之后的第二部不朽的历史巨著——《史记》。

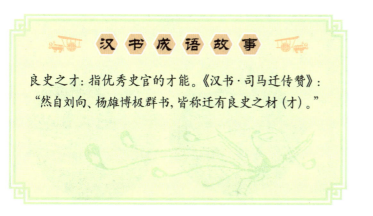

汉书成语故事

良史之才：指优秀史官的才能。《汉书·司马迁传赞》："然自刘向、杨雄博极群书，皆称迁有良史之材（才）。"

金日磾救主

◎ 前87年 武帝辛, 太子弗陵即位, 是为汉昭帝。霍光、金日磾辅政。 ◎

初, 莽何罗与江充相善①, 及充败卫太子, 何罗弟通用诛太子时力战得封。后上知太子冤, 乃夷灭充宗族党与。何罗兄弟惧及②, 遂谋为逆。日磾视其志意有非常, 心疑之, 阴独察其动静, 与俱上下③。何罗亦觉日磾意, 以故久不得发。是时上行幸林光宫④, 日磾小疾卧庐。何罗与通及小弟安成矫制夜出⑤, 共杀使者, 发兵……日磾捽胡投何罗殿下⑥, 得禽缚之, 穷治皆伏辜。繇是著忠孝节。

及上病, 属霍光以辅少主, 光让日磾。日磾曰: "臣外国人, 且使匈奴轻汉。"于是遂为光副。

注释 <<<
①莽何罗: 本姓马, 东汉明帝马皇后乃其后人, 不愿姓马, 改姓莽。
②及: 言及于祸。
③上下: 起居行动。
④林光宫: 在甘泉宫附近。
⑤矫制: 伪托皇帝命令。
⑥捽(zuó)胡: 揪住头颈。

汉书故事

当初, 刘彻是因为答应娶陈阿娇才当上太子的。后来, 他当上皇帝, 果然没有食言, 真的立陈阿娇为皇后了。但是, 由于陈阿娇为人骄横, 而且一直没有生儿子, 便渐渐失去了武帝的宠幸。汉武帝的姐姐平阳公主见皇后无子, 便找了十几个良家女子, 准备献给弟弟, 汉武帝相中了其中一个叫卫子夫的歌女。卫子夫进宫后, 汉武帝极其宠爱她。陈皇后见了, 十分生气, 大闹了几场, 还想毒死卫子夫。于是, 汉武帝再也不到她的宫中去了。元朔二年 (公元前127年), 卫子夫生了儿子, 汉武帝大喜, 为儿子取名刘据, 立为太子, 并改立卫子夫为皇后。

赵王刘彭祖有个门客叫江充, 因得罪了赵太子刘丹, 逃到京城, 向汉武帝诬告刘丹。汉武帝一时失察, 刘丹竟然被废了。汉武帝召见江充时,

◎汉代青铜蒸锅◎

见他长得体貌魁伟，觉得十分惊奇，便与他谈论政事。通过谈话，汉武帝认为江充很精明，便让他当了绣衣使者，负责督察贵戚和近臣。有一天，汉武帝到甘泉宫养病，太子刘据派人前去探病。去的人误走了只有天子才能走的驰道，被江充发现，将其扣留。太子得报，赶紧去向江充赔罪，要求放人。江充不但不放人，还将此事上报给汉武帝。汉武帝赞扬道："做臣子的就应该这样。"从此，江充更加受宠，威震京城。

事后，江充害怕了。他想："皇上死后，太子即位，一定会报复，到时候我会被灭族的。"于是，他决定陷害太子。过了几天，江充想出了一个毒计。他指使巫者对汉武帝说："皇上有病，是因为宫中有人埋木人诅咒皇上。"汉武帝信以为真，便派江充搜查。江充率人进宫搜了一遍，向汉武帝报告说："太子宫中埋的木人最多。"汉武帝一听，心中大怒，要派兵捉拿太子。太子见不杀江充，江充也要杀他，便按照太子少傅石德的主意派人杀了江充。汉武帝回宫后，发兵攻打太子，太子兵败自杀。汉武帝见太子造反自杀，便派人去收回卫皇后的玉玺。卫皇后见事情闹到这种地步，便也自杀了。

盛夏季节，汉武帝到甘泉宫避暑。一天早晨，汉武帝还在睡梦之中时，忽听到一声响动，从梦中惊醒了。汉武帝急忙披衣而出，只见两个人正在搏斗，打得难解难分。这两个人一个是侍中驸马都尉金日磾，一个是侍中仆射马何罗。汉武帝以为他们在打架，上前高声喝止。这时，金日磾喊道："马何罗反了！"金日磾一面喊，一面将马何罗抱住，用尽平生力气，将他扳倒，然后抛到了殿下。殿前宿卫一拥而上，将马何罗捆了起来。经汉武帝审讯，果然谋反属实。原来，马何罗是重合侯马通的长兄。马通曾经参与攻打太子刘据，因而被封重合侯，马何罗也因此入宫当上了侍中仆射。后来，太子平反，汉武帝悔过，江充被灭族，马何罗兄弟俩开始害怕了。马何罗和弟弟马通、堂弟马安成在一起密谋后，决定由马何罗入宫行刺，杀死汉武帝，由两个弟

武帝改革中央军队

公元前139年开始，经过几十年的时间，汉武帝改革了中央军队，在南北军制度的基础上，重新整编了京师诸军。首先，缩小南军编制，设立期门军和羽林骑。其次，调整京师警备力量，削弱中尉过重的权力。最后，设置七校尉军，加强京师驻军力量。改革后，进一步加强了中央集权的统治。

弟矫诏发兵作外应。马何罗出入宫中，伺机行刺，金日磾日夜随侍汉武帝，汉武帝这才幸免一死。事后，马氏三兄弟都被斩首灭族。

刘据死后，汉武帝决定立小儿子刘弗陵为太子。因为刘弗陵年幼，汉武帝想找一个可靠的人辅佐他。经过再三考虑，

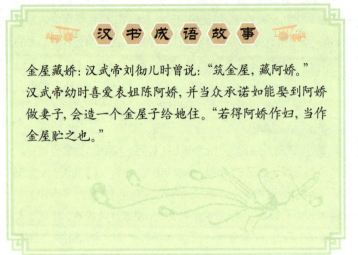

汉书成语故事

金屋藏娇：汉武帝刘彻儿时曾说："筑金屋，藏阿娇。"汉武帝幼时喜爱表姐陈阿娇，并当众承诺如能娶到阿娇做妻子，会造一个金屋子给她住。"若得阿娇作妇，当作金屋贮之也。"

他觉得金日磾几十年来一贯忠贞可靠。原来，金日磾是匈奴休屠王的太子。汉武帝元狩年间（公元前122年—公元前117年），霍去病出击匈奴，打败了休屠王和浑邪王两部。单于大怒，要杀两王。两王害怕了，商量要投汉朝。不料，中途休屠王反悔了。于是，浑邪王杀了休屠王，率两部投降汉朝。因休屠王中途反悔，金日磾被没入官，分配到宫中黄门养马。那时，他才14岁。几年后，有一天，汉武帝开宴，后宫佳丽作陪。汉武帝一时高兴，要赏名马，便让黄门马夫牵着名马从殿下经过。马夫们到了殿上，一个个都回过头来偷看殿上的美女，只有金日磾低头而过，目不斜视。这引起了汉武帝的注意，便召他来问，这才知道他的身世。汉武帝见他身高八尺二寸，体貌魁伟，他养的马又十分肥壮，便拜他为马监，后又升为侍中、驸马都尉、光禄大夫。

汉武帝想把太子刘弗陵托付给金日磾，金日磾说："此事万万不行。我是胡人，朝臣会不服的。"汉武帝一想，他说得确实有道理，便改托霍光了。

汉武帝在位五十四年，死时71岁。其实，他本应活得更长，但因他相信术士，误食丹药，以致中了巨毒，身体越来越弱，难抵风寒。汉武帝不但让中国的版图大大地扩大了，而且还加速了东西方的交流，其功劳是永载史册的。

守成之君汉昭帝

题解

刘弗陵即位时年仅8岁，遵照武帝遗诏，由霍光辅政，故"政事一决于光"。后人评价说："汉昭帝年十四，觉察霍光之忠，知燕王上书之诈，诛桑弘羊、上官桀。高祖、文、景俱不如也。"18岁亲政后，针对武帝末年因对外战争、封禅等所造成的国力严重损耗，农民负担沉重，大量破产，使得国内矛盾激化的情况，在霍光等的辅佐下，刘弗陵多次下令减轻人民负担，罢不急之官，减轻赋税，与民休息。昭帝时，因内外措施得当，使得武帝后期遗留的矛盾基本得到了控制，西汉王朝衰退趋势得以扭转，史称"百姓充实，四夷宾服"。

霍光辅政

光为人沉静详审，长财七尺三寸①，白皙，疏眉目②，美须髯③。每出入下殿门，止进有常处，郎仆射窃识视之④，不失尺寸，其资性端正如此。初辅幼主，政自己出，天下想闻其风采。

注释 <<<
①财：通"才"。七尺三寸：汉制，约合今1.68米。
②疏：疏朗。
③须：嘴下边的胡子。髯(rán)：两颊上的胡子。
④识(zhì)：标记。

汉书故事

刘弗陵即位这年才8岁，国家大事全由大将军霍光处理。

霍光是骠骑将军霍去病的异母弟弟。霍光十多岁的时候，霍去病把他从家乡接进宫中，让他做了汉武帝的侍从官。汉武帝喜欢霍光诚实忠厚，很快提拔他做了侍从官的首领。霍去病去世后，汉武帝又把霍光提拔为奉车都尉、光禄大夫，掌管皇帝的车马和宫殿门户等事务。霍光办事认真，小心谨慎，二十多年没有出过任

何差错。

汉武帝在位五十多年，经常对外用兵，国内又大兴土木，搞得国库为之一空，百姓负担过重。汉武帝死后，给汉昭帝和霍光留下了一个百孔千疮的烂摊子。

霍光执政后，奏请汉昭帝派遣廷尉王平等五人巡行郡国，选举贤良，访贫问苦，细查冤案和失职的官吏。

第二年三月，霍光派出使者赈灾，发给灾民种子，贷粮食给挨饿的人。同年八月，又下诏说："往年灾害多，今年蚕麦又受灾减产，发给灾民的种子和贷给饥民的粮食都不要还给官府了，并免除今年的田租。"汉武帝时遗留下来的案件，也都不再追究。这些诏令缓解了社会危机，稳定了政局，安定了民心。

◎霍光秉公辅帝政◎

霍光从小在农村长大，因而十分关心百姓疾苦。霍光公正无私，赏罚分明，将国家大事管理得井井有条。由于霍光坚持原则，办事公允，百姓都视他为救星，他的威望在百姓的心中越来越高了。

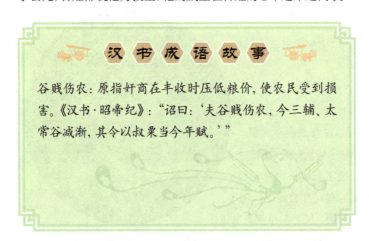

汉书成语故事

谷贱伤农：原指奸商在丰收时压低粮价，使农民受到损害。《汉书·昭帝纪》："诏曰：'夫谷贱伤农，今三辅、太常谷减贱，其令以叔粟当今年赋。'"

苏武归汉

◎ 前81年 被匈奴扣押十九年的苏武回到长安 ◎

武字子卿①，少以父任②，兄弟并为郎③，稍迁至栘中厩监④。时汉连伐胡，数通使相窥观⑤，匈奴留汉使郭吉、路充国等，前后十余辈⑥。匈奴使来，汉亦留之以相当。天汉元年，且鞮侯单于初立⑦，恐汉袭之，乃曰："汉天子我丈人行也⑧。"尽归汉使路充国等。武帝嘉其义，乃遣武以中郎将使持节送匈奴使留在汉者⑨，因厚赂单于，答其善意。武与副中郎将张胜及假吏常惠等募士斥候百余人俱⑩。既至匈奴，置币遗单于⑪。单于益骄，非汉所望也。

武留匈奴凡十九岁，始以强壮出，及还，须发尽白。

注释 <<<

①武：《苏武传》是附在《苏建传》后面的，所以这里不再写明他的姓。
②以父任：因为父亲职位的关系而任官。
③兄弟：指苏嘉、苏武、苏贤三兄弟。郎：官名，皇帝近侍。
④栘（yí）中厩（jiù）监：栘园中掌管鞍马鹰犬等射猎工具的官。栘，指汉宫廷中的栘园。监：管理厩的官。
⑤数（shuò）：屡次。窥观：窥探、观察对方的情况。
⑥辈：批。
⑦且（jū）鞮（dī）侯单于：匈奴王，公元前100年即位。且鞮侯，单于的封号。
⑧丈人行（háng）：父辈，长辈。
⑨中郎将：官名。
⑩假吏：临时充任的官。斥候：侦察人员。俱：一同出发。
⑪置币：准备财物。遗（wèi）：赠送。

汉书故事

汉昭帝始元六年（公元前81年）春天，在匈奴被扣押十九年的苏武、常惠等九个人回到了久别的长安，拜见了汉昭帝。汉昭帝为苏武准备了牛羊等祭品，叫他到先帝庙里去拜汉武帝的灵位。原来，苏武是汉武帝派往匈奴出使的。汉武帝生前一直惦记着苏武，盼他早日归来。

汉武帝天汉二年（公元前99年），匈奴且鞮侯单于即位。他怕汉朝趁他刚刚即位、立足未稳时出兵打他，便派使者到汉朝求和，并且把以前扣留的汉朝使者全都送了回来。汉武帝觉得这个新即位的单于很懂道理，心里十分高兴，便决定好好报答他的善意。于是，就派中郎将苏武为正使，副中郎将张胜为副使，率领助手常惠和一百多名士兵，带上许多金银绸缎等礼物，护送以前扣留下来的全部匈奴使者到匈奴去。

苏武是杜陵人，父亲苏建是武帝时的名将。按照汉例，将官子弟要入宫担任侍卫，因此苏武进宫当了郎官。苏武身材魁梧，相貌堂堂，办事认真，深得汉武帝的敬重，不久便提拔他做了中郎将。苏武接受任务后，拿着汉武帝亲手交给他的旌节出发了。旌节是一根七八尺长的竹竿，顶部略弯，挂着一串毛做的绒球。旌节是用来表示使者身份的。

苏武到了匈奴，把带去的匈奴使者当面交给单于，并且送上礼物。单于见有礼物，心中大喜，设宴招待苏武一行。宴罢，一切顺利，苏武就等回长安了。正当苏武准备回国时，突然发生了一件意外的事。原来，早在苏武出使匈奴之前，有个叫卫律的汉朝使者投降了匈奴，被单于封为丁零王。卫律的部下有个叫虞常的，是个忠于汉朝的血性汉子。他被卫律胁迫，留在匈奴。出于义愤，他总想找机会除掉卫律，但孤掌难鸣。这次，他听说苏武出使匈奴，高兴极了。过去，他和苏武的副使张胜是好朋友，于是，他偷偷地和张胜商量打算除掉卫律。不料，由于虞常办事不谨慎，计划败露了。单于将他逮捕，交给卫律去审问。事情发生后，张胜怕牵连自己，才把虞常跟他合谋的经过告诉苏武。

卫律审问虞常时，用尽了各种酷刑。虞常经受不住，终于供出了张胜。因为张胜是苏武的副使，所以单于命令卫律叫苏武前来受审。苏武见卫律来传他，便对常惠等人说："我这次出使匈奴，是为了汉匈和好。如今我出庭受审，让国家受辱，还有什么脸面回长安呢？"说完，便拔刀自刎。卫律急忙把他抱住，夺下刀来。这时，苏武已经受了重伤，血流如注，晕过去了。

单于见苏武有骨气，视死如归，不禁

◎苏武牧羊◎

暗暗佩服。他希望苏武投降他，像卫律一样替他效力。他早晚派人来问候探望，想感化苏武，好劝他投降。苏武恢复健康后，单于命令卫律提审虞常和张胜，叫苏武前去陪审。在审问时，卫律当场把虞常杀死。接着，他又举起宝剑威胁张胜说："你身为汉朝副使，居然谋杀匈奴大臣，也应当把你杀了。你要是肯投降，可以免你一死。"张胜吓得跪在地上请降。卫律收起宝剑，回过头来对苏武说："副使有罪，正使应当连坐。"苏武从容地说："我不知道他们的密谋，跟他们又没有任何亲属关系，凭什么叫我连坐？"卫律见苏武威武镇定，知道吓不倒他，就收起宝剑，装出一副笑脸说："苏将军，我劝你还是投降吧。你看看我，投降之后，单于十分重用我，已封我为王了。如果你今天投降，明天就会跟我一样的。否则，你将白白地死在这里，又有谁知道你的一片忠心呢？"

苏武对卫律的话，根本不予理睬。卫律

见威胁和利诱都不能使苏武投降，只好回去报告单于。单于见苏武这样坚定，更想让他投降了。他下令把苏武放在一个大地窖里，不给他饮食，想用饥饿来迫使他屈服。北方天气十分寒冷，苏武在地窖里，渴了就吃雪，饿

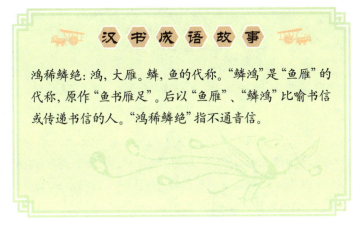

汉书成语故事

鸿稀鳞绝：鸿，大雁。鳞，鱼的代称。"鳞鸿"是"鱼雁"的代称，原作"鱼书雁足"。后以"鱼雁"、"鳞鸿"比喻书信或传递书信的人。"鸿稀鳞绝"指不通音信。

了就吞毡毛，过了好些天也没有屈服。对于苏武这样的硬汉子，单于实在奈何不了他了。最后，只得下令把他送到北海之滨去牧羊。北海一带，终年白雪皑皑，连鸟兽也很稀少。苏武在北海，尝尽了人们难以想象的苦。一年到头，苏武一边牧羊，一边抚弄着汉武帝亲手交给他的旌节，日子一长，旌节上的毛都脱落了，这旌节使他在荒凉的北海之滨度过了漫长的艰苦岁月。

汉武帝死后，汉昭帝即位。过了几年，匈奴发生内乱，分裂成三部。新单于无力南侵，又跟汉朝议和了。这时，汉朝派出使者，要求匈奴放苏武回国。单于欺骗使者说："苏武已经死了。"使者信以为真，空手而归。后来，当汉朝第二次派使者到匈奴时，苏武的助手常惠买通监视他的匈奴人，在夜里偷偷地来见汉使，并教给使者向单于要回苏武的办法。第二天，汉使去见单于，请他放苏武回国。单于故作惊讶地说："哪有苏武啊？我早就说过，苏武已经死了。"使者说："不对！我们皇上在上林苑射猎时，射下一只大雁。大雁腿上系着一条绸子，上面是苏武写给皇上的一封信。信里说他在北海牧羊哩，为什么说他死了？你们既然想同汉朝和好，何不拿出诚意来？"单于听了，着实吃了一惊，为了不影响议和大局，只好派人把苏武从北海接回，交给汉使。

◎汉代瓷器◎

苏武奉命出使时，只有40岁。他在匈奴度过了十九年漫长而又艰苦的岁月，回来时已经是须发皆白的老人了。苏武的事迹轰动了朝野。汉昭帝拜苏武为典属国，赐钱二百万，让他负责汉朝周边一些邻国的事务。

未遂政变

◎ 前80年 上官桀、桑弘羊与燕王刘旦合谋政变,事败被杀。 ◎

燕王旦自以昭帝兄,常怀怨望。及御史大夫桑弘羊建造酒榷盐铁[1],为国兴利,伐其功,欲为子弟得官,亦怨恨光。于是盖主、上官桀、安及弘羊皆与燕王旦通谋,诈令人为燕王上书。

桀欲从中下其事,桑弘羊当与诸大臣共执退光[2]。

乃谋令长公主置酒请光,伏兵格杀之[3],因废帝,迎立燕王为天子。事发觉,光尽诛桀、安、弘羊、外人宗族。燕王、盖主皆自杀。光威震海内。昭帝既冠[4],遂委任光[5],讫十三年,百姓充实,四夷宾服。

注释 <<<

①酒榷(què)盐铁:指酒业和盐铁专营专卖。榷,专利。

②执:持,这里有胁迫之意。

③格:击。

④冠:冠礼。古代男子20岁行成人礼,结发戴冠,表示成年。昭帝行冠礼在元凤四年,18岁。

⑤遂:竟,始终。

汉书故事

霍光辅政,天下大治,汉昭帝、大臣和百姓都很敬重他。汉昭帝始元二年(公元前85年),汉昭帝封霍光为博望侯。但是,朝廷里一些想同霍光争权的人却恨透了他,其中最恨他的是左将军上官桀。

◎汉代玉觥◎

因为盖长公主帮助过上官桀,让他的孙女当上了皇后,上官桀总想找个机会报答盖长公主,他特地跑到霍光那里去给丁外人讨封。霍光一听,不肯徇私情,对上官桀说:"亲家,你也知道,高祖在世时,曾立下规矩,无功不得封侯。丁外人没有任何功劳,你没有理由替他求封啊。"上官桀又说:"不能封他为侯,拜他做个光禄大夫总可以吧!"霍光说:"那也不行。丁外人名声不好,什么官职也不能给他!"上官桀碰了一鼻子灰,很不高兴,便跑到盖长公主那里添油加醋地诉说一番,使得盖长公主恨透了霍光。

为了反对霍光，上官桀、上官安和盖长公主又去联络御史大夫桑弘羊。桑弘羊曾经替汉武帝搞盐铁专卖，立过大功。他想替自己的子弟在朝廷里谋个官做，可是霍光不同意。为此，桑弘羊也恨透了霍光。桑弘羊见上官桀他们这个集团里都是皇亲国戚，又有皇帝的姐姐盖长公主做靠山，认为他们一定能斗得过霍光，也就参加了他们的集团。这个叛乱集团与燕王通谋，企图杀害霍光，废掉汉昭帝，另立燕王为皇帝。由于霍光办事谨慎，上官桀挖空心思也找不到他的毛病，最后只得设计陷害霍光了。

元凤元年（公元前80年），有一天，霍光到长安附近的广明去检阅军队，临时抽调了一个校尉到他的大将军府里去帮忙。上官桀便利用这个机会，伪造了一封信，用燕王刘旦的名义向汉昭帝告状说："霍光检阅军队，盗用皇上的仪仗队，耀武扬威，极其骄横。他还自作主张，调了一个校尉到大将军府里去。看来，他的野心很大，怕是要谋反。我愿意交还燕王的大印，回长安担任皇宫侍卫，镇压叛乱。"汉昭帝把这封信细细地看了几遍，就收起来了。霍光检阅完军队回到朝中，听说有人告他，不知自己做错了什么事。汉昭帝说："这里有一封告发你的信，但我知道这封信是假的。"霍光问道："何以见得？"汉昭帝说："大将军去检阅军队是在京城附近，调校尉去大将军府也还不到十天，燕王远在冀北，怎能知道这事？即使知道，马上派人送信，今天也到不了京城。再者，大将军即使真想造反，也用不着调用一个校尉。因此说，是有人想陷害大将军，才假造了这封信。我是不会上当的。"

这年，汉昭帝才14岁。百官见皇上年纪轻轻就这样英明，无不佩服。

上官桀仍不死心，一计不成，又生一计。上官桀找到盖长公主，请她出面请霍光喝酒。他们策划事先在堂下埋伏好武士，趁盖长公主劝酒时，冲出来杀死霍光，然后废掉昭帝，另立燕王为帝。燕王闻讯后，心中大喜，联络各地豪杰足有上千人，准备起事。他答应做皇帝后，封上官桀为王。上官桀又背着父亲决定到时候诱杀燕王，立父亲为皇帝。正在他们蠢蠢欲动时，盖长公主的门人将这个阴谋泄露出去了。汉昭帝下令将上官桀、桑弘羊和丁外人都灭了族。皇后年幼，未参与阴谋，又是霍光的外孙女，汉昭帝不肯牵连她，仍然让她做皇后。

燕王旦闻讯后，置酒与群臣、王妃作别，然后自缢而死。

元凤四年（公元前77年），昭帝18岁，开始亲政。他虽然亲政了，但军政大事仍交给霍光处理。霍光虽然执政，但从不专权跋扈。汉昭帝在位期间，霍光掌权十多年。在他的治理下，政局稳定，经济发展，汉帝国出现了中兴局面。霍光没有辜负汉武帝的期望，像周公辅佐成王那样辅佐汉昭帝，成为一代贤相。

昭帝之死

◎ 前74年 昭帝弗陵卒 ◎

光欲皇后擅宠有子，帝时体不安，左右及医皆阿意①，言宜禁内，虽宫人使令皆为穷绔②，多其带，后宫莫有进者。

注释 <<<

①阿（ē）意：迎合他人的意旨。

②穷绔：一种有前后裆系着固密的裤子。后泛指有裆裤。亦作"穷裤"。

汉书故事

霍光辅政，国家大治，四夷归附，不料汉昭帝却病倒了。霍光听说后，忙罗致天下名医，进宫为皇上治病。找来找去，终于找到了一位名医公孙胜，人称"赛扁鹊"。

公孙胜进宫后，按望、闻、问、切的程序，很快就确诊了。他对汉昭帝说："陛下所患的病，乃是积劳成疾，气虚精亏所致。"说完，开了一些大补的药。公孙胜走出后宫，来到前殿，对霍光说："不瞒大将军，皇上所患的病是因临幸过频、多近女色所致。皇上要想健身，必须养身自爱，保精固阳。最好是不再近女人。"公孙胜走后，霍光向后宫下了一道命令："后宫所有女人必须把裤裆缝上，否则要严加治罪。"

原来，在此之前，女人只穿类似裙子之类的东西遮住下体，这种东西叫作"裳"。也就是说，在汉昭帝以前是没有裤子的。霍光一声命令，后宫的妇女都把"裳"缝成裤子了。这样做，是为了避免汉昭帝再接近妇女，是为他的健康着想的。从此，中国有了裤子。

这样做虽然不失为一种良策，但为时过晚，汉昭帝的身子早已掏空了。元平元年（公元前74年）四月，汉昭帝驾崩，在位十三年，年仅21岁。

◎汉代和田玉出廓璧◎

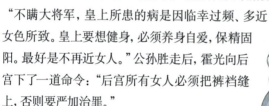

中兴汉室汉宣帝

题解

西汉宣帝刘询本名刘病已，即位后改名询，刘询在位期间，励精图治，任用贤能，贤相循吏辈出。他能注意减轻人民负担，恢复和发展农业生产，并重视吏治。在对外关系上，曾联合乌孙打击匈奴，后趁匈奴内部分裂之机，与呼韩邪单于建立友好关系，使边境逐步宁息。又设置西域都护，使西域正式归属于西汉中央政权。神爵元年击败西羌，使羌人归顺。他与前任汉昭帝刘弗陵的统治被并称为"昭宣中兴"。

但是由于西汉王朝积弊已深，刘询大力推行的招抚流亡、安定民生的措施，并不足以从根本上解决土地兼并问题，到了其子元帝即位后，社会矛盾进一步激化，终于使西汉王朝一蹶不振。

一步登天

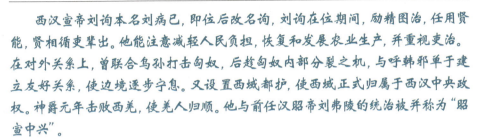

◎ 前74年 霍光等迎武帝曾孙刘询为帝，是为汉宣帝。 ◎

孝宣皇帝，武帝曾孙，戾太子孙也……生数月，遭巫蛊事……曾孙虽在襁褓①，犹坐收系郡邸狱②。而邴吉为廷尉监③，治巫蛊于郡邸，怜曾孙之亡辜，使女徒复作淮阳赵徵卿、渭城胡组更乳养④，私给衣食，视遇甚有恩。

后有诏掖庭养视⑤，上属籍宗正⑥。时掖庭令张贺尝事戾太子，思顾旧恩，哀曾孙，奉养甚谨，以私钱供给教书。既壮，为取暴室啬夫许广汉女⑦。

注释 <<<
①襁褓：包裹婴儿的被子和带子。
②郡邸狱：处治天下郡国上计者的监狱，属大鸿胪。当时因巫蛊狱繁而收系者众，故皇曾孙寄在郡邸狱。
③廷尉监：官名，廷尉的属官。
④复作：男女徒一年刑。更：更替，轮流。
⑤掖庭：官有官署名，掌官人事。有令丞，由宦者充任。
⑥上属籍宗正：由宗正登记入宗室簿。
⑦暴室：掖庭中主染织的官署。啬夫：佐使之称。

汉书故事

汉宣帝刘病已是汉武帝的曾孙，太子刘据的孙子。刘据死后，刘病已的父母也都遇害身亡。那时，刘病已生下来才几个月，也因被牵连而住进长安监狱。负责长安监狱的廷尉监丙吉是个正直而富有同情心的人，他认为才几个月的孩子根本无罪，便找了几个女犯人照顾刘病已。后来，他又自己花钱雇了一个刑满释放的女犯人专门抚养刘病已。

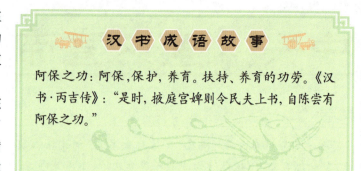

汉书成语故事

阿保之功：阿保，保护，养育。扶持、养育的功劳。《汉书·丙吉传》："是时，掖庭宫婢则令民夫上书，自陈尝有阿保之功。"

刘病已4岁时，再一次因为丙吉相救而脱险。原来，汉武帝晚年，因身体患病，变得十分多疑。一次，他下令将长安狱中关押的犯人全部处死。当传达命令的官员来到长安监狱时，丙吉拒不执行命令。他对那个官员说："皇曾孙在这里，我要对他的安全负责。再说，其他的犯人都罪不至死，不能滥杀。"由于丙吉坚持原则，刘病已再一次死里逃生。事后，汉武帝清醒过来，还特地表彰了丙吉。

5岁时，刘病已出狱了。他的名字又上了汉朝宗室簿籍，生活费用由朝廷供应了。掖庭令张贺对他特别关心，从刘病已6岁开始，张贺就自己掏钱供他读书，让他受到了良好的教育。当他16岁时，张贺又为他娶了个妻子，名叫许君平。

◎汉宣帝陵◎

汉昭帝在21岁那年去世了，他没有儿子，霍光和皇太后商量，迎立汉武帝的孙子昌邑王刘贺为帝。但刘贺是个荒淫无耻的人，才当了二十七天皇帝，就做了一千一百二十七件不该做的事。霍光见他不适合做皇帝，便奏请太后，将他废掉，另立汉武帝的曾孙刘病已为帝，这就是汉宣帝。于是，刘病已一步登天，坐上了人人企盼的皇帝宝座。

这年，刘病已只有18岁。因刘病已这个名字不好听，故改名刘询，霍光继续辅政。

镇压霍氏叛乱

◎ 前65年 霍光子霍禹、霍山谋反事败，霍氏灭族。 ◎

宣帝始立，立微时许妃为皇后①。显爱小女成君，欲贵之，私使乳医淳于衍行毒药杀许后②，因劝光内成君，代立为后。

谋令太后为博平君置酒③，召丞相、平恩侯以下，使范明友、邓广汉承太后制引斩之，因废天子而立禹……会事发觉，云、山、明友自杀，显、禹、广汉等捕得。禹要斩，显及诸女昆弟皆弃市。唯独霍后废处昭台宫④。与霍氏相连坐诛灭者数千家。

注释 <<<

①微时：微贱之时，即未即位时。许妃：许广汉之女平君。
②乳医：妇产科医生。
③博平君：宣帝的外祖母王温，地节四年封侯。
④霍后：即霍光小女成君。昭台宫：在上林苑。

汉书故事

汉武帝让霍光辅政，霍光的权力越来越大了。霍光虽名为大司马大将军，但他是汉朝实际上的皇帝。霍光虽然权力大，但他没有野心，一心辅佐皇帝。为了和政敌做斗争，霍光不得不起用亲朋子弟担任朝廷要职。霍光本人虽然忠贞不二，但他家里的人就不同了。

汉宣帝16岁时，娶15岁的许君平为妻，两人感情很好。一年之后，许君平生了个儿子，取名刘奭。几个月后，刘病已就做了皇帝。刘病已不忘旧情，要立许君平为皇后。这时，一些大臣在霍光夫人的指使下，极力主张要立霍光的小女儿为皇后。但汉宣帝不肯抛弃结发妻子，最后还是立许君平为皇后了。霍夫人没有达到目的，竟然怀恨在心，要谋害许皇后。第二年，许皇后怀孕了。不幸的是她在怀孕期间又染上了重病。霍夫人找到为皇后治病的女医淳于衍，让她在药中下毒，毒死了许皇后。霍夫人终于如愿以偿，让小女儿入宫做了皇后。

汉宣帝地节二年（公元前68年），霍光病重，汉宣帝亲临探病，痛哭失声。当日，汉宣帝拜霍光的儿子霍禹为右将军。三月，霍光病逝，汉宣帝和皇太后亲自为他主持丧礼，用皇帝的葬礼规格将他隆重地葬在汉武帝的墓旁。接着，又让霍光的侄孙霍山以奉车都尉领尚书事。

霍光死后，汉宣帝开始亲理朝政了。汉宣帝为了告慰许皇后的在天之灵，下令立刘奭为太子。霍夫人听后大怒，原来，她想让自己的外孙当太子，做皇帝。霍夫人思得一计，让小女儿毒死太子。但宫中规定，太子进食时，一定要由保姆先尝，因此太子才未遇害。这时，霍夫人谋害许皇后的事被人告发了。汉宣帝闻报大怒，将在朝中任职的霍家子弟一一罢官。首先，汉宣帝解除了霍光两个女婿的东、西两宫卫尉的职务，将禁卫军交给自己信任的人掌管。接着，又把霍光的两个侄女婿调离中郎将和骑都尉的位置，让自己的亲信担任南北军和羽林军的统帅，将兵权掌握在自己手中。最后，提拔霍光的儿子霍禹为大司马，明升暗降，剥夺了他的兵权。

汉宣帝又改革了上书制度，规定官民可以直接向皇帝上书，不必像以前那样经过尚书了。这样，就把霍山、霍云架空了。霍家子弟不甘心放权，聚在一起密谋造反，决定事成后由太后——霍光的外孙女出面废掉汉宣帝，立霍禹为皇帝。他们正在密谋的时候，被霍家的一个马夫偷听到了。汉宣帝得报后，派兵镇压，霍云、霍山畏罪自杀，霍禹被腰斩，霍夫人弃市，受牵连的数十家都被灭族了。

◎汉代出土的青铜炉◎

汉书成语故事

励精更始：振奋精神，从事革新。《汉书·宣帝纪》："其赦天下，与士大夫励精更始。"

群贤治国

◎ 前49年 汉宣帝卒，太子刘奭即位，是为汉元帝。 ◎

是时宣帝颇修武帝故事，宫室车服盛於昭帝。时外戚许、史、王氏贵宠，而上躬亲政事，任用能吏。

汉书故事

汉宣帝幼时就受过良好的教育，知道为君之道。他从平民一步登天，做了皇帝，非常珍惜这个位置。他从亲政开始就下定决心，一定要做个好皇帝。

他知道众擎易举，自己的能力是有限的，于是特别注意选拔贤臣能吏，让他们代表自己的意志去治国平天下。他首先选中了杨恽。杨恽是司马迁的外孙，极有才能，满腹经纶。霍家谋反时，虽然霍家的马夫告了密，但慑于霍家的势力，谁也不敢举报，最后是由杨恽上报的。为此，汉宣帝提拔杨恽做了中郎将——郎官的首领。按照郎官的旧例，入宫之后，侍卫皇帝，是不能外出的。但如果家庭富有，拿出一些钱作为公家的费用，还是可以休息外出的，甚至还可以多缴些钱，谋得更好的官职。杨恽上任后一改此弊，他将公家的费用核算好，让大司农负担，不再由个人支出。郎官到休息、沐浴的时候，就让他们去休息，不再同金钱挂钩。郎官如果不称职，立即罢免；如果有才能，便奏请皇帝加以提升，有的甚至官至郡守和九卿。从此，郎官再也没有通过贿赂求官的了。

汉宣帝即位之后，东方的渤海郡因闹饥荒，不断发生抢劫的事，地方官束手无策。丞相和御史大夫推荐龚遂为渤海太守，说他能治理好渤海郡。当初，龚遂本是昌邑王的郎中令，为人

汉宣帝时"霸王道杂之"

西汉宣帝时发生了以"霸王道杂之"的传统制度治国，还是以"纯任德教"治国的争论。西汉初以黄老"无为"思想为指导，汉武帝时形成了"霸王道杂之"的治国指导方针，宣帝时坚持以"霸王道杂之"的儒法结合思想，取得了辉煌成就。

忠厚，极有气节。见昌邑王不学正道，他曾多次进谏，甚至痛哭流涕。汉昭帝去世，昌邑王被迎立为皇帝后，整日玩乐，龚遂进谏，昌邑王不听，结果仅仅做了二十七天皇帝就被废了。跟随昌邑王进京的昌邑国大臣有二百多人，都被杀了，只有龚遂和中尉王吉因多次进谏昌邑王而被免死，但也被削发做了苦工。汉宣帝见大臣推荐，立即召见龚遂。这时，龚遂已经七十多岁了，长得又瘦又小，汉宣帝有些失望，问道："你有什么平定盗贼的良策吗？"龚遂回答说："海边的人遇到饥荒，无衣无食，又没有称职的官员治理，才不得已去做盗贼。因此，不能把他们看作叛逆。陛下这次让我去渤海郡，是让我剿灭他们呢，还是让我安抚他们呢？"汉宣帝回答说："还是安抚吧。"龚遂上任后，贪官和酷吏都被解职，命令各县停止剿贼，打开粮仓救济灾民，并下令说："凡是手拿农具的都是安分的百姓，只有手持凶器杀人的才是强盗。"这样，渤海郡很快就恢复安定的局面了。龚遂还劝导农民种地、栽桑、养鸡、养猪，见着带刀剑的人，龚遂就耐心地劝他们卖掉刀剑买耕牛，去安心种地。三年之后，渤海郡粮食满仓，再也没人打官司了。汉宣帝听说后，将龚遂调到京城，升为衡水都尉，负责治水，管理上林苑。

东海太守尹翁归小时候喜欢击剑，无人能敌。开始时，他在河东郡平阳县做小吏。河东太守田延年到县里视察，让五六十个小吏进见。田延年说："能文的站到东边去，能武的站到西边去。"小吏纷纷分站两旁，只有尹翁归伏地不动。田延年问道："你为什么

◎龚太守息盗有方◎

不站起来？"尹翁归回答说："我能文能武，做什么都行。"田延年便考尹翁归一些问题，尹翁归对答如流，极有创见。田延年大喜，将他带回郡衙加以重用。尹翁归政绩优异，于元康元年 (公元前65年) 被汉宣帝提拔为右扶风。尹翁归上任后，选用清廉公正、痛恨贪官的属吏，对他们以礼相待。但是，如果有人违令或失职，则一定重罚。在审判罪犯时，对百姓从宽，对豪强从严。人们都畏惧他，地方大治。尹翁归十分清廉，为人温良谦让，不傲视别人。死后家中没有任何积蓄，令人赞叹。

汉宣帝元康年间 (公元前65年—公元前61年)，胶东国发生了许多抢劫偷盗的案子。山阳太守张敞上书汉宣帝，申请前去治理。张敞临行时，上奏汉宣帝说："治理复杂难治的郡国若不实行严明的赏罚，则不能劝善惩恶。因此，请陛下对捕盗有功的官吏能给予比三辅官员更优厚的赏赐。"汉宣帝答应了。张敞到胶东国后，贴出赏格，悬赏捉拿盗贼。并贴出告示，通知盗贼可以立功赎罪。结果，过不多久，盗贼纷纷散伙。汉宣帝得报大喜，捕盗有功的官吏有数十人被提拔为县令。汉宣帝提拔张敞为京兆尹。当时，京城里治安松弛，经常发生偷盗案件，换了几届京兆尹都束手无策。张敞上任后，先进行调查研究，询问京城父老，掌握了盗贼的情况，知道了几个盗贼头目的姓名。调查后，张敞将盗贼头目找来，答应他们可以立功赎罪，让他们命令诸盗自首。盗贼头目说："让他们到官府来，他们会害怕的，一切由我们处理吧。"盗贼头目回去后，摆上酒席，请所有的小偷赴宴。小偷们被灌得酩酊大醉，盗贼头目在他们的衣带上用赭石做了记号。席散后，小偷们在巷口都被公差捉住了。不久，盗贼绝迹，京城治安好转了。

◎汉代玉圭◎

黄霸是淮阳阳夏人，开始在郡县做管钱粮的官吏，十分清廉。因他为人温良谦让，太守和百姓都很喜欢他。汉武帝时，用法严酷。汉昭帝时，霍光辅政，镇压上官桀等人发动的政变后，也遵循汉武帝的遗风，用刑罚治理天下，官吏以严酷为能。汉宣帝18岁之前生活在民间，深知百姓被酷吏所苦。做皇帝后，听说黄霸为人宽和，执法公平，便将他召到京城，让他担任朝廷最高的执法大臣——廷尉正。黄霸在任上多次侦破疑案，大家都说他断得公平合理。不久，少府夏侯胜在朝中议论诏书，被人告发，黄霸也因知情不举，和夏侯胜一同入狱，两人都因所谓的"大不敬罪"有杀头的危险。但

◎汉代酒杯◎

黄霸在狱中仍然向夏侯胜学习《尚书》，孜孜不倦。三年后，两人出狱了。在夏侯胜等人的推荐下，黄霸出任扬州刺史。当时，汉宣帝着力于治国平天下，常常公布诏令。但有的官吏却秘而不发，而黄霸则选择良吏，分头宣布诏令，让百姓人人皆知。黄霸在任上，让邮亭和乡管所都养鸡养猪，用以赡养无依无靠的老人和贫穷的百姓。这也给百姓树立了榜样，带动他们努力从事生产。在黄霸的治理下，扬州大治，户口增加，被评为天下第一。汉宣帝听说后，将黄霸调到京城，升任京兆尹。后来，又升任宰相。

　　汉宣帝在这些清官廉吏的帮助下，天下大治，经济出现繁荣景象，成为中兴盛世。

　　汉宣帝黄龙元年（公元前49年），汉宣帝病危，这年十二月，汉宣帝死于未央宫，年仅43岁，在位二十五年。太子刘奭即位，史称汉元帝。

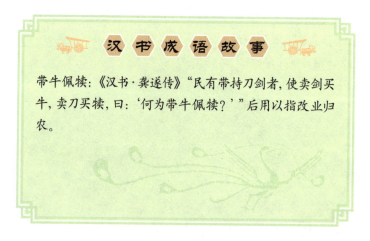

汉 书 成 语 故 事

带牛佩犊：《汉书·龚遂传》"民有带持刀剑者，使卖剑买牛，卖刀买犊，曰：'何为带牛佩犊？'"后用以指改业归农。

柔弱之君汉元帝

题解

班固在《汉书·元帝纪》中评价："元帝多材艺,善史书。少而好儒,及即位,征用儒生,委之以政。而上牵制文义,优游不断,孝宣之业衰焉。然宽弘尽下,出于恭俭,号令温雅,有古之风烈。"元帝在位时期"崇尚儒术",多次出兵击溃匈奴。建昭三年,汉将甘延寿、陈汤诛郅支单于于康居。至此,唯一反汉的匈奴单于被消灭了,汉匈百年大战于此告一段落。竟宁元年,匈奴呼韩邪单于入朝求亲,刘奭以宫女王嫱(王昭君)嫁之为妻。

此时的汉朝比较强盛,人口数达到中国封建社会前期的顶峰,但也是衰落的起点。刘奭在位期间,豪强大地主兼并之风盛行,中央集权逐渐削弱,社会危机日益加深。又由于汉元帝过于放纵外戚、宦官,最终导致西汉的灭亡。

尊崇儒学

孝元皇帝,宣帝太子也。母曰共哀许皇后,宣帝微时生民间。年二岁,宣帝即位[1]。八岁,立为太子。壮大,柔仁好儒。及即位,征用儒生,委之以政,贡、薛、韦、匡迭为宰相[2]。而上牵制文义[3],优游不断[4],孝宣之业衰焉。然宽弘尽下,出于恭俭,号令温雅,有古之风烈。

注释 <<<
[1]即位:指逾年改元之时。
[2]贡、薛、韦、匡:贡禹、薛广德、韦贤、匡衡。
[3]牵制文义:为文义所牵制。
[4]不断:不能决断。

汉书故事

刘奭做了皇帝,大力提拔儒生做官,一些大儒都做上了高官。刘奭做太子时,萧望之曾教他学《论语》和《礼记》,周堪曾教他《尚书》。两人做了顾命大臣之后,刘奭常常宴请他们,同他们研究国事,讨论朝政。萧望之向刘奭推荐了博学大儒刘向,刘奭让他随便出入禁中,参与机

密。

　　为了发展儒学，汉元帝下令太学的博士弟子取消定员制，凡能通一经的民间儒生都可以免除兵役和徭役。后来，因费用不够，太学的博士弟子定员千人，但这也比汉宣帝末年时多出了五倍。重用儒生，减刑轻法，有利也有弊。贡禹是精通《公羊春秋》的儒学大师，汉元帝将他召到京城，拜他为谏大夫，不久升为御史大夫，位列三公。贡禹性格耿直，勇于进谏。他上书数十篇，劝汉元帝带头节俭。汉元帝采纳了贡禹的建议，下令停止维修那些不常去的离宫，撤消了乘舆、狗马和玩物，宫中不再每日屠宰，伙食费用降低二分之一，减少喂马的谷子和喂兽的肉，罢除角抵戏，把一些苑囿的土地分给百姓盖房和耕种。汉元帝还下诏解除甘泉、建章两宫的警卫，所有卫士一律回家务农。这些都是崇儒的利。

　　汉元帝崇儒尊孔，要用仁义治天下，废除刑罚七十多项，并连年大赦。结果，今日大赦，明日犯法，贪官暴敛，酷吏横行，社会大乱，盗贼满山。西汉王朝开始走下坡路了。这是崇儒的弊病。

　　汉元帝尊儒抑法，只带来一些小利，却带来了大弊。

石显专权

> 石显字君房，济南人，少坐法腐刑，为中黄门，以
> 选为中尚书。元帝即位数年，恭死，显代为中书令。
> 是时，元帝被疾，不亲政事，方隆好于音乐，以显久
> 典事，中人无外党，精专可信任，遂委以政。显为人
> 巧慧习事，能探得人主微指，内深贼，持诡辩以中伤
> 人，忤恨睚眦，辄被以危法。

汉书故事

　　石显出身世代书香的大家庭，因少年时犯法，受了宫刑，进宫当了太监。汉元帝即位不久，石显做了中书令。这时，汉元帝因为患病，不理政事，整天沉迷于音乐之中。他认为宦官没有外党，忠贞可信，不会有私心，便把政事都交给石显去处理了。这样，皇帝的大权落到宦官手里。

　　萧望之、周堪知道石显是个小人，心术不正，怕国家大事坏在他的手里，便对汉元帝说："陛下，国家大事非同儿戏，不能交给刑余之人。应该废掉中书，由尚书理政。"汉元帝十分宠爱石显，但又不好得罪顾命大臣，便采取拖的战术，不说行，也不说不行。石显听说后，一心想害死他们。他派人诬告萧望之、周堪密谋排挤车骑将军史高，要清除史姓和许姓两家外戚。原来，汉宣帝父亲的外公家姓史，而汉元帝的外公家姓许。史、许两家都是皇亲国戚，十分受宠。

　　汉宣帝听说萧望之和周堪反对外戚，心中将信将疑，便将此事交由中书令审查。石显为人极其阴险，他玩弄花

◎汉元帝渭陵◎

招，在奏章上写道："萧望之、周堪、刘向朋比为奸，互相吹捧，诽谤大臣，离间皇亲，企图专擅朝政。如此为臣不忠，请谒者召致廷尉。"汉元帝刚登基不久，好多官文用语都不懂。他以为"召致廷尉"是由廷尉审查哩，便马马虎虎地批准了。过了几天，汉元帝有事要召见周堪和刘向，才知道"召致廷尉"是送到廷尉的狱中去。汉元帝十分不悦，对石显说："快把他们放出来！"石显无奈，只得照办。

石显见一计不成，又生一计，让史高对汉元帝说："陛下初登大位，却有了关押师傅的恶名。"汉元帝问："这如何是好啊？"史高说："他们既然已经下狱，不如就此将他们免职，否则就表示皇帝做错了。"汉元帝身为皇帝，怕丢面子，一听此言，深觉有理，还以为这是爱护他呢，便将错就错，将萧望之等三人都罢官了。

过了几个月，汉元帝又想念师傅了。他将萧望之等三人召回，准备升萧望之为丞相，周堪、刘向为谏议大夫。刘向凭自己的学问，引经据典，上书揭露石显，萧望之的儿子也上书为父亲申冤。石显见状，忙用"诬罔不道"的罪名将刘向打入狱中。接着，让复查萧案的部门上奏说："萧望之阴谋排挤皇亲，本是有罪的。如今，竟然不思忏悔，反而纵子上书，把错误推给皇上，如果不关进监狱思过，还有王法了吗？"汉元帝见了奏章，认为说得头头是道，不好轻易否决。石显极其狡猾，怕迟则生变，立即封好诏书交给谒者，送给萧望之。萧望之见执金吾的兵马已经包围了府第，再不自杀就要受辱，便服毒自杀了。

汉元帝将周堪升为光禄勋，和他的学生

张猛一起加官给事中，让他们出入宫禁，加以重用。石显一见，眼睛都红了，必欲除之而后快。于是，他借口天象有变，大造舆论，说这是周堪、张猛引起的。汉元帝虽想重用周堪和张猛，但众口铄金，人言可畏，只得将周堪贬为河东太守，将张猛贬为槐里令。不久，汉宣帝庙发生火灾，接着又发生了日蚀。汉元帝责问石显说："你说天变是周堪和张猛引起的，因而把他们赶出了朝廷。现在，他们走了，又发生了日食，这如何解释？这不正好说明将他们赶出朝廷，上天不满了吗？"石显被问得哑口无言，只得叩头谢罪。汉元帝将周堪、张猛召回，到朝中任职，让周堪领尚书事，成了石显的顶头上司。但朝中到处都是石显的党羽，周堪想管事也插不上手，没人听他的，最后活活被气死了。不久，张猛也被石显诬以重罪，含冤自杀。

石显把持了朝廷，干尽了坏事，汉朝江河日下，不可救药了。

昭君出塞

◎ 前33年 呼韩邪单于朝汉，元帝以后宫良家子王嫱嫁之。◎

竟宁元年春正月[1]，匈奴呼韩邪单于来朝。诏曰："匈奴郅支单于背叛礼义，既伏其辜，呼韩邪单于不忘恩德，乡慕礼义，复修朝贺之礼，愿保塞传之无穷，边垂长无兵革之事。其改元为竟宁，赐单于待诏掖庭王嫱为阏氏[2]。"

注释 <<<

①竟宁元年：公元前33年。竟宁，永久安宁之意。

②待诏掖庭：郡国献女，皇帝未见之前，待命于掖庭，故名。王嫱：又作"王墙"、"王嫱"，即王昭君。阏氏（yānzhī）：匈奴单于主妻，犹汉皇后。

汉书故事

汉元帝建昭六年（公元前33年），匈奴呼韩邪单于入朝，并请求和亲。

原来，呼韩邪单于稽侯狦是虚闾权渠单于的儿子，虚闾权渠的哥哥壶衍鞮单于死后，传位于弟弟虚闾权渠单于。壶衍鞮单于的阏氏颛渠年已半百，但还想嫁给小叔子继续做阏氏。虚闾权渠不同意，颛渠心中怏怏不快。这时，适逢右贤王屠耆入谒新立的单于。颛渠见他长得很雄壮，便和他同居了。单于病逝，颛渠立即让她的弟弟都隆奇率兵拥立屠耆为单于，号为握衍朐鞮单于。

握衍朐鞮单于立颛渠为阏氏，让都隆奇执政，杀逐前单于的弟弟和儿子。前单于的儿子稽侯狦和他的哥哥呼屠吾斯侥幸活了下来。稽侯狦逃到岳父的封地，被岳父立为单于，这就是呼韩邪单于。握衍朐鞮单于暴虐无道，呼韩邪单于率兵杀回王庭，占领了故地，封哥哥呼屠吾斯为右谷蠡王。握衍朐鞮兵败自杀，都隆奇又立日逐王为屠耆单于。双方混战不已，又有三个贤王自称单于，匈奴四分五裂了。

呼韩邪单于南征北战，东拼西杀，几乎统一了匈奴。这时，偏偏屠耆单于的从弟收拾余烬，自立为闰振单于，而呼韩邪单于的哥哥也自立为郅支单于。为了统一匈奴，呼韩邪单于将儿子右贤王铢娄渠堂送到长安做人质，请求汉宣帝派兵支援。郅支单于怕汉廷支援呼韩邪单于，也把儿子右大将驹于利受送到长安做人质。后来，呼韩邪单于朝拜汉宣帝，

◎昭君墓◎

得到大量赏赐。郅支单于闻讯，十分怨恨，要求放回他的儿子。初元五年（公元前44年），汉元帝派司马谷吉护送郅支单于的儿子回国。郅支单于见儿子回来，竟将谷吉杀了。

汉元帝闻讯，三次派人到康居索求谷吉的尸体，郅支单于困辱汉使，不肯奉诏。建昭三年（公元前36年），西域都护甘延寿和副校尉陈汤矫诏调发屯田车师的吏卒和西域十五国的军队，一举攻入康居，杀了郅支单于和阏氏、太子、名王以下共一千五百一十八人，俘虏一百四十五人。呼韩邪单于闻讯，心中大喜，忙上书汉元帝，申请朝拜天子。

竟宁元年（公元前33年）正月，呼韩邪单于到长安朝见汉元帝，申请说："为了汉匈两家世世友好，在下愿娶汉家公主为妻，做汉家女婿，永为外援。"汉元帝高兴地答应下来。汉元帝退朝，回到后宫暗想："前代和亲时，常选宗室女子充作公主，出嫁单于。现在，不如将后宫未曾召幸的女子随便选出一人，嫁给呼韩邪，便可了事了。"于是，他命左右取出宫女图，随便用御笔点了一个，命主管部门置办嫁妆，选个吉日，将圈点的宫女送到客馆与呼韩邪完婚。

吉日已到，那个被选中的宫女打扮停当，来向汉元帝辞行。汉元帝一看，大吃一惊，

原来他从未见过这么漂亮的女子。那女子柔声说道："妾王嫱拜见皇上。"汉元帝不禁看呆了。原来，这王嫱字昭君，是南郡秭归人氏，自幼聪明，喜欢读书，弹得一手好琵琶。因她长得美，远近闻名，被人誉为月宫嫦娥。汉元帝回过神来后，问王昭君说："你是何时入宫的？"王昭君回答说："妾是三年之前入宫的。"汉元帝心中纳闷："三年前入宫，为何朕一直未见过呢？"汉元帝回宫，取出宫女图一核对，见画工将王昭君画得平平常常，不及本人的十分之三。而召幸过的宫女，画像却都要比本人漂亮几分。汉元帝核对完毕，大怒道："可恨画工如此戏弄朕，其中定有原因！"说完，便派人去查。原来，汉元帝时，在全国选了好多美女，送入后宫供他享乐。因宫女太多，他实在不能每个人都召幸，便让画工将宫女画成画像进呈，他根据画像决定召幸谁。

主管部门仔细一查，得知给王昭君画像的是杜陵人毛延寿。这人十分贪婪，给宫女画像时，竟公然索贿。因王昭君为人刚烈，不肯行贿，所以被画丑了。汉元帝查清后，立即将毛延寿斩首了。

再说，呼韩邪单于已经五十多岁，老阏氏早已去世了。他见了貌如天仙、正值妙龄的王昭君，自然宠爱无比，回国后立即将王昭君立为阏氏了。从此，他更加一心一意地忠于汉元帝，千方百计地同汉朝和好了。

太子刘骜

◎ 前33年 元帝卒，太子刘骜即位，是为汉成帝。 ◎

及司马良娣死，太子悲恚发病，忽忽不乐[1]，因以过怒诸娣妾，莫得进见者。久之，宣帝闻太子恨过诸娣妾，欲顺适其意，乃令皇后择后宫家人子可以虞侍太子者[2]，政君与在其中……得御幸，有身……甘露三年，生成帝于甲馆画堂，为世适皇孙。宣帝爱之，自名曰骜，字太孙，常置左右。

而傅昭仪有宠于上，生定陶共王。王多材艺，上甚爱之……常有意欲废太子而立共王……赖侍中史丹拥右太子……上亦以皇后素谨慎，而太子先帝所常留意，故得不废。

注释 <<<

①忽忽不乐：忽忽，心中空虚恍惚的情态。形容若有所失而不高兴的样子。

②虞侍：谓伴侍而使愉悦。虞，通"娱"。

汉书故事

　　汉元帝刘奭在做太子时，十分宠爱司马良娣。后来，司马良娣不幸患病，他眼睁睁看着心爱的美人死在自己怀里。司马良娣死后，刘奭整日以泪洗面。汉宣帝见状，便在后宫选了五个美人，让太子挑选一个做太子妃。当时，太子还沉浸在悲哀之中，哪有心思选美，但又难拂父亲的好意，便随手指了指一个穿着十分艳丽的美人。

　　这个美人名叫王政君，魏郡元城人，是廷尉书记王禁的次女。王政君从小受过良好的教育，喜欢读书，琴棋书画样样皆通。王政君入宫之前曾两次许人，但未过门丈夫就去世了。因此，人们都说她命硬克夫。刘奭带王政君回太子宫，只和她睡了一夜就再也不理她了。不料这一夜竟决定了她一生的命运，她怀上了未来的太子刘骜。刘骜降生后，汉宣帝大喜，爱如珍宝。老年得孙，这也是人之常情。刘奭即位后，遵照父皇生前的意愿，立刘骜为太子，立王政君为皇后。

　　但是，汉元帝并不喜欢王政君，他喜欢的是傅昭仪。傅昭仪年轻漂亮，妩媚多姿，还为他生了个儿子刘康，封为定陶王。刘康十分有才，尤擅音律，与汉元帝技艺相当。汉元帝能自己作曲，令乐工演奏。他能用铜丸连击鼓上，声声合拍，与站在鼓边击鼓一样。他这种绝技只有刘康能掌握，因此汉元帝常对刘康赞不绝口，十分喜欢他，并常对左右的人谈及刘康。驸马都尉史丹是大司马史高的长子，日侍左右，随驾出入。他听汉元帝常常夸刘康，便上前直言道："陛下常说定陶王多才，其实若论多才，谁也不如聪明好学的皇太子。如果以丝竹钟鼓取人，那黄门鼓吹郎要比宰相匡衡强，何不让鼓吹郎做宰相呢？"汉元帝听了，不禁哑然失笑。

　　竟宁元年（公元前33年），汉元帝病重，傅昭仪带着定陶王刘康日夜入侍，趁机劝汉元帝换太子，改立刘康，汉元帝有些心动了。于是，他让人去查汉景帝废太子另立胶东王刘彻的史事，想要援例而行，并向尚书示意。史高听说后，探知傅昭仪和刘康不在寝宫时，大步冲入，跪在汉元帝前叩头有声。史高哭道："太子是嫡长子，册立有年，天下莫不归心。最近听说太子之位难保，如果陛下真有此意，满朝公卿必然冒死力争，臣请陛下赐死，做公卿的表率！"汉元帝一向听史丹的话，也知道太子不能轻易更换，于是长叹道："朕并无此意。皇后谨慎，先帝又极爱太子，朕怎能违背先帝之意呢？朕病情日益加重，恐怕不久于世，希望你们好好辅佐太子。"

　　这年五月，汉元帝病逝，太子刘骜即位，史称汉成帝。

昏庸至极汉成帝

题解

在中国古代昏君的排行榜上，汉成帝是"赫赫有名"的。历史上对他的定评是"湛于酒色"。"然湛于酒色，赵氏乱内，外家擅朝，言之可为於邑。建始以来，王氏始执国命，哀、平短祚，莽遂篡位，盖其威福所由来者渐矣！"由于成帝昏庸失政，"赵氏乱内，外家擅朝"，便留下了王莽篡汉的祸根。西汉的皇权，从建国伊始就由三种力量构成，即皇帝、功臣和外戚。这三种力量几经消长，到元成以后，外戚王氏由于偶然机遇登上政治舞台，逐渐把持了大汉帝国的权柄，把西汉晚期的历史演变成了王氏一家的兴衰史。

王氏专权

◎ 前27年 封王氏五侯 ◎

元帝崩，太子立，是为孝成帝。尊皇后为皇太后，以凤为大司马大将军领尚书事，益封五千户。王氏之兴自凤始。

河平二年，上悉封舅谭为平阿侯，商成都侯，立红阳侯，根曲阳侯，逢时高平侯。五人同日封，故世谓之"五侯"。

凤辅政凡十一岁①。阳朔三年秋，凤病……复固荐音自代……故曲阳侯根荐莽以自代，上亦以为莽有忠直节，遂擢莽从侍中骑都尉光禄大夫为大司马②。

注释 <<<
①凡：总共。
②擢（zhuó）：提拔，提升。

汉书故事

汉成帝即位后，尊生母王政君为皇太后，封舅舅王凤为大司马大将军。不久，又封舅舅王崇为安成侯，王谭、

王商、王立、王根、王逢时五人均赐爵关内侯。凡王氏兄弟，除七人封侯外，无论长幼一律加官赐爵。

建始三年（公元前30年）秋天，关内连降大雨，竟下了四十余日，百姓讹传洪水将至，奔走相告，长安城中一片混乱。汉成帝亲御前殿召问群臣，商议避水之法。王凤说："如果洪水泛滥，陛下可奉两宫太后乘船暂避，宫中后妃也可随驾而行。至于城中官民，就让他们登城避水吧。"群臣听了，都齐声附和。这时，左将军王商出班奏道："不可！古时国家无道，洪水尚且不能没城。如今国家太平，没有战乱，上下相安，洪水怎会来呢？如果让百姓登城，岂不要引起大乱吗？"汉成帝听了这话，心中稍安。王商命令吏卒巡视城中，让百姓不要乱动。到了日暮时分，洪水竟没有来。这时，汉成帝才知道全城骚动乃是讹言所误。从此，汉成帝开始重视王商了。

◎汉代鎏金五铢钱◎

这个王商与王政君的弟弟王商同名同姓，但不是一个人。他是汉宣帝母舅乐昌侯王武之子。王武死后，他袭爵为侯，居丧时极其哀痛，并能推财相让，分给异母兄弟。群臣听说后，都上奏章推荐他。于是，汉宣帝任命他为中郎将。汉元帝时，王商升任右将军。到了汉成帝时，王商又调任左将军，很受尊敬。王凤见此，妒火越烧越旺。

河平二年（公元前27年）六月，汉成帝封皇太后的兄弟王谭为平阿侯，王商为成都侯，王立为红阳侯，王根为曲阳侯，王逢时为高平侯。兄弟五人同日封侯，人称"五侯"。王凤见王家势力越来越大，羽翼已成，便指使人诬陷王商。汉成帝知道事出无据，下诏勿问。王凤竟入宫力争，汉成帝只得派人收回王商的相印。王商交出相印，气得肝火上涌，大口大口吐血，过了三天就气死了。王商死后，汉成帝拜张禹为丞相。张禹知道王家惹不得，一再辞让，没被获准，只得就任。他在任上处处附和王凤，不敢自作主张。

这时，御史大夫张忠病逝，王凤趁机让堂弟王音做了御史大夫。这样，王家势力更大了，门

阅读延伸

《范胜之书》成书

汉成帝时，议郎范胜之著农书《范胜之书》，系统地总结了农业经验，提出了及时耕作，改良土壤，施肥，保墒灌溉，中耕锄草，及时收获等有机联系的环节。该书是范胜之对西汉黄河流域的农业生产经验和操作技术的总结，不同程度地体现了科学的精神。

庭若市，竞相奢华，四方贿赂不绝。这时，刘向上书汉成帝远外戚，为子孙作长远打算。汉成帝知道刘向忠心，但终是犹豫不定，难下决心。过了一年，王凤忽然病重，汉成帝亲自探病，执着他的手说："如果你不行了，朕让平阿侯接替你。"王凤在床上叩头说："臣弟王谭虽是至亲，但他为人骄纵，不如御史大夫王音，王音为人谨慎，臣誓死保举他。"原来，王谭瞧不起王凤，而王音对王凤却百依百顺，所以王凤举荐了他。不久，王凤去世，汉成帝按照他的遗嘱，让王音接替王凤，加封安阳侯。王音死后，王商继任大司马大将军。王商死后，王根继任大司马大将军。这时，王家已经牢牢地掌握了汉家大权。

◎双层九子漆奁◎

　　汉成帝的二舅王曼去世早，王曼的二儿子王莽是个极有心计的人。他为了爬上权力顶峰，一面拼命读书，一面讨好叔叔伯伯。王凤病重时，王莽大献殷勤，亲尝汤药，端屎端尿。他几个月不洗脸，不脱衣服，服侍王凤。王凤极为之感动，临死前，向太后和汉成帝推荐了王

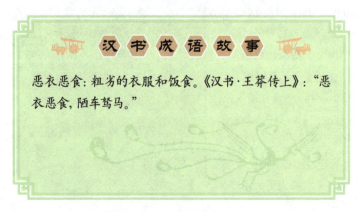

莽。于是，汉成帝任命王莽为黄门郎，接着又提拔他为射声校尉。过了些时候，由于叔叔王商的推荐，王莽被封为新都侯，做了光禄大夫。几年后，王莽的叔叔大司马骠骑将军王根年老退休，汉成帝让王莽做了大司马。这样，王莽便掌握了朝中大权。王莽上任后，恭谨勤劳，不知疲倦。不久，人们争相传说王莽克己奉公，一心为国。大臣们也都在皇帝面前说他的好话。其实，王莽这样做，是为了收买人心，取得皇帝的信任，巩固自己的地位，把住朝中的政权。

汉书成语故事

恶衣恶食：粗劣的衣服和饭食。《汉书·王莽传上》："恶衣恶食，陋车驽马。"

刘向校书

向字子政，本名更生。年十二，以父德任为辇郎。既冠，以行修饬擢为谏大夫①。是时，宣帝循武帝故事，招选名儒俊材置左右……会初立毂梁春秋，证更生受毂梁，讲论五经于石渠②，复拜为郎中、给事黄门，迁散骑、谏大夫、给事中。

成帝即位，显等伏辜③，更生乃复进用，更名向。

注释 <<<
①修饬：谨慎整饬，不违礼义。
②石渠：阁名，为西汉藏书、校书之所。
③伏辜：服罪。

汉书故事

汉昭帝元凤四年（公元前77年），刘向生于沛县。刘向与汉昭帝同宗，是刘邦弟弟楚元王刘交的四世孙。刘向家中极其富有，藏书甚多，有良好的学习环境。刘向从小热爱学习，嗜书如命，整天在书房里读书，打下了坚实的文史基础。

刘向的父亲刘德在朝中担任宗正，负责管理宗族的事。作为汉宣帝的十一大功臣，刘德的画像被悬于未央宫的麒麟阁。刘向12岁时，被父亲保到朝中做了一名小小的辇郎。因他学品兼优，对政事很有见地，20岁时被汉宣帝提拔为谏大夫。

汉元帝时，宦官石显当权，迫害忠良。刘向见太傅萧望之迭遭诬陷，心中愤愤不平，便想上书相救。但小人得势，君子遭殃，刘向怕遭报复，只得用别人的名字上书说："为大汉计，必须黜退石显，起用萧望之。"信呈上去之后，却落在石显手中。他和同党一看笔迹，便知是刘向所写。他们向汉元帝奏道："陛下，这个上书人必须治罪。"汉元帝准奏。他们找到上书人，上书人经不住威吓，只得供出刘向。结果，刘向又被贬为庶人。

汉成帝即位后，刘向又回到朝廷。汉成帝一朝，外有外戚王氏专权，内有赵飞燕等人争宠，这些都是违义背礼的。刘向认为治国应从内部开始，便写了一部《列女传》。这部书里所写的既有可为楷模的贤后贞妇，也有祸国殃民的女宠嬖幸。分门别类，写了一百一十名妇女的言行。

汉成帝见刘向才高八斗，学富五车，便于河平三年（公元前26年）下诏任命刘向为领校中五经秘书，进石渠阁负责整理从全国各地搜集来的书籍。刘向专管校经传、诸子、诗赋，步兵校尉任宏专管校兵书，太史令尹咸专管校数术，侍医李柱国专管校方技。由刘向负总责，这年他52岁了。

这些从全国各地搜集来的书籍，有不少是经过辗转传抄的，因而错误很多。他们在校书时，参照不同的本子，互相补充，择善而从，整理出定本，然后誊写出来。这样，就为后人提供了可靠的文献资料，开创了我国校雠学之源。

对于每本整理好的书籍，刘向都写出提要，称为《别录》，供皇帝参考。最后，刘向将所有藏书分类编出目录，称为《七略》。在《七略》中，将图书分为六艺、诸子、诗赋、兵书、数术、方技六类，每类还分成若干小类，这为图书分类奠定了基础。这样，刘向就成了我国图书目录学的始祖。

◎西汉早期铜灯◎

《战国策》是我国古代一部有名的史书，书中所载多是战国时期纵横家的谋略，因此它可以称得上是战国时期纵横家的"谋略全书"。此外，还有一小部分则记录了纵横家以及战国时期各国君臣的生活和言行。《战国策》一书是战国时期和秦末汉初一些史官和策士集体创作的，最后，经刘向搜集、摘录、校订、编次，整理出一部完整的史书，这就是今天我们见到的《战国策》。将《战国策》整理成书，是刘向的又一大功劳。

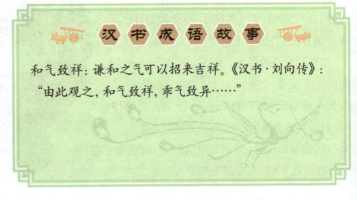

汉书成语故事

和气致祥：谦和之气可以招来吉祥。《汉书·刘向传》："由此观之，和气致祥，乖气致异……"

成帝之死

◎ 前7年 汉成帝卒 ◎

孝成赵皇后，本长安宫人。初生时，父母不举①，三日不死，乃收养之。及壮，属阳阿主家，学歌舞，号曰飞燕。成帝尝微行出，过阳阿主，作乐，上见飞燕而说之，召入宫，大幸。有女弟复召入②，俱为倢伃③，贵倾后宫。

姊弟颛宠十馀年，卒皆无子。

明年春，成帝崩……民间归罪赵昭仪。

注释 <<<
①不举：不养育。
②女弟：妹妹。
③倢伃（jiéyú）：一作"婕妤"。妃嫔的称号，汉武帝时置。

汉书故事

汉成帝的皇后本是许嘉的女儿。当初，汉元帝的母亲被霍夫人派人毒死，汉元帝一直引为憾事。汉元帝做皇帝后，为了报答许家，特地选车骑将军许嘉的女儿做了太子刘骜的妃子。刘骜深爱许氏，过了一年，许氏生下一个男儿，满宫的人都来庆贺。不料，生下的小孩不久竟夭折了。

汉成帝即位后，立许氏为皇后。一晃十年过去了，许氏年近三十，早已失去了花容月貌，汉成帝便移情别恋，爱上了班婕妤。班婕妤是越骑校尉班况的女儿，聪明伶俐，知书识礼。一次，汉成帝要和班婕妤同车出游，班婕妤说："妾曾观赏古画，上面画的圣帝贤王都有名臣陪乘，却未曾见过有与妇女同游的。只有夏、商、周三代末帝，才与妇女同车。如今陛下要和妾同游，妾不敢奉命。"汉成帝听了，只得作罢。王太后听了，极口称赞班婕妤。后来，班婕妤生了一个儿子，但也没有养活。班婕妤的侍女李平年方15岁，长得丰姿绰约，楚楚动人。班婕妤见汉成帝对她有意，便让她侍寝。汉成帝很宠爱李平，也封她为婕妤，赐姓卫氏，人称卫婕妤，但卫婕妤一直未能怀孕。

◎西汉兵马俑◎

侍中张放是富平侯张安世的五世孙,世袭侯爵,娶许皇后的妹妹为妻。张放见汉成帝喜欢游乐,便劝他微服出游。有一天,汉成帝来到阳阿公主家,见到了歌女赵飞燕。赵飞燕的父亲叫冯万金,她的祖父冯大力善于调理乐器,在江都王的协律舍人手下做事。冯万金不肯继承家业,转而搞起音乐,闻者为之心动。江都王的孙女姑苏公主嫁给了江都中尉赵曼,赵曼宠爱冯万金,不和他同桌进餐就吃不饱饭。时间一长,冯万金私通姑苏公主,使公主怀上了身孕。赵曼为人残暴,一直有隐疾,不能和女人同房。公主怀孕后很害怕,于是诈称有病,住进了江都王宫。不久,公主生下两个女孩,老大叫宜主,老二叫合德。宜主自幼聪颖,家中藏有彭祖分脉之书,宜主读后善于运气,长大后,身轻如燕,人称"飞燕"。合德皮肤滑腻,出水不湿,善于唱歌,优美动听。姐俩都堪称绝色。

冯万金死后,冯家败落,飞燕姐妹辗转流浪到长安,和阳阿公主家令赵临住在同一条街上,因而投靠了他,多次为他刺绣。赵临让赵氏姐妹住进他家,对外就说是他的女儿。赵临有个女儿在阳阿公主家做事,患病后回家养病,不治而死。于是,飞燕便冒充死者,和合德到阳阿公主家做事,两人都冒姓赵了。在阳阿公主家,赵飞燕常常偷学歌舞。赵飞燕曾和邻人羽林郎私通。

赵飞燕入宫后,受到皇上的特殊宠爱:被封为婕妤。不久,樊氏又将合德介绍给皇上,皇上用百宝凤毛步辇迎接合德,封她为贵人。皇上听从樊氏的建议,为赵飞燕另建远条馆居住,还赐给她紫茸云气帐和文玉几。有一天,樊氏对赵飞燕说:"陛下无子,应该为千秋万岁着想。"当晚,皇后让合德侍寝。皇上对合德极为满意,称她为"温柔乡",于是,皇上也封合德为婕妤。

从此,两姐妹轮流侍寝。后宫三千佳丽,汉成帝连看都不看一眼了。但是,许皇后却不甘心。许皇后有个姐姐叫许谒,嫁给汉宣帝王皇后的哥哥王章为妻。许谒同情妹妹,便暗中代她请来巫祝设坛祈禳。不幸被内侍发现,告诉给赵氏姐妹了。赵飞燕正想当

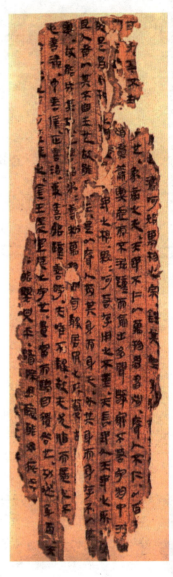

◎汉朝帛书◎

皇后哩，得报后立即向汉成帝告发，还说班婕妤也参与其事了。汉成帝闻报大怒，立即将许谒处死，并收回许皇后的印绶，将她打入冷宫。传讯班婕妤时，班婕妤从容地说："生死有命，富贵在天，修善尚未得福，祈禳又有何用？如果鬼神有知，岂肯听信祈禳？如果鬼神无知，诅咒又有何用？妾非但不敢祈禳，也不屑祈禳呢。"汉成帝认为她说得有理，也就不再追究了。但班婕妤为人十分机警，知道在赵氏姐妹手下不会有好结果的，便凭着慧心妙笔，写了一篇奏章，要求到长信宫侍奉王太后。汉成帝读罢，立即同意了。

既然许皇后被废，汉成帝便立赵飞燕为皇后了。赵飞燕住在远条馆，为了生儿子继承皇位，常和侍郎、宫奴私通，但始终未能生儿子。赵合德也日益受宠，进号昭仪。汉成帝为她建了一座少嫔馆，极其豪华，与远条馆相连。

有一天，汉成帝早晨出猎，冒雪受寒，阳萎不举了。后来，汉成帝又患了阳萎的病，太医想尽一切办法也治不了，便到处寻找特效药。过了很长时间，太医终于找到了一种壮阳的药丸，送给赵合德，嘱咐说："每次侍寝之前，只能让皇上吃一丸。"有一天夜里，赵合德喝醉了，让汉成帝吃了七丸壮阳药。第二天早晨，汉成帝起身穿衣时，精液流个不停，一会儿就昏倒在床上了。赵合德穿上衣服一看，只见汉成帝精泄如注，顷刻就驾崩了。

汉成帝在位二十六年，死时45岁。

◎云纹瓦当◎

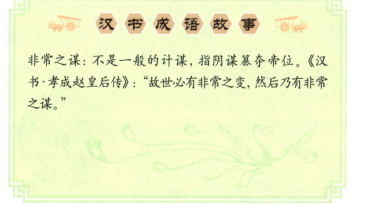

汉书成语故事

非常之谋：不是一般的计谋，指阴谋篡夺帝位。《汉书·孝成赵皇后传》："故世必有非常之变，然后乃有非常之谋。"

生不逢时汉哀帝

题解

汉哀帝少年时原本不好声色，是个熟读经书、文辞博敏的有才之君。即位初期，面对汉朝中道衰落的局面，哀帝很想有一番作为。他为此曾躬行节俭，省天诸用，勤于政事，又启用龚胜、鲍宣、孙宝等有识之士，颁布限田令、限奴婢令等法令，试图抑制日益严重的土地兼并。然而哀帝生不逢时，当时汉家王朝根基已动，无论何人也无力回天。哀帝的革新政策也因受到大贵族官僚的反对而失败，而长于权术的祖母傅太后的干政，使哀帝办起事来力不从心，结果导致权力外移，朝风日坏。面对失败和挫折，年轻的汉哀帝即位之初的锐气很快荡然无存，代之而来的是在声色犬马之中求刺激。

皇侄入继大统

◎ 前7年　太子刘欣即位，是为汉哀帝。◎

注释 <<<
①尽从：都随从入朝。傅、相、中尉：皆官名，这里指定陶王国的三位官员。
②令：汉律令。
③能说：能解说其义。
④废：忘记。

孝哀皇帝，元帝庶孙，定陶恭王子也。母曰丁姬。年三岁嗣立为王，长好文辞法律。元延四年入朝，尽从傅、相、中尉[①]。时成帝少弟中山孝王亦来朝，独从傅。上怪之，以问定陶王，对曰："令[②]，诸侯王朝，得从其国二千石。傅、相、中尉皆国二千石，故尽从之。"上令诵诗，通习，能说[③]。他日问中山王："独从傅在何法令？"不能对。令诵尚书，又废[④]……成帝由此以为不能，而贤定陶王，数称其材。

汉书故事

当初，汉元帝曾想立傅昭仪的儿子定陶王刘康为太子，因大臣反对，没有立成。后来，汉成帝因没有儿子，将刘康召进京城，想按古时兄终弟及的旧例，让他将来接替自己当皇帝，又因王凤坚决反

对而作罢。刘康虽然没有当上皇帝，但他的儿子刘欣却当上了，这就是汉哀帝。

汉成帝河平四年（公元前25年），刘欣生于定陶王府，是由祖母傅昭仪抚养的。3岁时，父亲刘康病逝，刘欣继任定陶王。在祖母傅昭仪和母亲丁氏的照顾和关怀下，刘欣从小备受良好的教育。他学过《诗经》和《尚书》，长大后，喜爱文学和法律。

汉成帝一直没有儿子，后宫生的儿子都被赵飞燕害死了。无奈，只得从藩王中挑选了。汉成帝元延四年（公元前9年）春季正月，中山王刘兴和定陶王刘欣同时入朝。刘兴是汉成帝的小弟弟，母亲是冯昭仪。刘欣的祖母傅昭仪聪明多智，见这是自己孙子入继大统的好机会，便也随刘欣入朝，还带了不少珠宝玉器。

刘欣带国相、王傅和中尉入朝，刘兴只带了王傅一人。汉成帝见刘欣少年英俊，打心眼里喜欢上了，随口问道："你怎么带这么多官吏？"刘欣应声答道："诸侯王入朝，依法要带二千石随行。王傅、国相和中尉都是二千石，所以我就带他们来了。"汉成帝见他对答如流，更是喜上加喜。一时高兴，话也就多了，便又问道："你平日都学些什么啊？"刘欣回答说："学《诗经》。"汉成帝随便让他背了几首诗，他背得滚瓜烂熟。汉成帝又让他解释一下，他解释得完全正确。汉成帝听了，赞不绝口。接着，汉成帝又问刘兴说："你为何只带王傅一人啊？"刘兴答不上来。汉成帝又问道："你平时学什么书啊？"刘兴回答说："学《尚书》啊。"汉成帝让他背了几篇，他只背出几句。

汉成帝见状，心中有数了。

傅昭仪已经谒见过王太后了，便又到赵飞燕和赵合德处问讯一下，并对孙儿说："宫中和大司马处都要亲自去问好，一定要处处周旋，面面俱到。"刘欣十分听话，各处都去了，还将带来的珠宝玉器，一半赠给赵氏姐妹，一半赠给大司马王根了。赵氏姐妹虽然锦衣玉食，但凭空得了不少宝物，哪有不高兴的；尤其是王根，更是格外感恩。于是，他们众口一词，在汉成帝面前夸奖刘欣，说他多才，可以做太子。

汉成帝不是没有此心，但总还抱着一线希望，盼着赵氏姐妹能够生下男儿，免得帝位旁落。于是，只为刘欣举行了加冠典礼，然后便让他回封国去了。转眼又过了一年，赵氏姐妹仍然未能怀孕。她两人为了将来有依靠，便一齐怂恿汉成帝立刘欣为太子。这时，王根也上书请汉成帝立刘欣为太子。汉成帝见状，派执金吾任宏持节到定陶国去迎接刘欣入京。进京后，刘欣住进宫中，做了太子。汉成帝死后，刘欣便即位了。

◎错金银云纹铜犀尊◎

王氏失势

莽复乞骸骨，哀帝赐莽黄金五百斤，安车驷马，罢就第……后二岁，傅太后、丁姬皆称尊号，丞相朱博奏："莽前不广尊尊之义[1]，抑贬尊号，亏损孝道，当伏显戮，幸蒙赦令，不宜有爵土[2]，请免为庶人。"上曰："以莽与太皇太后有属，勿免，遣就国[3]。"

注释 <<<
[1]尊尊：前一个"尊"为动词，后一个为名词。指前为傅太后、丁姬上尊号一事。
[2]爵土：爵位与封土。
[3]遣就国：命令由京师回到封国，以示惩罚。

汉书故事

汉哀帝即位后，尊王政君为太皇太后，赵飞燕为皇太后。

傅昭仪特别会来事，常带着丁氏到长信宫去侍候王政君，哄得王政君心里乐滋滋的。于是，王政君便准许傅昭仪和丁氏每隔十天到未央宫去见一次汉哀帝。过了几天，傅昭仪和丁妃就住进了北宫。北宫有一条复道和未央宫相通，从此，傅昭仪天天都能见到孙子了。傅昭仪多次对汉哀帝说："你如今做了皇帝，不要忘了我和你母亲，也不要忘了我们傅家和丁家的人，你要给我和你母亲上尊号，这样天下人才会说你是孝子贤孙，才能尊敬你。傅家和丁家的人都要封侯赐爵，否则大权会旁落的。"汉哀帝听了祖母的话，深觉有理。但自己刚登帝位，一时不敢自作主张。

汉哀帝正在犹豫之时，高昌侯董宏上书说："当年，秦庄襄王异人本是夏氏所生，后来过继给华阳夫人。异人即位后，夏氏和华阳夫人并称太后。现在应以此为例，尊傅昭仪为帝太后，丁妃为帝太后。"汉哀帝看罢奏章，心中大喜，当时便要依议而行。这时，大司马王莽、左将军师丹联名参劾董宏说："皇太后的名号至尊至贵，可一而不可二。董宏援引亡秦旧例，蛊惑天子，应以大不道论罪。"汉哀帝看了联名奏章，心中虽然不快，但因王莽是王政君的侄儿，不便驳他的面子，只得将董宏贬为庶人。

◎长信宫灯◎

傅昭仪听说后，心中大怒，立即赶到未央宫，面责汉哀帝，让他速上尊号。汉哀帝无可奈何，只得去求王政君。王政君答应下来，尊汉哀帝的父亲定陶恭王为定陶恭皇，尊傅氏为定陶恭皇太后，丁妃为定陶恭皇后。傅太后是河内温县人，幼年丧父，母亲改嫁，无兄无弟，只有三个堂兄弟，均被封侯。汉哀帝封完了自己的本家，又封赵飞燕的弟弟赵钦为新城侯，赵钦的兄子赵䜣为咸阳侯。这样，王、赵、傅、丁四家子弟都封侯了，真是朱轮华盖，杂沓都中。

为了庆贺四家显贵，王政君在未央宫中大摆酒席，邀请傅太后、赵太后、丁皇后赴宴。饭菜上好，客人未到，先摆座位。正中当然是太皇太后王政君了，至于傅太后，则和她并排设座，因为王政君和傅太后都是当今皇上的祖母辈。赵太后和丁皇后则分坐两侧。座位摆好后，正要去请客人时，王莽上来巡视一周，大怒道："定陶傅太后是王妃，怎能和太皇太后并列，快把她的座位移开！"太监不敢不从命，忙将傅太后的座位向旁边挪了挪。王莽见座位挪好了，这才出去。不料，傅太后闻讯大怒，虽然几经催请，都未赴宴，搞得大家不欢而散。事后，傅太后余怒未息，胁迫汉哀帝说："王莽太不像话了，一定要把他赶出朝廷！"汉哀帝还未下诏，王莽早已听到风声，赶紧自请辞职。公卿大夫听说此事后，还以为王莽刚正不阿，进退守义，有古代大臣之风呢。

过了几天，司隶校尉解光上书参劾王根和王况。王况是王商的儿子。解光在奏章中揭露了王根和王况的种种不轨行为和大不敬的事例。汉哀帝即位后，见王家势大，也想收

回朝中大权，由自己亲政。刚将王莽罢官，又见有人弹劾王根和王况，当然中意，不过碍着王政君的面子，总觉得"大不敬"的罪名不好说出口，于是便只将王况免为庶人，让王根回封国去了。不久，宰相朱博上书，请为傅太后和丁皇后上尊号，去掉"定陶"二字。傅太后闻言大喜，便让汉哀帝下诏，尊恭皇太后为帝太太后，恭皇后为帝太后。接着，朱博又上书说："请恢复前高昌侯董宏封爵。董宏曾倡议'帝太太后'尊号，被王莽参劾。王莽贬抑太后，为臣不忠，有失孝道，应加以惩戒。"汉哀帝准奏，让王莽也出京回封国去了。

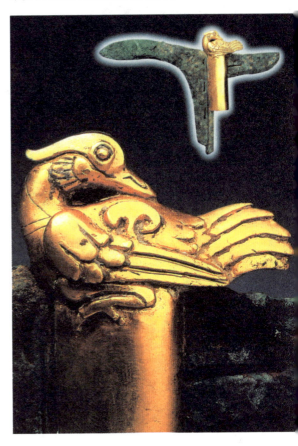

再受命

 ◎ 前5年 改元，易号。◎

待诏夏贺良等言赤精子之谶①，汉家历运中衰，当再受命，宜改元易号。诏曰："汉兴二百载，历数开元。皇天降非材之佑②，汉国再获受命之符，朕之不德，曷敢不通！夫基事之元命③，必与天下自新，其大赦天下。以建平二年为太初元将元年。号曰陈圣刘太平皇帝④。漏刻以百二十为度⑤。"

汉书故事

汉哀帝读过不少书，一心想做个好皇帝。汉哀帝做了皇帝之后，生活仍很俭朴，不好声色。当时，靡靡之音盛行，搞得人们萎靡不振。汉哀帝下了一道诏书，罢了乐府的官，不许贵戚再过奢靡的生活。过去后宫宫女多达几千人，汉哀帝即位后，放了不少宫人，让她们回家婚配。他在宫中没有广立嫔妃，除了皇后之外，只立了一个昭仪。过去，官织锦绣给百姓造成很大的负担，汉哀帝也下令罢止了。当时，土地兼并激烈，奴婢数量猛增。汉哀帝见这样发展下去，天下必将大乱，便下诏限制土地和奴婢的数量。但当时已经积重难返，大贵族大官僚为了维护既得利益，纷纷站出来反对。汉哀帝无可奈何，只得下诏缓行。

汉哀帝一心改良朝政，却受到多方面的阻力，被弄得寝食不安，不久便病倒了。这时，黄门待诏夏贺良上书说："臣根据齐国人甘忠可遗书，能上知天文。如今汉运中衰，陛下应该重新受命，从速改元易号，便可以延年益寿。"汉哀帝改良不成，又被疾病所苦，便听了夏贺良的话，于建平二年（公元前5年）改元为太初元年，自号"陈圣刘太平皇帝"。名号虽然改了，但实质未变，汉朝江河日下，仍在走下坡路。

汉哀帝正在苦闷之际，一天上朝时，见一个报时

注释 <<<

①待诏：指以才技征召，未有正官，故曰"待诏"。赤精子：相传汉高祖刘邦感赤龙而生，自谓赤帝之精，夏贺户等因是作谶。赤精子之说与谶始于此。

②皇天降非材之佑：哀帝自言不材，皇天降佑。

③基事：始事。元命：大命。

④陈圣刘：敷陈圣刘之德。

⑤漏刻以百二十为度：旧漏昼夜共百刻，今增至一百二十。百刻分配十二时，一时得八刻二十分，今改为百二十刻，则一时得十刻。

◎汉镂雕鼓钉龙纹璧◎

的人长得实在太美了，他还以为是女人扮作男人呢，便奇怪地问道："报时的不都是男的吗，为何让宫女报时？"左右的人说："那不是女人，是董贤，一个男人。"汉哀帝大吃一惊，心想："身为男子，竟有如此姿色，真是绝无仅有。就是六宫粉黛，也相形见绌，自叹不如啊！"于是，他立即下了一道命令，拜董贤为黄门郎，让董贤入侍左右。汉哀帝自从有了董贤，心情好多了。他把董贤当成女人宠爱了。董贤是云阳人，进京做太子舍人时才15岁。汉哀帝宠爱董贤，董贤一月三迁，官拜驸马都尉侍中，他们出则共辇，入则同床。一天哀帝醒来，董贤还在熟睡。哀帝的衣衫压在董贤的身下，哀帝不忍弄醒他，竟然从床头拿出刀，将衣袖割断，悄悄下床。董贤的父亲董恭也入朝为官，做了光禄大夫。

不久，汉哀帝听说董贤有个妹妹还未出嫁，便让董贤将妹妹送进宫中。汉哀帝见董贤的妹妹面如桃花，目如远山，娇态动人，第二天，就封董贤的妹妹为昭仪，地位仅次于皇后。汉哀帝又对董贤大加封赏，还提拔董恭为少府，赐爵关内侯。接着，汉哀帝又为董贤建造了一座特大的府第，紧靠皇宫，规模与皇宫相同。还命人在自己的万年陵旁为董贤修了一座坟，并对董贤说："我们死后也要在一起。"

董贤知恩图报，日夜尽忠。汉哀帝便又封董贤为高安侯，

◎汉代古玉盒子一对◎

还下诏加封食邑二千户。不料，丞相王嘉封还诏书，对他说："董贤是小人，不宜亲近。"汉哀帝闻言大怒，传令道："召丞相诣廷尉诏狱。"汉哀帝原以为王嘉一定会自杀的，听说他到了诏狱，立即命人审理。王嘉不堪凌辱，仰天叹道："我身为丞相，不能让皇上远离小人，真是死有余辜了。"王嘉在狱中呕血数升，活活气死。

元寿元年（公元前2年），汉哀帝封董贤为大司马卫将军，领尚书事。从此，百官奏事，都要通过董贤。这时，董贤才22岁。

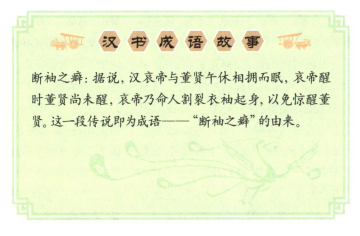

汉书成语故事

断袖之癖：据说，汉哀帝与董贤午休相拥而眠，哀帝醒时董贤尚未醒，哀帝乃命人割裂衣袖起身，以免惊醒董贤。这一段传说即为成语——"断袖之癖"的由来。

王莽东山再起

◎ 前1年 哀帝卒，王莽出任大司马。 ◎

后数月，哀帝崩。太皇太后召大司马贤，引见东厢，问以丧事调度。贤内忧[1]，不能对，免冠谢。太后曰："新都侯莽前以大司马奉送先帝大行，晓习故事[2]，吾令莽佐君。"贤顿首幸甚。太后遣使者召莽。既至，以太后指使尚书劾贤帝病不亲医药，禁止贤不得入出宫殿司马中……即日贤与妻皆自杀，家惶恐夜葬。

注释 <<<

①内忧：内心忧虑。

②晓习：精通，熟悉。故事：先例，旧日的典章制度。

汉书故事

元寿二年（公元前1年）六月，汉哀帝病重，董贤衣不解带，日夜服侍，但哀帝已不能起死回生了。汉哀帝在位七年，死时26岁。汉哀帝有心治国，无力回天，带着深深的遗憾离开了人间。

汉哀帝死后，傅皇后和董昭仪等人到寝宫痛哭。董贤感念汉哀帝深恩，也在寝宫门外号啕大哭。哭声震动寝宫，引来了太皇太后王政君。王政君走进寝宫，抚尸哀哭。哭罢，立即把玉玺拿在手里，藏在袖中。

王政君走出寝宫，问董贤道："你身为大司马，可知丧事如何办理吗？"董贤从未办过这类事，自然茫然不知。王政君说："新都侯王莽曾办过成帝的大丧，熟悉此事，我让他来帮你吧。"王莽闻召，日夜兼程来到长安，进谒王政君，对王政君说："董贤无功无德，不应在朝为官。"王政君听了，点头称是。于是，王莽便假托太皇太

后的旨意，让尚书参劾董贤，说他身受先帝厚恩，却不肯为先帝亲奉医药。王政君立即下旨，禁止董贤进宫。董贤闻讯，光着脚跑到宫门，免冠谢罪。王莽便假传太皇太后旨意，收回他的印绶，免了他的官。董贤回到家中，夫妻自杀而死。王莽令人将董贤尸体随便埋在狱中。董贤平时厚待属吏朱诩，朱诩听说董贤被乱埋狱中，心中不忍，便买了新棺新衣，到狱中将董贤挖出，重新安葬，然后上书自首。王莽大怒，派人将他杀死。

这时，大司徒孔光邀集百官，共推王莽为大司马。而前将军何武、后将军公孙禄则认为不宜委政于外戚。王政君说："王莽有才，就让他做吧！"太皇太后一发话，别人就不敢言语了。于是，王莽东山再起，出任大司马，重新掌握了朝政。

短命皇帝汉平帝 孺子刘婴

题解

　　哀帝去世后，王莽再出任大司马。为便于弄权，王莽不肯立年岁较长的君主，迎立年仅8岁的刘衎为帝。平帝当时，太皇太后临朝，外戚王氏一族当权，王莽当政，百官大都听命于王莽。平帝在位六年，一说被王莽毒死，一说病死。

迫害卫家

◎ 前1年　汉哀帝卒，中山王刘衎即位，是为汉平帝。 ◎

　　帝年九岁，年被疾，太后临朝①，委政于莽。莽白赵氏前害皇子②，傅氏骄僭③，遂废孝成赵皇后、孝哀傅皇后④，皆令自杀。即拜帝母卫皇后为中山孝王后，赐帝舅卫宝、宝弟玄爵关内侯，皆留中山，不得至京师。卫后日夜啼泣，思见帝，而但益户邑。宝复教令上书求至京师。会事发觉，莽杀宝，尽诛卫氏支属。卫宝女为中山王后，免后，逃合浦。

注释 <<<
①临朝：特指太后摄政称制。
②赵氏：成帝宠妃赵飞燕、赵合德。二人曾将成帝宫女曹官人和许美人所生的两个男婴杀死。
③傅氏：哀帝的祖母傅太后。曾用尊号皇太太后，死后，以皇太后的礼仪下葬，坟墓规模与元帝相等。骄僭（jiàn）：骄横僭越。
④孝哀傅皇后：哀帝皇后傅氏，傅太后堂弟傅晏的女儿。

汉书故事

　　汉哀帝死后，在家闲居了六年的王莽又进京专权了。王莽与王政君商议后，决定立汉哀帝的堂弟中山王刘箕子做皇帝。刘箕子的父亲刘兴当年曾和汉哀帝刘欣一同进京竞争入继大统，刘兴落选，灰溜溜地回到中山国。汉成帝元延四年（公元前9年），中山王刘兴的卫姬生下刘箕子。第二年刘兴病逝，刘箕子在襁褓里就做了中山王。

　　王舜将刘箕子接进未央宫后，召集百官，奉太皇太后王政君的

诏命，拥他登基做了皇帝，史称汉平帝。

王政君让她的侄儿王莽重新担任大司马。从此，尝过下台滋味的王莽开始一步步地篡夺汉朝天下了。这年，平帝只有9岁，名义上由王政君临朝听政，掌握朝中大权。实际上，大权掌握在王莽手里。王莽担心汉成帝和汉哀帝的外戚再来夺权，便找借口逼迫汉成帝的皇后赵飞燕和汉哀帝的傅皇后自杀了。这时，王莽的叔叔伯伯中，只剩下一个最小的叔叔红阳侯王立了。王莽怕王立在王政君面前讲话，使他不能背着王政君为所欲为，便玩弄权术，让王政君将王立赶到封地上去了。

◎葵纹瓦当◎

当时，一些朝臣纷纷议论说："皇上已经入继大统，而生母却不得加封，也不许进京。这样拆散人家母子，有背天伦之道啊！"原来，王莽怕卫姬一旦入宫，必要引进外戚干预朝政。他要的是王氏一家外戚专权，也就是由他专权。听大臣的议论越来越凶，王莽也有些害怕了。于是，便派少傅甄邯持金册到中山国，封卫姬为中山孝王王后，卫姬的弟弟卫宝、卫玄则赐爵关内侯，但不许他们进京与汉平帝团聚，仍让他们留居中山。

汉平帝进京后，卫王后日夜思念，便上书请求进京与儿子团聚，但王莽说什么也不同意，王家只有王莽的大儿子王宇反对父亲的做法。他想："一旦皇上长大，知道此事，必然怀怨，那时王家就要被灭族。不如事先设谋，让父亲幡然悔悟，改弦更张，也好保住我王家一族人的性命。"于是，便和师傅吴章、大舅子吕宽商议。吴章说："论理应该向你父亲进谏，但你父亲为人十分执拗，劝他也不能听。我有一法，不如让人夜间将血洒在你家大门上。你父亲发现后，必然问我，我便说这是上天示警，让我们将卫王后接进宫来，并归政卫氏。"吕宽听了，赞道："此计甚妙。"王宇知道父亲迷信，也连声称善，便托吕宽趁黑夜去洒血，万没想到吕宽竟被门官发现了。

王莽夜审吕宽，吕宽受刑不过，只得招出王宇。王莽毫无父子之情，竟勒令王宇自尽了。王莽经此一事，索性一不做，二不休，下令将卫氏一门杀尽，只留下汉平帝的母亲卫王后。

笼络人心

◎ 1年 王莽为太傅，号安汉公。◎

始，风益州令塞处蛮夷献白雉①，元始元年正月，莽白太后下诏，以白雉荐宗庙……于是群臣乃盛陈"莽功德致周成白雉之瑞②，千载同符。圣王之法，臣有大功则生有美号，故周公及身而托号于周③。莽有定国安汉家之大功，宜赐号曰安汉公，益户、畴爵邑，上应古制，下准行事，以顺天心。"太后诏尚书具其事。

注释 <<<

①风：通"讽"，暗示。**益州**：郡名，今云南晋宁东。**蛮夷**：此指越裳氏。

②**周成白雉**：周成王时，越裳氏献白雉。

③**周公及身而托号于周**：谓周公以国号周为称号。周公，姬旦，武王的弟弟，因封邑在周朝的发祥地周，故称周公。武王死后，成王年幼，周公摄政，平定叛乱，分封诸侯，营建洛邑，使周兴盛。

汉书故事

王莽出任大司马后，汉臣贬的贬，杀的杀。王莽大权在握，好不威风。一天，王莽心想："虽然权势日隆，但功德未著，必须设法笼络人心才行。"于是，他派人到益州，让地方官买通塞外少数民族，让他们冒充越裳氏，到长安进献白雉。地方官立即照办。原来，当年周公辅佐成王时，越裳氏曾到周京进献白雉。王莽自比周公，所以想出此法。

白雉献进宗庙后，王莽的心腹纷纷传言："大司马德及四夷，胜过周公，所以越裳氏来献白雉。周公有功于周朝，故称周公；如今大司马安定了汉朝，应该称'安汉公'，并增封食邑。"王政君立即准奏。但王莽却故意上表推辞说："臣与孔光、王舜、甄丰、甄邯等人一同定策迎立皇上，还是为孔光等人叙功吧，臣不敢沐恩。"王政君看了表文，一时不知如何是好。这时，孔光等人急忙上书说："王莽功劳最大，应该称安汉公。"王政君便

传谕王莽，让他不必推辞了。王莽又假意谦让，硬要将功劳让给孔光等人，接着便称病不起了。于是，王政君封孔光为太师，王舜为太保，甄丰为少傅，甄邯为承安侯，然后让王莽入朝受赏，王莽却托病不到。

这时，按照早已安排好的，群臣纷纷上书，请封王莽为安汉公。于是，王政君下诏，封王莽为太傅，赐号"安汉公"，加封食邑二万八千户。王莽是个奸雄，知道名号有用，食邑再多也享用不了，便只接受安汉公的名号，好让天下人拥护他，而把生不带来、死不带去的封邑退掉了。为了进一步拉拢人，王莽将汉宣帝的子孙三十六人封为列侯。皇族因罪被废的，可以恢复属籍。朝中年老退休的，仍给旧俸的三分之一。黎民百姓，鳏寡孤独，无不抚恤。这样，朝野上下无不交口称颂王莽。于是，天下人只知有安汉公，不知有汉平帝和太皇

太后王政君了。

这年九月，匈奴使者来到长安，入见王莽，王莽问使者说："听说昭君生有二女，都还在吗？"使者回答说："还在，都已嫁人了。"王莽眼睛一眨，又来了鬼主意，对使者说："王昭君是我朝公主，既然生有二女，为何不归家省亲？"使者忙说："我回去一定转告。"过了一个多月，匈奴单于派昭君的长女须卜居次来长安省亲。须卜居次到长安后，王莽禀明王政君说："匈奴单于派女儿入侍，应该召见。"王昭君本是王政君当皇后时的宫女，如今王政君见须卜居次长得颇似王昭君，不禁回想起往事来，便让她留居宫中，赏了不少东西。王莽的心腹按照王莽的意图，大肆宣扬，说得天花乱坠，说单于派人入侍，是王莽功德所致。在王莽的努力下，全国上下都认为王莽是圣人了。

王莽为了让王政君不再过问政事，想出了花招，让太皇太后四季出巡，以示爱民之心。他还不断笼络读书人，因为这些人能造舆论，影响极大。于是，他奏明太皇太后，在长安南郊建起了明堂、辟雍和灵台。同时，王莽还特地在辟雍附近为学子建了一万间学舍，广招天下博学有才之士。这样，天下学者无不感激王莽，纷纷制造舆论，说王莽应该接受九锡隆礼。群臣听了，自然也无不响应。九锡是天子赏给诸侯的贵重器物，是一种最高的礼遇。太皇太后见朝野同声，一致要求给王莽加九锡隆礼，便亲自上殿为王莽举行了九锡封典。九锡包括衣服、车马、弓矢、斧钺、秬鬯、命圭、朱户、纳陛、虎贲。有了九锡，王莽距天子只有一步之遥了。

◎汉代壶◎

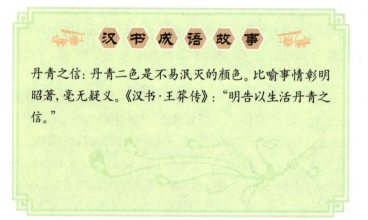

汉书成语故事

丹青之信：丹青二色是不易泯灭的颜色。比喻事情彰明昭著，毫无疑义。《汉书·王莽传》："明告以生活丹青之信。"

平帝之死

◎ 5年 王莽毒死平帝。6年，立宣帝玄孙孺子婴为太子。◎

莽既尊重，欲以女配帝为皇后，以固其权……太后许之。

四月丁未，莽女立为皇后，大赦天下①。

平帝疾，莽作策②，请命于秦畤③，戴璧秉圭，愿以身代。藏策金縢④，置于前殿，敕诸公勿敢言⑤。

汉书故事

有一天，王莽又想出一个高招：与其靠姑母王政君，还不如靠自己的女儿呢。于是，他决定把女儿嫁给汉平帝当皇后，自己当国丈。王莽找了一个机会，对王政君说："皇上已经12岁，应该议婚了。"王政君听了，当然没有异议。王莽用计将女儿嫁给汉平帝做皇后，自己成了国丈，加号"宰衡"，地位更显赫了。原来，辅佐周成王的周公是周朝的太宰，辅佐商汤的伊尹是商朝的阿衡。太宰和阿衡都是官名，从这两个官名中各取一字组成"宰衡"，就像秦始皇从"三皇"和"五帝"中各取一字组成"皇帝"一样，无非是表示尊贵之意。

王莽借着大办婚礼之机，再次笼络了人心。王莽是醉翁之意不在酒，在于汉朝的江山啊。

大婚之后，过了一年，汉平帝14岁了。母亲想他，他也想母亲。世上的亲人只剩下母亲一人了，但王莽就是不让他们相见。汉平帝越想越气，因此，再见到王莽的时候，汉平帝难免露出怒色。初时，王莽不知何故，便去问太监。太监都是王莽安插的心腹，经这些人一说，王莽才知道汉平帝因见不到母亲，常有怨言。王莽一听，心中害怕了，想道："我把女儿嫁给他，他不知感恩，反倒怨我。将来他长大了，还不得灭我的九族啊！我不如先发制人，要了他的命！"但转念又想："女儿怎么办呢？"王莽犹豫了几天，最后终于下了决心："罢，罢！大不了

◎编钟◎

一一三

让女儿改嫁，好在她年纪还小。"

从此，王莽时时在意，处处留心，要置汉平帝于死地。常言道："不怕自己大意，就怕别人算计。"汉宫风俗，每年冬季腊日那天，要向皇帝进献椒酒。王莽见机会来了，便偷偷将毒药放在椒酒里，献给汉平帝。汉平帝喝下后，腹痛如割，病倒床上，呻吟不止。王莽假惺惺地入宫探病，传太医救治，还掉了几滴眼泪。

王莽又命词臣写了一篇祝文，说情愿以身代皇帝去死，立即拿到祭天的泰畤去祷告。群臣见状，都夸王莽是周公再世。原来，当年周武王病重时，周公曾祷告上苍，愿代武王去死。为了怕人怀疑，王莽所配的毒药要过几天才能使人毒发身死。汉平帝备受折磨，几天后才死去。

汉平帝在位五年，名义上是个皇帝，实际上是个傀儡，朝中一切都是王莽说了算。

阅读延伸

王莽钱范

钱范，即古人铸造钱币的模子。西汉末年，王莽称帝，下令变法，复古改制，废五铢钱，重现刀钱、布钱。尽管昙花一现，王莽钱却为后人留下了许多钱币珍品。

◎半两铜钱及钱范◎

王莽篡汉

◎ 8年 王莽自称皇帝,改国号为新。◎

平帝崩,无子,莽征宣帝玄孙选最少者广戚侯子刘婴①,年二岁,托以卜相为最吉。乃风公卿奏请立婴为孺子,令宰衡安汉公莽践祚居摄②,如周公傅成王故事。太后不以为可,力不能禁,于是莽遂为摄皇帝,改元称制焉……其后,莽遂以符命自立为真皇帝……

注释 <<<

①刘婴:王莽摄政时的傀儡,王莽建国后被废,后被方望等拥立为皇帝,又被刘玄部将杀死。

②居摄:因皇帝年幼不能亲政,由大臣代居其位处理政务,谓居摄。

汉书故事

汉平帝死后,因他没有儿子,王莽在汉宣帝玄孙中选了一个最小的叫刘婴的立为汉平帝的太子。后王政君不得已,只得下诏王莽称摄皇帝,对太皇太后王政君仍然称臣。改年号为居摄元年,立刘婴为皇太子,号为孺子,王莽的女儿为皇太后。这样,王莽做了汉朝的代理皇帝。

王莽有心做真皇帝,他的心腹和一些想要给新皇帝做官的人便大造舆论,让王莽有当皇帝的借口。广饶人刘京上书说:"一天夜里,齐郡临淄县亭长辛当梦见天使对他说:'摄皇帝应该做真皇帝,如果不信,但看亭中发现新井,便是确证。'第二天早晨,辛当到亭中检查,果然有新井,竟深达百尺。"车骑将军属将扈云上书说:"巴郡有石牛出现,身上有丹文。"太保属吏臧鸿也上书说:"扶风发现雍石,上面也有文字。"这些文字无非都是说王莽应该做皇帝。

王莽见了上书的内容,心中大喜,立即去见太皇太后王政君说:"看来天命难违,此后天下奏事时,把'摄皇帝'的'摄'字去掉吧。另外,把居摄三年改为初始元年

◎陵川王莽岭◎

吧。"王政君早知王莽诡诈阴险，但大权已在王莽之手，不能不听他的。

期门郎张充是个热血男儿，心怀忠义，密约志同道合的朋友五个人，要刺杀王莽，改立楚王刘纡为皇帝。由于计谋泄露，六个人全被杀死了。

梓潼人哀章是个无赖，为了做大官，特地偷偷做了一个铜柜，里面写了两个标签：一个是天帝行玺金柜图，一个是赤帝玺邦传与皇帝金策书。弄好后，他扮作道士模样，穿着黄衣，戴着黄冠，趁着黄昏时分，带着金柜来到高祖庙，将金柜交给守庙官吏，然后匆匆离去。守庙官吏忙报与王莽，王莽密令人打开铜柜，里面说："摄皇帝王莽，应该做真天子。"下面写着佐命大臣的名字：王舜、平晏、刘歆、哀章、甄邯、王寻、王邑、甄丰、王兴、孙建。

王莽听说后，也知道这是人伪造的，并非上天所授。但他一心想当皇帝，正好利用这个铜柜蒙骗天下人，好篡位窃国。初始元年（公元8年）十二月朔日，王莽率领群臣到高祖庙拜受金柜。回到宫中，对太皇太后王政君说："既然汉高祖刘邦将江山让给我，我也不好推辞了。"王政君正要诘驳他，他慌忙退出，到未央宫前殿，接受百官朝贺，做起皇帝来。

百官绝大多数都是王莽的党羽，正盼着这一天呢。他们知道，王莽做皇帝，他们会沾光的。百官朝贺已毕，王莽宣布定国号为"新"，以十二月朔日为始建国元年正月朔日。

至此，前汉灭亡了。总计前汉共有十二个皇帝，享国二百一十年。

西汉军事思想

西汉时期，战争活动的频繁开展，战争方式的复杂多样，战争意义的鲜明突出，为军事家实现军事理论的创新与突破创造了良好的条件。而汉高祖与汉成帝时期两次组织人力，大规模整理兵书，"删取要用"（《汉书·艺文志》），"撮其指要"（《隋书·经籍志》），又为西汉军事家继承、借鉴先秦时代优秀的兵学遗产提供了方便。

光复汉室光武帝

题解

　　《光武帝纪》为《后汉书》本纪首篇，是《后汉书》中篇幅最长、用力最深的佳作。分上下两篇，上篇主要写光武帝刘秀与刘缤兄弟起兵造反及光武帝登上帝位的艰难历程，塑造了一个有勇有谋、体恤下属、气宇轩昂的开国之君。光武之兄刘伯升虽因战功日益显赫而被更始帝刘玄杀死，但其机智勇猛、骁勇善战的英雄形象仍令人赞叹。

起兵复汉

◎ 18年 琅邪樊崇起义 ◎

　　世祖光武皇帝讳秀，字文叔，南阳蔡阳人，高祖九世之孙也①，出自景帝生长沙定王发。发生春陵节侯买，买生郁林太守外，外生钜鹿都尉回，回生南顿令钦，钦生光武。光武年九岁而孤，养于叔父良。身长七尺三寸，美须眉，大口，隆准②，日角③。性勤于稼穑④，而兄伯升好侠养士，常非笑光武事田业，比之高祖兄仲。王莽天凤中⑤，乃之长安，受尚书，略通大义。

注释 <<<
①高祖：汉高祖刘邦。
②准：鼻子。
③日角：额骨中央部分隆起，形状如日，旧时相术家认为是大贵之相。
④稼穑：耕种和收获。泛指农业劳动。
⑤天凤：王莽的第二个年号。

后汉书故事

　　始建国元年(公元9年)，王莽建立了新朝，做了皇帝。

　　王莽笼络士人，收买民心，满以为新朝会长期存在下去。但王莽只做了十五年皇帝，新朝便灭亡了。

　　这是为什么呢? 因为王莽遇到了克星。这个克星不是别人，竟是汉高祖刘邦。

　　原来，刘邦做皇帝后，大封刘姓子弟，这些子弟到了封

国，为了传国万世，大都在封国内给人民一些好处。因此王莽篡汉后，天下百姓思念汉朝，对王莽的新朝心中不服。还有，这些子弟的后人因王莽篡汉，失掉了王国或侯国，当然不甘心，纷纷起兵反对王莽。

王莽天凤五年(公元18年)，樊崇在山东领导饥民起义，很快发展到十几万人。起义军在迎敌前，都把眼眉染成红色作为记号，从此，这支义军就被称为赤眉军了。几乎与此同时，湖北新市人王匡、王凤也率领饥民起义了，他们以绿林山为根据地，号称绿林军，绿林军很快发展到五万人。后来，绿林山发生瘟疫，死了不少人。于是，义军转移到外地去了。义军首领王常、成丹率领一半人马西入南郡，号称下江兵；义军首领王匡、王凤、马武、朱鲔、张卬率领一半人马北上南阳，号称新市兵。新市兵进入南阳后，平林人陈牧、廖湛也聚众千人，起兵响应，号称平林兵。

各地起义军不断发展壮大，一些封建地主也纷纷起兵了。其中最著名的有刘縯、刘秀兄弟。刘氏兄弟生于舂陵，是汉景帝的七世孙。汉景帝的儿子刘发被封为长沙王，刘发生舂陵侯刘买，刘买生郁林太守刘外，刘外生钜鹿都尉刘回，刘回生南顿令刘钦。刘钦娶湖阳樊重之女为妻，生刘縯、刘仲、刘秀三个儿子，刘仲已经病逝。

◎汉光武帝刘秀雕像◎

刘秀，字文叔，身长七尺三寸，眉清目秀，长髯如画，大嘴叉，高鼻梁。刘秀9岁丧父，寄居在叔父刘良家，长大后喜欢耕田种地。刘縯，字伯升，胸怀大志，喜欢结交朋友，为人十分豪爽。刘縯常常笑话刘秀说："你一天就知道种地，不想做大事了吗？真和高祖的二哥一样啊。"原来，刘邦的二哥喜欢种地，刘邦曾讥笑他种地的收获不如自己大，刘邦的收获是夺得了天下。

刘秀见哥哥笑话他，便抛下农活，进京求学去了。王莽篡汉后，刘秀又回到了舂陵。王莽地皇三年（公元22年），南阳发生大饥荒。刘縯结交的宾客中有人拦路抢劫，刘秀怕受牵连，躲到新野去了。刘秀在新野闲来无事，便到宛县做些粮食生意，挣些钱以度灾年。宛县有个叫李通的人，平素非常敬佩刘縯和刘秀，便劝刘秀起兵夺取天

下。为了打动刘秀，李通引用当时谶书上的话说："刘氏复起，李氏为辅。"谶书是当时流行的一种迷信读物，以巫师诵词的形式编造的一些隐语、预言作为吉凶的征兆。

刘秀听了，沉默不语，李通见刘秀犹豫，便又说："此意非我一人之见，小人的父亲在朝任宗卿师，家父认为南阳一带的皇族中，只有你们兄弟二人可以成大事。"刘秀问道："如果起事，令尊性命如何可保？"李通说："决定起事之后，立刻派人通知他，让他离开长安。"刘秀想："哥哥平时仗义疏财，暗中结交豪杰，如果知道天命，一定会举大事的。何况王莽政权已摇摇欲坠，何不趁机起兵，夺取天下？"想到这里，便欣然答应了。

刘秀回到南阳，与哥哥商量，一拍即合。原来，王莽篡汉后，刘縯心中愤愤不平，暗中散尽家财，结交豪杰之士，已有一百多人，正准备起事呢。于是，刘縯分遣亲友四出，招兵买马。春陵子弟听了，吓得都躲了起来，纷纷说："刘縯造反，必将害我们的！"后来，他们见一向彬彬有礼、十分文弱的刘秀也穿上军装，加入了起义队伍，都吃惊地说："刘秀忠厚谨慎，怎么也穿上了军装？看来，是可以造反的啊！"于是，他们也纷纷参军了。

刘縯为了扩充队伍，增加战斗力，派族人刘嘉说服新市、平林两支义军与他的队伍联合作战，一举攻下了棘阳。刘縯申明军纪，不许烧杀淫掠，不许欺侮百姓。百姓见了，都把希望寄托在他们身上了。

刘玄称帝

◎ 23年 刘玄称帝 ◎

题解

刘玄（？—公元25年），史称"更始皇帝"，王莽末年凭借绿林兵和平林兵的势力，夺取王莽政权，登上帝位。毫无治国才能的更始帝致使民不聊生，叛兵四起，三年便将国家政权拱手让于赤眉军，自己也最终惨遭缢杀。

更始元年正月甲子朔[1]，汉军复与甄阜、梁丘赐战于沘水西，大破之，斩阜、赐。伯升又破王莽纳言将军严尤、秩宗将军陈茂于淯阳[2]，进围宛城。

二月辛巳，立刘圣公为天子，以伯升为大司徒，光武为太常偏将军。

后汉书故事

刘缤率领联军前去进攻宛城，当他们走到半路时，王莽派大将甄阜和梁丘赐率军前来镇压。两军交战，义军大败，损失了十分之四五，刘秀的二姐也死在乱军中了。义军逃回棘阳，闭城自守。

在联军陷入困境时，李通献计联合下江兵。义军会师后，齐心合力，锐气更壮。大家摩拳擦掌，要与莽军决一死战。在除夕夜里，义军冲入蓝乡——莽军储藏粮草辎重的地方，歼灭了守军。然后乘胜出击，击毙了王莽的大将甄阜和梁丘赐。

刘缤率军乘胜前进，将宛城围得水泄不通。

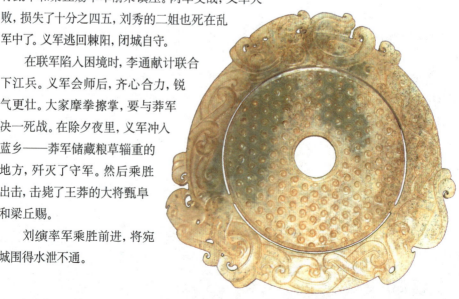

　　这时，义军已经有十万多人了。一些将领说："我们现在兵多无主，不便于统一指挥，也不利于号召四方，赶快立个汉朝宗室的后人做皇帝吧。"

　　南阳的将士都拥护刘縯做皇帝，新市兵和平林兵的将士们也知道刘縯是个做皇帝的料。但他们绝大多数人是因为活不下去，被官府逼反的，并不懂得要夺取天下，只是想杀富济贫。他们纷纷说："不能让刘縯当皇帝，他管得太严，不让我们抢东西！"他们聚在一起商量后，选了一个平庸的人做皇帝，这人就是刘玄。

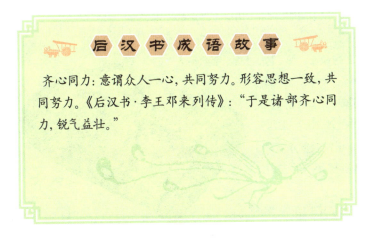

◎汉代瓷猪◎

　　刘玄，字圣公，是刘买长子熊渠的曾孙，刘縯则是熊渠小弟弟刘外的曾孙，他俩还是族兄族弟呢。当初，刘玄见王莽篡汉，心中不满，便参加了平林兵，号称更始将军。新市兵和平林兵的将士们商量说："刘玄听话，让他当傀儡皇帝，好由我们说了算。这样，做皇帝的实际是我们！"

　　于是，义军便在淯水之滨筑坛，于王莽地皇四年（公元23年）二月朔日立刘玄为帝，建年号为更始。刘玄称帝这一年为更始元年，他封王匡、王凤为上公，朱鲔为大司马，刘縯为大司徒，陈牧为大司空，刘秀为太常偏将军。

后汉书成语故事

　　齐心同力：意谓众人一心，共同努力。形容思想一致，共同努力。《后汉书·李王邓来列传》："于是诸部齐心同力，锐气益壮。"

昆阳大捷

◎ 23年 刘秀大破莽军于昆阳城下 ◎

三月，光武别与诸将徇昆阳、定陵、郾，皆下之。多得牛马财物，谷数十万斛，转以馈宛下。莽闻阜、赐死，汉帝立，大惧，遣大司徒王寻、大司空王邑将兵百万^①，其甲士四十二万人，五月，到颍川，复与严尤、陈茂合。

光武乃与敢死者三千人，从城西水上冲其中坚，寻、邑陈乱，乘锐崩之，遂杀王寻。城中亦鼓噪而出，中外合勢^②，震呼动天地，莽兵大溃，走者相腾践，奔殪百馀里间^③。

注释 <<<

①大司空：官名，东汉时为三公之一，主管水土及营建工程。

②勢（shì）：通"势"，势力，力量。

③殪（yì）：跌倒。

后汉书故事

王莽听说刘縯起兵后，十分恐惧，特悬重赏捉拿刘縯。

不久，刘玄称帝的消息传入宫中，王莽大吃一惊。接着，王莽接到战报说："刘縯围攻宛城。刘秀分兵进攻颍川，已经攻下昆阳、郾县、定陵。"王莽看了战报，再也无心在后宫玩乐了，忙派他的心腹大司空王邑、大司徒王寻率领四十二万军队，号称百万，杀向义军。王莽为了确保胜利，又派巨人巨毋霸参战，从上林苑中放出许多虎豹犀象，由他率领，作为前驱。于是，历史上著名的昆阳之战开始了。

刘秀奉更始皇帝刘玄的命令，和王凤、王常、李轶等人连下数城后，正在昆阳休整。一天，士兵跑到将军府报告说："敌军兵临城下了！"昆阳城里只有八九千义军，义军首领王凤、王常和刘秀商量，决定由王凤、王常负责守城，由刘秀、李轶等十三人趁黑夜到附近去组织援军。

四十二万官军将昆阳围了几十层。官军把云车、

撞车和楼车都用上了，还挖掘地道，想从地下攻进城去。官军的箭像雨一样射进城中，城里汲水的人要顶着门板才敢出去。义军在城上堆满的滚木礌石，像冰雹一样砸向官军。

义军日夜苦战，坚守了一个多月，刘秀率领援军赶来了。王邑、王寻见刘秀只带来几千名援军，不由得哈哈大笑道："这不是以卵击石吗？"刘秀一马当先，冲向敌阵。士兵见了，一个个像猛虎一样跟了上去。官军没想到刘秀攻势这样猛，退了好几里才稳住阵脚。这一仗，刘秀消灭官军一千多人。一连几天，刘秀猛打猛冲，每天都消灭许多官军。

这时，宛城已被义军攻下，但刘秀还不知道这个消息。为了瓦解敌人军心，他特地让人装成从宛城来的报信人，信中说："宛城已被我军攻下，大军马上要支援昆阳了！"刘秀让送信人故意把信丢在路上，让官军拾去。王邑、王寻见到这封信后，十分沮丧，失去了攻城的信心。城里的义军听到城外的喊杀声，又见官军阵脚已乱，信心倍增。

刘秀侦察到官军的指挥中心在昆阳城西的小河边，便带着由三千人组成的敢死队直捣过去。官军从睡梦中惊醒，四处乱窜。混战中王寻被杀，其他人来不及抵抗，纷纷逃命了。王凤、王常率军从城中杀出，里应外合，打败了敌人。

巨毋霸见王寻被杀，勃然大怒，驱动野兽，冲向义军。义军正在惊慌之时，忽听雷声大震，暴雨骤降。野兽吃了一惊，纷纷掉转身子向官军冲去，官军争着逃命。巨毋霸被逃兵拥挤，"扑通"一声掉到河里，被活活淹死了。王邑逃回洛阳后，四十二万人只剩下几千人了。

在这次昆阳大战中，义军总人数只有一万多人，却打败了四十二万官军，这消息一下子震动了全国。由于刘秀在昆阳大捷中起了决定性的作用，人们都对他另眼相看了。

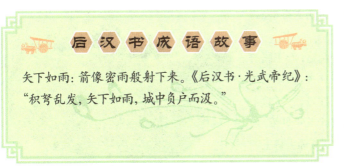

后汉书成语故事

矢下如雨：箭像密雨般射下来。《后汉书·光武帝纪》："积弩乱发，矢下如雨，城中负户而汲。"

刘秀北上

> 光武因复徇下颍阳。会伯升为更始所害，光武自父城驰诣宛谢。司徒官属迎吊光武，光武难交私语①，深引过而已。未尝自伐昆阳之功②，又不敢为伯升服丧，饮食言笑如平常。更始以是惭，拜光武为破虏大将军，封武信侯。
>
> 及更始至洛阳，乃遣光武以破虏将军行大司马事。十月，持节北度河，镇慰州郡③。

后汉书故事

　　刘缤和刘秀兄弟俩屡建大功，威名日盛，新市和平林诸将开始暗暗忌恨他们了。

　　过了几天，王凤、李轶率士兵从昆阳运了大量的战利品来到宛城。新市和平林诸将认为机会到了，便以犒军为名，大会将吏，要在会上除掉刘缤。

　　刘缤被杀，南阳将士愤愤不平。刘秀听说后，深感不安。但他知道杀机四伏，必须明哲保身才行。他硬着头皮去了宛城，只字不谈自己在昆阳的战功，也没有为哥哥服丧，举止言行与平时一样。刘玄见他这样，才没有杀他，并拜他为破虏大将军，封他为武信侯。

　　不久，刘玄下令，兵分两路，派王匡进攻洛阳，申屠建、李轶进攻武关，其余将领坐镇宛城。义军一鼓作气，冲过武关，攻下长安，杀了王莽。王莽做了十五年皇帝，给人们带来的是天下大乱，刘玄命人将王莽的头挂起来示众。百姓痛恨王莽，纷纷用石子击他的头。有人将他的舌头割下来，切成数块，人们冲上来抢着吃，顷刻间就吃光了。

　　不久，前方传来捷报，洛阳被攻克了。诸将劝刘玄说："不必远赴长安，定都洛阳吧。"刘玄本没有什么主意，见众将这样说，便同意了。他派刘秀代理司隶校尉，到洛阳去整修宫室，以便定都。刘秀到了洛阳，先建司隶校尉府，设置僚属，开始办公，一切均按汉朝旧制，将宫室和官府修建好。刘玄听说洛阳宫室已经修好，便动身到了洛阳。三辅官

吏见刘玄的部将一个个头戴巾帻，穿的衣服像女人似的，而刘秀的属僚全是汉朝服装，不由得欣喜道："没想到今日又见到汉朝官仪了。"刘玄定都洛阳后，派人前去招降赤眉军。赤眉军首领樊崇听说汉朝复兴，也愿意归汉，便随使者来到洛阳。及至见了刘玄，不禁大失所望。原来，樊崇是一代豪杰，见刘玄毫无威仪，不像个皇帝，心中不服。另外，刘玄只封他为列侯，并不封给他土地。樊崇在洛阳待了十多天，又偷偷逃回老营去了。

当时，天下四分五裂，纷纷独立称王，远未统一。刘玄决定先拿下河北，刘玄的堂兄刘赐说："刘秀才可大用，应该派他到河北去收降各郡。"众将听了，一致反对，但刘赐极力保举，刘玄只得封刘秀为大司马，让他到河北去了。刘秀这一去，如大鹏出笼、猛虎归山，他要大展鸿图了！

王莽地皇四年(公元23年)，刘玄称帝。第二年，定都洛阳。更始二年(公元24年)二月，又迁都到长安了。上谷太守耿况的儿子耿弇领父命带礼物去长安向更始皇帝献礼，途中，正碰上王郎冒充汉成帝后人刘子舆在邯郸称帝。于是他决定不去长安，到卢奴去见刘秀。刘秀很喜欢耿弇，留他在身边做事。

王郎在河北邯郸称帝后，一时之间，燕、赵、辽东各地望风响应。为了扩张领土，王郎派使者到上谷，叫太守耿况发兵响应。这时，寇恂在上谷担任功曹，做太守

耿况的助手，掌管文化方面的事。寇恂对耿况说："目前天下起事者甚多，听说刘秀最得民心，不如归附他。"耿况说："王郎势大，我们无力对抗，如何是好？"寇恂说："天下大乱，上谷未遭兵祸，地方富裕，军队不下万人。有此资本，当选一明主归顺。太守不必多虑，我去联合渔阳太守彭宠。只要我们两郡一条心，就不怕王郎了。"为了坚定耿况的决心，寇恂率兵到昌平，袭击王郎的使者，杀掉了使者和他的部下。接着，寇恂带领上谷将士追寻刘秀，终于在广阿这个地方找到了刘秀。后来，耿弇、寇恂率领的上谷兵和吴汉率领的渔阳兵联合南下，与刘秀新近争取过来的刘扬大军会师，一战攻下邯郸，初步平定了河北。

刘玄见刘秀灭了王郎，威望日高，怕他自成气候，特地派使者加封刘秀为萧王，让他回长安，改派一大批官员来接收河北。耿弇对刘秀说："千万不要回长安，那里政治混乱，君臣腐化，已经失掉了民心。现在河北初定，以此为根据地可以夺取天下，完成帝业。"刘秀听了深觉有理，便没有回长安，而是留在了河北。

后汉书成语故事

汉官威仪：汉代官吏的礼仪和服饰制度。后来也指汉族的服饰制度、国家正统的礼仪和典章制度。《后汉书·光武帝纪》："老吏或垂涕曰：'不图今日复见汉官威仪！'"

寇恂保温县

题解

寇恂（？—公元36年）是个智勇双全的太守。更始帝执政时，他作为上谷郡的功曹，为耿况夺回太守之位，初显他的智谋与胆识。追随刘秀之后，被邓禹推举为太守，承担镇守河内的重任。他在河内深得人心，战功显赫，为刘秀的全面胜利立下了汗马功劳，出色地解决了刘秀的后顾之忧。刘秀登上帝位后，他始终保持谦虚退让的态度，同时，他严于执法、慷慨仁厚，享有很高的声望。

光武南定河内，而更始大司马朱鲔等盛兵据洛阳。又并州未安，光武难其守，问于邓禹曰："诸将谁可使守河内者？"禹曰："昔高祖任萧何于关中，无复西顾之忧，所以得专精山东，终成大业。今河内带河为固①，户口殷实，北通上党，南迫洛阳。寇恂文武备足，有牧人御众之才②，非此子莫可使也。"乃拜恂河内太守，行大将军事。

注释 <<<

①带河：黄河环绕。
②牧：统治。御：治理，统治。

后汉书故事

刘秀还要消灭河北其他地方的割据势力，临行前问谋士邓禹道："军师，你看何人可以镇守河内？"邓禹回答说："河内极为重要，非寇恂不可。当年，高祖与项羽争天下，萧何留守关中，使高祖无后顾之忧。如今河内人口众多，物产丰富，北通上党，南逼洛阳，又有黄河天险，正如当年关中一样重要。寇恂是文武全才，有治世之能，只有他能担此重任。"于是，刘秀任命寇恂为河内太守，兼将军之职。

寇恂上任后，整顿治安，发展生产，招兵买马，训练军队。他让人砍伐淇园的竹子，造了百万支箭，还养了两千匹马。仅两年间，他

就征收了四百万斤粮食供应前线。刘秀在前线见到源源不断的粮食和物资，真的放心了。

朱鲔听说刘秀北去，河内空虚，便命令大将苏茂和副将贾疆率领三万人从巩县渡过黄河，进攻河内的属县温县。寇恂听说后，立即带手下将士向温县进发，并通知所属各县出兵到温县集合。手下的人对他说："洛阳敌军络绎不绝地渡过黄河，向温县扑来，将军还是等各县援兵到齐了再去吧。"寇恂说："那不行。温县是咱们的南大门，一旦有失，全郡不保。"说罢，策马飞奔而去。

第二天，寇恂率领的部队和敌人的大军展开会战。会战开始时，扼守孟津的大将冯异派来了援军。接着，各属县的将士也赶到了。众军齐进，旌旗蔽野。寇恂让士兵在城上高声喊道："刘将军的大军来了！"敌军听到喊声，又看到源源不断赶来的援军，军心开始浮动了。寇恂乘势带兵冲出，大败敌军，一直追到洛阳城下。敌军投河而死的有几千人，被俘者多达万人。

从此，洛阳敌军再也不敢出城了，连白天都将城门关着。

刘秀在前线曾风闻朱鲔占据了河内，等收到寇恂的捷报时，高兴地说："我知道寇将军是可靠的。"

刘秀称帝

◎ 25年 刘秀称帝，是为光武帝。 ◎

注释 <<<
①留时：延误时日。

　　行到南平棘，诸将复固请之。光武曰："寇贼未平，四面受敌，何遽欲正号位乎？诸将且出。"耿纯进曰："天下士大夫捐亲戚，弃土壤，从大王于矢石之间者，其计固望其攀龙鳞，附凤翼，以成其所志耳。今功业即定，天人亦应，而大王留时逆众①，不正号位，纯恐士大夫望绝计穷，则有去归之思，无为久自苦也。大众一散，难可复合。时不可留，众不可逆。"纯言甚诚切，光武深感，曰："吾将思之。"六月己未，即皇帝位。

后汉书故事

　　温县大捷巩固了刘秀的阵线，众将纷纷祝贺。先锋大将马武祝贺后，劝刘秀说："为了宗庙社稷，大王应该称帝。否则彼此相同，究竟谁是王谁是贼啊！只有先称帝，然后才可言征伐。"刘秀听了，不禁变色道："将军休得胡言！难道我手中钢刀不快吗？"马武听了，只得退下。

　　过了几天，众将上表，请刘秀称帝。刘秀不肯答应。将军耿纯进言道："我们大家背井离乡，抛下亲人来跟随大王，甘冒矢石，不顾生死，图的是什么？不就是为了攀龙附凤，建功立业吗？如果大王违背众意，不肯称帝，恐怕大家会失望的。须知人心一散，可就难以复合了，请大王三思！"刘秀一听这话，心里害怕了。他沉吟半晌，回答说："容我再想想。"

　　又过了几天，刘秀行军到鄗城，接到两个情报：一是孺子婴被刘玄部将李松杀了，二是公孙述在四川称帝了。刘秀想："既然人人都可以称帝，我何必得罪大家呢？"便和冯异商量称帝的事。更始三年（公元25年），众将在鄗城共推刘秀为汉朝皇帝，史称汉光武帝，以当年为建武元年。

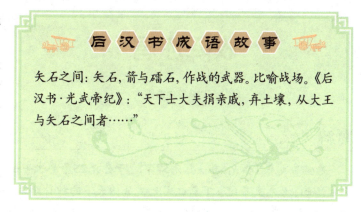

后汉书成语故事

矢石之间：矢石，箭与礌石，作战的武器。比喻战场。《后汉书·光武帝纪》："天下士大夫捐亲戚，弃土壤，从大王与矢石之间者……"

刘秀称帝后，派大军围攻洛阳。更始皇帝派朱鲔镇守洛阳，誓死守城。汉军攻了好几个月，仍未能攻下来。刘秀听说后，十分担忧，忽然，他想起了岑彭。岑彭原在朱鲔手下做将领，因作战勇敢，多次受到朱鲔的提拔。于是，刘秀派岑彭去劝降。

岑彭领命，来到洛阳城下，求见朱鲔。朱鲔见是老部下来了，忙登上城头和他叙旧，两人越谈越亲，岑彭乘机劝朱鲔开城归汉。朱鲔为难地说："当初我曾害过汉帝的哥哥。汉帝北上河北时，我还曾阻拦过。我对汉帝有罪，而且不是一般的罪。试想，杀兄之罪谁能放过啊？因此，我不敢投降汉帝，请你回去吧！"岑彭回去见了刘秀，将朱鲔的话对他说了。刘秀听后，笑了笑说："做大事的人，怎能计较那些小事呢？你去对朱鲔说，只要投降，不但生命可保，还要封侯呢！"

岑彭又来到洛阳城下，将刘秀的话对朱鲔说了。五天后，朱鲔出城来见岑彭。出城前，他对洛阳众将说："如果我回不来，你们就西归吧。"说完，他反捆双手，随岑彭去见刘秀。刘秀见朱鲔来了，忙命人松开绳索，安慰一番，当夜就派岑彭送他回洛阳了。第二天，朱鲔率全军开城投降了。刘秀进入洛阳，拜朱鲔为平狄将军，封他为扶沟侯。

接着，刘秀建都洛阳。因洛阳在长安之东，所以史称刘秀建立的汉朝为东汉。

◎刘秀开国施仁政◎

收降赤眉

◎ 27年 收降赤眉军 ◎

题解

　　光武帝刘秀（公元6年—公元57年），于公元25年登上帝位，建立了东汉王朝，定都洛阳。《光武帝纪》下篇叙写光武帝治天下的种种琐事，刻画了一个置百姓于心中、勤于政事、清明宽容的仁君形象。

　　刘秀是从田间走出的皇族，他生性乐于耕种，又通晓经书大义，开创了世人赞誉的"光武中兴"时代。以柔术治取天下的刘秀虽缺乏刘邦的霸气，但他创下的伟业也毫不逊色，故赢得了范晔诸多溢美之词。

　　九月，赤眉入长安，更始奔高陵。

　　赤眉杀更始而隗嚣据陇右，卢芳起安定。

　　二年春正月，赤眉焚西京宫室，发掘园陵，寇掠关中。

　　冯异与赤眉战于崤底①，大破之，馀众南向宜阳②，帝自将征之。己亥，幸宜阳。甲辰，亲勒六军，大陈戎马，大司马吴汉精卒当前，中军次之，骁骑、武卫分陈左右。赤眉望见震怖，遣使乞降。丙午，赤眉君臣面缚③，奉高皇帝玺绶，诏以属城门校尉。

注释 <<<

①崤底：崤，山名，底，阪。一名嵚岑山，在今洛州永宁县西北。

②宜阳：县名，属弘农郡，古城在今洛州福昌县东韩城。

③面缚：双手反绑于背而面向前。古代用以表示投降。

后汉书故事

　　刘玄从洛阳迁都长安后，一晃两年过去了。樊崇率赤眉大军西进，要攻取长安。刘玄手下的众将闻讯后，一个个都吓坏了。

　　樊崇率领赤眉大军从华阴长驱直入，逼近长安。当初，拥立孺子婴的方望有个弟弟叫方阳，为了给哥哥报仇，便对樊崇说："刘玄昏庸，群臣胡作非为，因此将军才能打到这里。但将军拥兵百万，却不拥立刘氏后人，被人称为盗贼，怎能成大事呢？"于是，樊崇从当年诛灭吕氏时功劳最大的刘章的三个子孙中，通过抽签，选中了

其中的一个立为皇帝。这人名叫刘盆子，才15岁，在军中给樊崇的右校刘侠卿放牛。当众将给他下拜时，他吓得都要哭了。

赤眉大军进入长安时，刘玄无处容身，只得进城投降。赤眉大军进长安后，纪律不如刘玄的队伍，关中百姓十分失望，想再拥立刘玄为帝。这时，张卬趁机对樊崇说："秦人想再立刘玄为帝，如果阴谋得逞，将军还能活命吗？"樊崇听了这话，立即派人将刘玄缢死。刘秀听说后，想起旧谊，也觉可怜，便追封刘玄为淮阳王。刘玄有三个儿子，刘秀认为他们毕竟是刘氏之后，便将刘玄这三个儿子都封侯了。刘玄死后，赤眉大军仍在关中肆意劫掠。

建武三年（公元27年），刘秀为了收复长安，任命冯异为征西大将军，率军征讨赤眉。两军约期会战，苦战了一日，打得难解难分。到了黄昏时分，忽有一支赤眉军打着红旗，冲入赤眉大军，东砍西杀，如入无人之境。赤眉军被搞懵了，难分敌我，顿时大乱。这时，冯异驱动大军，发起猛攻，赤眉大败，八万人投降，另有十万人向东逃往宜阳。

原来，打着红旗的那支赤眉军是冯异的汉军穿上赤眉军的服装扮成的。

刘秀闻讯，亲率大军到宜阳迎击，严阵以待。樊崇见状，只得派刘盆子的哥哥刘恭向刘秀乞降说："刘盆子率军投降，陛下如何对待他？"刘秀说：

"可以免死。"于是，十万赤眉大军全部投降了。

这次打败赤眉，解除了东征的后顾之忧。冯异在这次大战中立了决定性的首功，受到刘秀的嘉奖。冯异是颍川县父城人，从小爱读书，精通《左氏春秋》和《孙子兵法》。刘秀起兵后，他一直随刘秀转战南北，战功累累，但他从不骄傲，也不夸耀。每次战斗结束后，众将往往聚在一起互相夸功，而冯异则躲到大树下，从不与众将争功。时间长了，人们送给冯异一个外号，称他为"大树将军"。

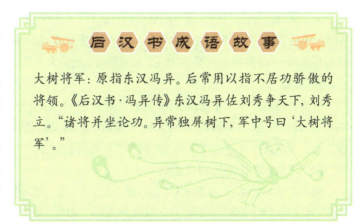

后汉书成语故事

大树将军：原指东汉冯异。后常用以指不居功骄傲的将领。《后汉书·冯异传》东汉冯异佐刘秀争天下，刘秀立。"诸将并坐论功。异常独屏树下，军中号曰'大树将军'。"

建威大将军耿弇

题解

　　耿弇（公元2年—公元58年），光武帝的主要将领。王莽政权被推翻后，群雄割据，耿弇选择到光武帝手下做一名小吏，并主动请求回乡征调人马，利用上谷太守耿况和渔阳太守彭宠的势力打败了王郎，从此备受光武帝器重。他机智勇猛，善用谋略，共平定郡县四十六个，攻城三百座。光武帝盛赞他立下了和韩信相当的功业，十分赏识他高超的军事才能。

　　耿弇字伯昭，扶风茂陵人也。

　　光武即位，拜弇为建威大将军。

　　弇从幸春陵，因见自请北收上谷兵未发者，定彭宠于渔阳，取张丰于涿郡，还收富平、获索，东攻张步，以平齐地。帝壮其意，乃许之。

　　因诏弇进讨张步。弇悉收集降卒，结部曲，置将吏，率骑都尉刘歆，太山太守陈俊引兵而东，从朝阳桥济河以度①。

注释 <<<
①朝阳：县名，属济南郡，在朝水之阳。今朝城在济水北，有漯河，在今齐州临济县东

后汉书故事

　　耿弇帮助刘秀做了皇帝，因军功被封为建威将军。这时，全国割据势力还很多，如河北彭宠自称燕王，刘永在睢阳称帝，公孙述在四川称帝，张步割据山东等等。可见，刘秀要完成统一大业还是相当艰难的。

　　耿弇对刘秀说："天下纷纷攘攘，何时才能统一？我愿意回上谷调兵，北伐彭宠，巩固河北；东征张步，平定山东。"建武四年（公元28年），在耿弇的打击下，彭宠大败，被部下杀死，河北北部平定了。第二年，耿弇率军东征，讨伐张步。

　　张步是山东琅琊人。王莽末年，张步聚众数千人，攻下附近县城，自称五威将军。后来，他归附刘永，被封为辅汉大将军。建武三

年(公元27年)，刘秀派使者封他为东莱太守。刘永闻讯，马上派使者封他为齐王。张步贪图齐王封号，杀了刘秀的使者。因此，刘秀派耿弇东征，讨伐张步。

张步的巢穴在剧县，听说耿弇率大军前来，他命大将费邑率军进驻历下，并叫费邑分兵防守祝阿，还在泰山脚下的钟城摆下几十座大营截击耿弇。耿弇从南、西、北三面攻打祝阿，只留东面不打，几个时辰便攻下了。溃军向东逃到钟城，钟城守军纷纷弃城逃跑了。费邑听说祝阿失守，便让他弟弟费敢率军扼守历下西南的巨里，和历下形成犄角之势，阻挡耿弇大军。耿弇见状，先进兵威胁巨里，并叫士兵砍伐树木，扬言要填平护城河。几天后，耿弇听俘虏说："费邑见汉军要进攻巨里，想率军来救援。"耿弇闻听此言，命令军队："准备好攻城器械，三天后进攻巨里。"然后，他故意让几个俘虏逃回历下，将情报报告给费邑。第三天拂晓，费邑率军来救巨里，走到半路，中了埋伏，全军覆没，费邑死于乱军之中。耿弇派部将刘歆、陈俊分别攻下了历下和济南。

张步接到战败的消息，大吃一惊，立即派他的弟弟张蓝率两万人镇守临淄西北的小城西安，命令各郡太守合兵万人守卫临淄。

耿弇让将士稍事休整后，便进军到临淄和西安中间的画中县。西安与临淄相距四十里，耿弇到这两地视察地形后命令将领整顿军队，做好五天后攻打西安的准备。张蓝闻讯，用心守城，不敢懈怠。第四天深夜，耿弇召集众将，命令天一亮便全力攻城。天亮后，耿弇大军来到临淄城下，敌人毫无准备，仅半天工夫就拿下了临淄。张蓝听说后，连夜逃往剧县。

耿弇见临淄地形对自己有利，便号令军中说："不要到剧县抢

◎耿弇一战下两城◎

夺物资,让张步亲自给我们送来!"他要用这话激怒张步,让他来攻。张步听了这话,果然率二十万大军来到临淄城东,进攻耿弇。第二天,耿弇率军渡过淄水,列好阵势。这时,张步的部将重异引兵来到了。耿弇的精锐骑兵想冲杀过去,耿弇制止说:"不许冲!如果打败了敌人的先锋,张步的大军便不敢来了。"于是,他将骑兵埋伏在附近一座破旧的小城内,等待战机。

不多时,张步大军来到,发起冲锋。耿弇登上高台观战,见战机已到,急令骑兵出战。他们像旋风一样冲入敌阵,将敌军拦腰切为两段。敌人首尾难顾,纷纷向东溃退。这时,耿弇腿上中了一箭。他忙用刀砍断箭杆,不让人知道,率军追击敌人。

夜里,两军休战。这时,有人报告说:"皇上要亲自前来助战了。"部将们听了,都很高兴。陈俊说:"敌军刚刚打过败仗,不会马上攻城。我们可以让士兵休息一下,等候皇上的大部队。"耿弇说:"这可不行!皇上来了,我们应该杀牛摆酒招待他,哪能让皇上上战场呢?"耿弇又布置了下一步计划,命令士兵埋伏好。第二天,张步果然率军攻城。刘歆率军出战,打到中午,退回城中。张步驱兵攻入城内,前军恰遇陈俊伏兵,箭射如雨。刘歆又返身杀回,敌人死伤无数。敌人后军纷纷撤退,待渡过淄水时,天色已晚,刚要埋锅造饭,耿弇的骑兵又从南北两边杀出。敌军已经丧失战斗力,慌忙向剧县逃去。耿弇率军追杀,一百来里的路上,躺满了尸体。

这一仗打得张步退守剧县,再也不敢出来了。

第二天,耿弇继续追击张步。张步见大势已去,只得脱掉上衣,背着一把斧头和一个铁砧,跪在耿弇的大营前请降。耿弇派人将张步送到刘秀驻地,然后将张步剩下的十多万军队解散,让他们回家务农了。

隗嚣割据

题解

隗 (wěi) 嚣 (?—公元33年)，为"兴辅汉室"起兵征讨王莽残余势力，战功显赫，投靠更始。在对更始政权彻底失望之后，返回天水，成为汉蜀之间的一支强大势力。隗嚣并非缺少领袖的才略和威猛，却不可能逆转历史的大潮，最后悲愤而死。对于这位游离于汉蜀两大势力间的英雄，范晔力求给予公正的记录和评价，使其在《后汉书》人物中留下了浓墨重彩的一笔。

隗嚣字季孟，天水成纪人也。少仕州郡。

嚣素谦恭爱士，倾身引接为布衣交①……由此名震西州，闻于山东。初，嚣与来歙、马援相善，故帝数使歙、援奉使往来，劝令入朝，许以重爵……五年，复遣来歙说嚣遣子入侍，嚣闻刘永、彭宠皆已破灭，乃遣长子恂随歙诣阙②……而嚣将王元、王捷常以为天下成败未可知，不愿专心内事……嚣心然元计，且遣子入质，犹负其险阨，欲专方面，于是游士长者，稍稍去之。

后汉书故事

隗嚣，字季孟，是天水成纪人，年轻时在州郡里做过小吏。更始皇帝进入长安后，隗嚣也进长安做了官。更始皇帝失败时，他力挽危局，但没有成功。隗嚣逃回陇西后，率军平定了陇西数郡，成为一大割据势力，与刘秀、公孙述大有三分天下之势。

来歙是河南新野人，父亲来仲在西汉哀帝时曾任谏议大夫，娶刘秀祖姑为妻。因此，从辈分上论，他是刘秀的表叔。刘玄称帝后，来歙随他入关，曾多次向刘玄进言，但未被采纳。于是，他托病离开长安，到妹夫汉中王刘嘉处安身。刘玄败亡后，来歙劝刘嘉归降刘秀。刘秀打下洛阳后，来歙来见刘秀。因来歙很有才能，刘秀十

分敬重他，封他为太中大夫。因他曾和隗嚣相识，就派他出使陇西了。

隗嚣是个有野心的人，他想割据陇西称王，但又怕刘秀势力强大，胜负难卜。在来歙的劝说下，他有些心动了，但一时又拿不定主意，便让马援到蜀中和洛阳分别考察一番。

◎刘秀起兵西行讨伐隗嚣曾于此避难◎

马援在隗嚣手下做官，深得隗嚣重用。马援年轻时曾和公孙述是朋友，马援到蜀中考察，见公孙述装腔作势，胸无实学，成不了大事，因而没有替他说好话。他又去见了刘秀，从谈话中，他发现刘秀有帝王的度量，有驾驭天下的才智。于是，他劝隗嚣投靠刘秀，隗嚣便让儿子隗恂到洛阳做了官。

隗嚣手下有员大将，名叫王元，他劝隗嚣说："从前，你曾归附刘玄。刘玄在长安称帝，四方响应，好像天下太平了，但刘玄败亡，害得你几乎没有容身之地。现在，群雄并起，各霸一方，北有卢芳，南有公孙述……你怎能听读书人游说，抛弃几年来创立的基业，投奔刘秀去求安全呢？我们天水一带未受战祸，百姓富足，兵强马壮，应该独立才是。只要给我一支军队将东边的关口封住，就谁也打不进来了，这可是千载难逢的好机会啊！"隗嚣被王元这一番话说得动了心，他虽然已送儿子去了洛阳，但他仍想依靠陇西天险称霸一方。

建武六年(公元30年)，刘秀命令隗嚣从天水出发，攻打四川，隗嚣不肯听令。于是，刘秀派盖延等七员大将从陇道攻打四川，一面派来歙去见隗嚣，说明利害关系。来歙劝说隗嚣，隗嚣仍然犹豫不决。来歙大怒，边斥责边要拔刀刺隗嚣。隗嚣手下人见状，将来歙看管起来。来歙为人极重信义，因此陇西一些有名望的人都很尊重他。听说来歙被扣押，他们都出来替他说好话。隗嚣迫于舆论，只得放来歙回洛阳。

　　从此，隗嚣公开与汉朝决裂，多次抗击汉军。

　　建武八年(公元32年)，来歙率领二千人从千阳县出发，在荒无人烟的大山中开路，奔袭隗嚣控制的略阳。不久，他指挥军队杀死守将金梁，攻下了略阳。捷报传到洛阳，刘秀十分高兴。略阳是隗嚣的根本，为了夺回略阳，隗嚣派出几万人马前来攻城，还筑坝引水灌城。来歙日夜吃住在城上，率兵誓死守城。箭射完了，就拆房子取材料制箭。因此，隗嚣攻了几个月也未能攻下。

　　刘秀闻讯，要亲自带兵增援略阳。大臣郭宪谏道："东方刚刚平定，皇帝不宜远离洛阳。"说完，用刀子将车绳割断，不让刘秀起身。刘秀决心已定，最后还是率军出发了。大军来到扶风，快要进入山区时，众将都说："陇西到处都是崇山峻岭，道路又十分崎岖，皇上深入险境，多有不便，还是不要向前走了。"马援说："隗嚣割据一方，反对朝廷，不得人心。他手下的将领快要瓦解了，只要继续进军，就一定能打败隗嚣。"说罢，他用稻米堆成山岭和山谷的模型，说明道路的远近曲直，讲得十分清楚。刘秀说："敌情已经了如指掌，可以进军了。"大军很快赶到略阳城下，大败隗嚣，解了略阳之围。在庆功会上，刘秀让来歙坐了首席，大大地嘉奖了他。

　　隗嚣粮饷不继，将士屡屡挨饿。不久，隗嚣积劳成疾，回城后病情加重，没几天便死了。

　　第二年夏天，刘秀让来歙统率西路各军。秋天，他率军讨伐隗嚣余党，平定了陇西各地。

后汉书成语故事

万世一时：时，时机。意谓千年万代才仅有一次机会。亦作"千载一时"、"千载难逢"。《后汉书·隗嚣公孙述列传》："元请以一丸泥为大王东封函谷关，此万世一时也。"

公孙述的故事

题解

　　公孙述(?—公元36年)，熟练吏事，治下奸盗绝迹，由此闻名。西汉末年，王莽篡汉，建立新朝，公孙述转投王莽，担任导江卒正，尔后又击败入蜀的绿林军，据蜀自立，建立"成家"政权，始与诸路军阀一争天下。即位后，霸业未成，即立其两子为王，一国政事唯任之于公孙氏，拒阻群臣进谏，由此大臣多心生怨望。光武帝多次派使者劝喻归顺，公孙述怒而不从。公孙述做了十二年皇帝，最后被刘秀灭亡。前后算起来，公孙述统治西南达二十八年。

　　公孙述字子阳，扶风茂陵人也。哀帝时，以父任为郎①……王莽天凤中，为导江卒正，居临邛②，复有能名。

　　及更始立，豪桀各起其县以应汉……二年秋，更始遣柱功侯李宝、益州刺史张忠，将兵万馀人徇蜀、汉。述特其地险众附，有自立志，乃使其弟恢于绵竹击宝、忠，大破走之③。由是威震益部。

注释 <<<

①任：保任。《东观记》记载："成帝末，述父仁为侍御史，任为太子舍人，稍增秩为郎焉。"

②导江卒正：王莽改蜀郡为导江，太守为卒正。临邛：今邛州县。

③绵竹：县名，属广汉郡，今益州县也，故城在今县东。

后汉书故事

　　更始元年（公元23年），公孙述起兵成都，占领了益州。公孙述，字子阳，扶风茂陵人。他父亲在汉成帝时官至侍御史。汉哀帝时，公孙述因父亲的关系到朝廷做了郎官。

　　王莽篡汉后，任命公孙述为导江卒正，也就是蜀郡太守。他精明强干，名声远扬。更始皇帝即位后，天下响应，南阳人宗成也乘机起兵入据汉中，自称虎牙将军。公孙述听说后，派人迎接宗成进入成都。不料，宗成的士兵在成都欺侮百姓，烧杀淫掠。公孙述见状，联络地方豪杰消灭了宗成的队伍。他在功曹李熊的劝说下，自称蜀王，不久又称帝了。

刘秀称帝后，给公孙述写了一封信，劝他放弃帝号。公孙述聪明过人，过于自信，因此瞧不起刘秀，不肯丢掉帝号向刘秀称臣。

建武十一年（公元35年），为了平定四川，来歙与盖延、马戎向公孙述的部将王元、环安发起进攻，攻克了河池、下辨，大败蜀军，然后又乘胜前进。王元、环安十分恐惧，急忙派出刺客到汉营行刺。来歙深夜遇刺身亡。

建武十一年（公元35年）十二月，吴汉奉命率军从宜陵出发，讨伐公孙述。次年七月，打到成都城下。刘秀怕成都兵强马壮，难免一场鏖战，将士会牺牲过多，因此希望公孙述投降。他特地又写了一封信，派使者送给公孙述说："来歙虽然遇刺身亡，但只要你肯率众来归，保你宗族安全，否则后悔莫及！"公孙述见信后，仍然不肯投降。

刘秀见状，立即命令吴汉进军。吴汉得令，猛攻成都，公孙述亲自出战。吴汉与公孙述交战半日，不分胜负。这时，吴汉见公孙述的将士面有饥色，便让护军高午、唐邯领着精兵一万人，从公孙述的侧翼横击过去。蜀军忽然遇着这支生力军，队伍顿时大乱。吴汉的部将高午持槊猛冲上去，一下子刺中了公孙述的前胸。公孙述痛不可忍，跌落马下。公孙述回城后，一直昏迷不醒，日落后便咽了气。吴汉率军攻进城去，将公孙述的头割下送到洛阳。然后，又将公孙述一家老小全杀了。

至此，分裂多年的中国又统一了。

◎汉服◎

汉服

汉服，即中国汉民族的传统服饰，又称为汉装、华服。汉服的主要特点是交领、右衽、束腰，用绳带系结，也兼用带钩等，给人洒脱飘逸的印象。

皇帝厌战

题解

经过长达十数年之久的统一战争，刘秀先后平灭了绿林、赤眉、刘永、张步、隗嚣、公孙述等诸多割据势力和为数达百余万的大小农民起义军，使得自新莽末年以来纷争战乱二十余年的中华大地再次归于统一。

> 初，帝在兵间久，厌武事，且知天下疲耗，思乐息肩①。自陇、蜀平后，非徼急②，未尝复言军旅。皇太子尝问攻战之事，帝曰："昔卫灵公问陈，孔子不对，此非尔所及。"

注释 <<<
①息肩：休养生息。
②徼（jǐng）急：紧急（事件），一般指军情。徼，紧急的事件或情况，多指战争。

后汉书故事

公孙述死后，巴蜀平定了。这时，刘秀已经43岁了。

刘秀28岁起兵，到这时整整打了十五年仗。现在，天下总算统一了。刘秀见天下深受战争之害，所以特别痛恨战争，他常说："当年，每次大军出发时，我的头发都愁白了。"有一天，太子刘强向刘秀讨教打仗的方法，刘秀说："从前，孔子到卫国时，卫灵公向他请教打仗的方法，他不肯回答。这种事，还是不问为好。"

刘秀虽然厌恶战争，但对帮他打天下的功臣却十分感激，对他们特别优待。为了让他们不犯错误，长保禄位，便不让他们再担任官职，而是让他们回到封地上去享福。只将邓禹、贾复、李通留在朝廷里。

人非圣贤，孰能无过？有的功臣犯了点错误，刘秀总是宽容他们，让他们善始善终，安度晚年。每当地方进贡什么好东西时，刘秀总是分给功臣享用，自己则很少享用。刘秀是中国历史上唯一不杀功臣的开国皇帝。

这时，匈奴连年遭受旱灾，蝗虫将牧草都吃光了，人和牲畜遭受瘟疫，死了一大半。匈奴内部分裂，国势大衰，有人趁机上书说："陛下，应在此时进攻匈奴，一举消灭他们，刻石记功，传之万世！"刘秀坚决不同意，从此，将领们再也不敢谈兵论战了。

刘秀接连降诏，鼓励百姓生产，兴修水利，发展农业，轻徭薄赋，减轻人民负担，让刚从战乱中走出来的人过上了温饱的日子。

南阳太守杜诗

题解

　　杜诗（？—公元38年），东汉官员及发明家。年轻时有才能，以公平著称。光武帝时，为侍御史。建武七年（公元31年），任南阳太守时，南阳人称赞他"前有召父（召信臣），后有杜母"。在此期间，他还做了两件在科学技术史上有意义的事：一是兴修水利；一是制作水排。建武十四年病死，身后"贫困无田宅，丧无所归"，最后由朝廷赐赙才得以丧葬。

> ◎ 31年　南阳太守杜诗做水排，造农具。◎

　　杜诗字君[公]，河内汲人也。少有才能，仕郡功曹，有公平称。更始时，辟大司马府。建武元年，岁中三迁为侍御史，安集洛阳。时将军萧广放纵兵士，暴横民间，百姓惶扰，诗敕晓不改，遂格杀广，还以状闻。世祖召见，赐以棨戟①，复使之河东，诛降逆贼杨异等。
　　七年，迁南阳太守。性节俭而政治清平，以诛暴立威，善于计略，省爱民役。造作水排，铸为农器，用力少，见功多，百姓便之。又修治陂池，广拓土田，郡内比室殷足。时人方于召信臣，故南阳为之语曰："前有召父②，后有杜母。"

注释 <<<
①棨戟：木制的戟，是官吏出行时打在最前面的一种仪仗用具。
②召父：召信臣，西汉人，曾任南阳太守，开渠数十条，发展农业，让南阳百姓富了起来，是百姓真正的父母官。召信臣死后，百姓一直怀念他。

后汉书故事

　　刘秀定都洛阳后，洛阳的治安很差。杜诗是河内人，从小就有才干，曾担任过郡里的功曹，人们都夸他办事公平。
　　刘秀进入洛阳后，听说杜诗的大名，便任命他为侍御史，让他负责洛阳的治安。杜诗上任后，一面安抚百姓，一面狠抓军队的纪律，不许他们骚扰百姓。
　　洛阳驻军中有个将军叫萧广，土匪出身，抢劫成性，常常纵容士

兵欺侮百姓，在洛阳城中横行霸道，搞得洛阳百姓人心惶惶。杜诗接到百姓的控告信，马上找到萧广劝说。萧广两眼一瞪，忽地站了起来，骂骂咧咧地说："天下是老子出生入死打出来的，难道只许我们卖命，不许我们享福？"杜诗见这人不可理喻，便拿出圣旨。萧广一听圣旨，这才老实了。杜诗走后，萧广着实老实了几天。不料，过了些天，他匪性发作，又纵容士兵干起抢劫的勾当。

杜诗闻讯后，立即用计诱捕萧广，公布了他的罪行，将他斩首示众了。事后，杜诗上书刘秀，详述了萧广的罪行。刘秀见萧广已死，并没有怪杜诗先斩后奏，反而立即召见他，并赐给了他一把棨戟，还重重地赏了他。从此，杜诗出行时，总要用棨戟作前导。

过了几年，杜诗因功升任南阳太守。南阳是刘秀的故乡，有好多人是他的亲属。刘秀的文臣武将，有一大半出自南阳。因此，人们都不敢去做南阳太守。因为太守上任后，管得太严了，怕得罪皇亲国戚和达官贵族的亲朋好友；管得太松了，地方上的百姓就要遭殃，会影响政绩。但杜诗不怕这些。

杜诗上任后，提倡节俭，除暴安良，千方百计地发展生产。不久，地方大治，百姓都富了起来。杜诗心灵手巧，画了一张水排图，让工匠照图制造了一些水排。水排放在急流处，流水推动水排，水排再带动鼓风装置，强烈的风便吹向炼铁炉，将炉火吹得通红，炼出又多又好的铁来。百姓用这样的铁造出各种农具，使南阳的农业飞速地发展起来。

这种水排属于机械装置，在当时极为先进，比欧洲要早一千多年呢。

杜诗还号召百姓开垦梯田，向荒山要粮。几年后，南阳面貌一新，成了全国最富的郡。

百姓感激杜诗，歌颂道："前有召父，后有杜母。"南阳百姓把召信臣喻为父亲，把杜诗喻为母亲。杜诗的确像母亲一样关心百姓。

后汉书成语故事

召父杜母：从"前有召父，后有杜母"概括而来。召，指西汉的召信臣；杜，指东汉的杜诗。二人先后任南阳太守，为地方父母官，政绩优异。借以称颂地方官政绩优异。

酷吏董宣

题解

董宣（公元25年—公元220年），东汉初任北海相、江夏太守、洛阳令等职。在职不畏强暴，惩治豪族，是东汉一个执法严格的官员，被刘秀称为"强项令"，意思是脖子刚强、不肯低头的县令。人们都称他是"卧虎"（意思是"躺着的老虎"）。

董宣字少平，陈留圉人也。初为司徒侯霸所辟，举高第，累迁北海相。

后特征为洛阳令。时湖阳公主苍头白日杀人①，因匿主家，吏不能得。及主出行，而以奴骖乘②，宣于夏门亭候之，乃驻车叩马，以刀画地，大言数主之失，叱奴下车，因格杀之。主即还宫诉帝，帝大怒，召宣，欲箠杀之……帝令小黄门持之，使宣叩头谢主，宣不从，强使顿之，宣两手据地，终不肯俯……因敕强项令出……由是搏击豪强，莫不震栗。京师号为"卧虎"。歌之曰："枹鼓不鸣董少平③。"

注释 <<<

①苍头：奴仆。

②骖乘：古代乘车时居右边陪乘的人。古人乘车"尚左"，即以左方为尊。乘车时尊者在左，御者（驭手）居中，另有一人在右陪乘。陪乘的人就叫"骖乘"，其任务在于随侍尊者，防备车辆倾侧。

③枹（fú）：击鼓杖。

后汉书故事

董宣是东汉有名的酷吏，令盗贼闻风丧胆。

建武十五年（公元39年），刘秀调董宣担任洛阳令。有一天，湖阳长公主的家奴在外面杀了人，躲进公主家中，官吏不敢去捉他。董宣听说后，派人去调查，掌握了案情。一天，长公主出游，那个杀人的家奴在车上陪乘。他们刚一出城，就被等在那里的董宣拦住了。公主一听说是洛阳令，料他也不敢怎样，便让那个杀人犯下车了。董宣问负责侦查的县吏说："你可看准了，是这个人拦路杀人吗？"县吏回答说："没错，就是他！"董宣听罢，二话没说，迈步向前，挥手一剑，就将杀人犯砍为两段。

◎西汉彩绘女陶俑◎

长公主见状，又惊又怒，命左右将董宣拿下。她虽然暴跳如雷，但站在面前的是皇上钦点的洛阳令，虽有长公主的命令，她的手下人却谁也不敢动手。长公主老羞成怒，回宫面见刘秀，大哭不已。刘秀听完长公主的哭诉，心中大怒，急召董宣上殿，问道："长公主说你无缘无故杀了她的家奴，可有此事？"董宣回答说："确有此事！但不是无缘无故。"刘秀说："既有此事，不要说了！来人，给我推下去斩首示众！"董宣说："能否容臣说几句话，然后再去受死？"刘秀说："有话就快说吧！"董宣说："公主家奴仗势杀人，无法无天，如果不杀，国法何在？陛下如何去治理国家啊？我为国执法，杀了不法之徒。既然皇上怪罪，臣自有死法，不劳陛下动手。"说完，腾身而起，向殿柱上撞去，只听"喀

嚓"一声，撞得血流满面，倒在地上。

刘秀见状，吃了一惊，忙命太监上前扶起，命令他向公主赔礼道歉。董宣问道："臣依法杀人，有功无罪，为何要道歉？"刘秀为了让姐姐不丢面子，忙命太监上前，摁着董宣的脖子，让他对着长公主叩头。董宣用双手使劲地拄着膝前的地面，说什么也没有叩头。刘秀无计可施，长公主趁机进言道："陛下，想当年在南阳时，你常把罪犯藏在家中，官府不敢过问。现在你身为皇帝，为什么反倒怕这个小小的洛阳令了呢？"刘秀听了这话，不由一愣，半晌才说："姐姐，我如今身为皇帝，和当年可大不相同了！"说完，对董宣说："强项令，饶你不死，下殿去吧！左右，带他去用饭！"于是，董宣随皇帝的侍从用饭去了。事后，刘秀认为董宣是个难得的治世之才，便赏他三十万钱。董宣将这些钱都分给他的属吏了。

董宣受到皇帝的嘉奖，更加雷厉风行、大张旗鼓地镇压豪强了。豪强闻风丧胆，再也不敢为非作歹了。京城的百姓给董宣起了个美名，称他为"卧虎"，还歌颂道："枹鼓不鸣董少平。"枹是鼓槌，鼓是衙门前击鼓鸣冤的鼓，少平是董宣的字。这句话是说董宣担任洛阳令，再也没人击鼓鸣冤了。

董宣在洛阳令任上干了五年，于74岁的高龄在任上去世。死时只有一床破被盖在身上，老妻和儿子相对痛哭，厨中只有大麦数斛，门外仅有破车一辆。刘秀听说后，叹道："董宣这样廉洁，直到今天才为人所知，太可惜了！"于是，下令以二千石的重礼埋葬董宣，并让董宣的儿子上殿当了郎中，后来官至齐国国相。

光武帝和皇后

◎ 57年 光武帝卒 ◎

注释 <<<
①怨怼：怨恨，不满。
②笑谑：嬉笑戏谑。
③矜慈：怜悯慈爱。

光武郭皇后讳圣通……更始二年春，光武击王郎，至真定，因纳后，有宠。及即位，以为贵人。建武元年，生皇子疆……二年，贵人立为皇后，疆为皇太子……其后，后以宠稍衰，数怀怨怼①。十七年，遂废为中山王太后，进后中子右翊公辅为中山王，以常山郡益中山国。

光烈阴皇后讳丽华，南阳新野人。初，光武适新野，闻后美，心悦之……更始元年六月，遂纳后于宛当成里，时年十九。

光武即位……帝以后雅性宽仁，欲崇以尊位，后固辞，以郭氏有子，终不肯当，故遂立郭皇后。建武四年，从征彭宠，生显宗于元氏。

十七年，废皇后郭氏而立贵人……后在位恭俭，少嗜玩，不喜笑谑②。性仁孝，多矜慈③。

后汉书故事

阴识是春秋名相管仲的后人。管仲的七世孙名修，从齐国逃往楚国，被任命为阴大夫，故以阴为姓。后来，阴家迁到了新野，号称当地首富。阴家在新野一带闻名的原因有二：一是家积巨财；二是家中生有才貌双全的小姐阴丽华。

刘秀当年在长安游学时，有一次，他看见皇家的仪仗队场面宏大，执金吾出巡时八面威风，便发誓说："做官当做执金吾。"又有一次，他到姐姐家，姐姐就住在新野，在这里，他常听人们赞美阴家小姐，听说许多王孙贵戚都被拒于门外，便又发誓说："娶妻当娶阴丽华。"更始皇帝时，刘秀被封为破虏大将军，想起当年曾发誓"娶妻当娶阴丽华"，便派人去求

亲了。这年六月，刘秀在宛城迎娶阴丽华。当时，刘秀29岁，阴丽华19岁。

刘秀以"行大司马事，可以专封"的权力，前往河北，收编各地势力。为了打败王郎，刘秀不得已与真定的恭王刘扬结亲，再娶郭圣通。刘秀内有南阳诸将和河北诸将，外有刘扬十万大军，一举消灭了王郎。接着，又扫平河北群雄，自立为皇帝。建武二年（公元26年），刘秀定都洛阳。刘秀在洛阳安顿好，便派侍中傅骏去接阴丽华。

这时，远在新野的阴丽华每时每刻都在思念丈夫，她想为丈夫生下一男半女，过与世无争的生活。令她始料不及的是不时传来丈夫不断升迁，直至当上了皇帝的消息。不久，她听说丈夫又娶了一房，她似信非信。在进京的路上，傅骏对阴丽华说："圣上每日都在想念你，这回总算又团圆了。这些年来，圣上南征北战，吃了许多苦。不知有多少次死里逃生，多亏圣上能够运筹帷幄，逢凶化吉。"阴丽华听了，试探着说："我与圣上一别就是三载，三年来圣上身边可有人照料吗？"傅骏心里明白这位皇帝的原配妻子的用意，便说："圣上到了河北，险些丧了命。后来，总算遇上了贵人。刘植归顺圣上，并说服了恭王刘扬。但刘扬有一个条件，必须将他的外甥女嫁给圣

上。当时的形势逼迫圣上只有走这条路，万般无奈，这才娶了郭小姐。从此，鞍前马后，郭小姐一直跟随圣上。刘扬有十多万人马，有财有势，为圣上出了许多力。否则，哪有圣上的今天啊！"阴丽华一听，后悔自己错怪了刘秀，心中不禁油然生起了对郭氏的感激之情。

阴丽华到了京城，刘秀与分别三年的妻子相见，真是久别胜新婚。第二天，刘秀降诏，封郭氏和阴氏为贵人，不分高低。

这年五月，大臣们上表请刘秀立后，刘秀手拿奏折犯了难："当年，我处于无奈的情况下，为了借刘扬的兵力打败王郎，曾经答应刘扬，将来有朝一日打胜了，便立刘扬为帝。刘扬亲率兵马立下赫赫战功，终于打败了王郎，加速进军洛阳的进程。在部下的劝进下，我却称了帝。刘扬见我不践前言，心中不满，便起兵谋反了。我见刘扬不肯善罢甘休，便派将军耿纯用计杀了刘扬和他的两个弟弟，并拿下了真定。"想到这里，刘秀感到内疚。刘扬死后，刘秀觉得自己理屈，便封刘扬的儿子刘德为真定王。此事刚刚过去不久，虽然与郭圣通没有关系，但她终究是他们的亲属。刘秀为了一碗水端平，不分高低地封阴氏和郭氏为贵人。不料，眼下大臣为他出了难题，要求立皇后。凭感情说，刘秀心目中最喜欢的仍然是阴氏。可是，郭氏背后有北方刘系的势力，朝廷

上也有许多代表北方刘系势力的文武大臣。再说，前两个月刚刚杀了郭圣通的舅舅，为了显示恩德和宽容，应该立郭氏为后。这样，可以笼络郭氏背后的刘系势力。

次日夜晚，刘秀来到阴贵人的宫院。阴贵人见刘秀紧蹙眉头，连忙问道："陛下有什么不开心的事吗？"刘秀叹口气，接着就把心事全盘托出，想试探一下阴贵人的态度。阴贵人一听，立刻跪下恳求说："陛下，臣妾入宫以来，一直受你偏爱！只要能侍奉陛下，臣妾便心满意足了。至于立后的事，万万不要犯难。郭贵人已经生了太子，母以子贵，皇后之位顺理成章地非她莫属了。另外，陛下当年戎马倥偬，多亏郭贵人照顾，出生入死，患难与共，陛下万万不可忘记。"说着，泪流满面，叩头不止。刘秀见状，异常感动，没想到阴贵人如此深明大义。次日早朝，刘秀下诏册立郭贵人为皇后，儿子刘强为皇太子。

自从册立皇后之后，刘秀对阴贵人更加宠爱，不管他到哪里，阴贵人都身随其后。阴贵人的大儿子就是跟随皇帝出征时出生的，刘秀为这个儿子取名刘阳，对他特别宠爱。后来，郭后又生了四个儿子，阴丽华则生了五个儿子。阴丽华生的大儿子刘阳是个神童，10岁就能读通《春秋》了。建武十五年（公元39年），刘秀命令各州郡清查垦田数和户口数，各郡州太守和各州刺史都制表上报。刘秀发现陈留郡报表里夹着一张纸条，上面写道："颍川弘农可问，河南南阳不可问。"刘秀拿着纸条不得其解，这时，站在身后的刘阳眨着小眼睛说："肯定是说河南是父皇居住的地方，有许多近臣；南阳是父皇的家乡，一定有一些近亲。因此，田亩数和户口数大大超

过报表上的数量，不愿意让父皇清查。"刘秀一听，恍然大悟。不久，有人奏报说："有些富豪大户为了躲避人丁税和田亩税，对人口和田亩都有隐瞒现象，唯恐皇帝追查，便编造了谶语，想蒙混过关。"通过此事，刘秀觉得刘阳非同一般，具有治国之才，后悔当初立太子太早了。

自从这件事情发生后，刘秀越发宠爱阴贵人和刘阳。这些，郭皇后看在眼里，急在心上，平素里难免微露怨言，说刘秀忘恩负义。刘秀听了，心里开始讨厌她，对她的感情越来越淡薄了。建武十七年（公元41年）十月，刘秀突然下诏说："郭皇后屡违教令，有吕后之风，不可托以太子。阴贵人恭俭有德，宜为天下之母。"诏令颁出，郭皇后始料未及，全朝的文武百官也束手无策，没有一个人敢劝皇帝收回成命。郭皇后只好交出玺绶，搬出住了十六年的中宫。

郭皇后被废后，刘秀对郭家没有忘恩，对郭氏的弟弟郭况更是另眼相看，虽然没有给他实权，却把他的地位提得高高的。此外，刘秀还经常驾临郭府，赏赐金钱、玉帛，不计其数。因此，长安的官民都称郭况家为"金穴"。建武二十六年（公元50年），郭圣通的母亲去世，刘秀亲自率文

武百官前去送葬，追封郭圣通已故的父亲郭昌为阳安侯，把郭昌的遗骨从真定移往洛阳，和郭圣通的母亲合葬。刘秀废掉郭皇后，并不想对皇子们有任何影响。当月，除太子之外，其余的皇子一律封了王，虽然所封地区有远近、贫富、大小之分，但总还算能够平等相待。

这时，太子刘强却惶惶不可终日。他看到阴皇后周围聚集了许多势力，一直心中不安。又见刘秀宠爱刘阳，愈觉恐惧。这时，殿中侍讲乘机对太子说："殿下如果不让出太子之位，既上违孝道，又岌岌可危。当年，商高宗是一代圣主，尚且诛杀孝子；尹吉甫为千古良臣，尚且赶走了好儿子。何况《春秋》大义，母以子贵。为殿下着想，你不如辞去太子之位，退下来奉养母亲。这样，既不失孝道，也不违圣训啊。"刘强也早已意识到了这一点，听了这话之后，立即上表让位，表示愿意做藩王。开始时，刘秀不答应刘强的要求。一年之后，刘秀终于将他和已经被封为东海王的刘阳调换了位置，并将刘阳改名为刘庄。这一年刘庄16岁。刘秀特地在诏书上赞扬刘强谦让，但毕竟对刘强有歉意，便封给他许多土地，给他不少超出诸王的待遇。

两年后，郭圣通在抑郁中死去。刘秀为她举行了隆重的葬礼，还把自己的第四个女儿下嫁给郭况的儿子郭璜。此后，凡有封赏，对阴、郭两家都平等相待。

阴丽华自从做了皇后，仍然保持洁身自好的品德。她虽为六宫之主，但十分恭俭，没有嗜好，不喜笑谑，性格仁孝，为人慈祥。

光武帝刘秀一生喜欢读书，做皇帝后勤政不息，即使再忙也没放下过书本。

光武帝建武中元二年（公元57年），已经63岁的刘秀仍然是每天天一亮就上朝，太阳偏西才下朝。一有闲暇，就召公卿入宫，和他们在一起谈论经文大义，直到夜深才就寝。太子刘庄见父亲如此操劳，一再劝他多注意身体。刘秀说："我喜欢这样，并不觉得累。"由于操劳过度，他终于病倒了。

刘秀最不放心的就是他那些一天天长大的儿子们，怕他们发生内讧，争夺皇位，骨肉相残。这些儿子们一个个都封王了，刘秀嘱咐诸王身边的官吏时时教导他们，劝诚他们，免得他们犯罪。

光武帝建武中元二年（公元57年），刘秀在洛阳南宫前殿驾崩，在位三十三年，享年63岁。

刘秀死后，太子刘庄即位，史称汉明帝。

后汉书成语故事

乐此不疲：意谓特别喜欢某一事情而沉浸其中，不觉得疲倦。《后汉·光武帝纪》："帝曰：'我自乐此，不为疲也。'"

守成之君汉明帝

题解

明帝热心提倡儒学，与此同时，他也很注重刑名文法，为政苛察，总揽权柄，权不借下。即位后除了继续执行光武帝的休养生息政策，还一改光武为政时的柔道，而大刀阔斧地代之以刚猛。在位期间，基本上消除了因王莽虐政而引起的周边少数民族侵扰的威胁，使汉人和少数民族的友好关系得到了恢复和发展，确实是一个非常勤政的皇帝。东汉十二帝，只有明帝朝对外戚和功臣的限制打击最严苛，向使东汉全是像明帝这样的皇帝，又岂有戚官弄权。

明帝及其子汉章帝（公元75年—公元88年）在位的三十年间，政治清明，社会经济繁荣，国家相对稳定，史称"明章之治"。

◎ 57年　太子刘庄即位，是为汉明帝。◎

后汉书故事

山阳王刘荆是汉明帝的同母弟。在光武帝大丧期间，刘荆以郭况的名义给废太子刘强写了一封信，又派人冒充郭况的家奴，把这封信送给刘强。信上写道："东海王，你是无罪的，却无缘无故地被废了，太后也无缘无故地被赶到边远的封国。天下人听说后，都感到痛心。现在，天下人都愿意为你立功。如果你召集将士起兵，一下子就可以聚众百万。只要你率军进京，就会轻而易举获得成功。这可是商汤灭夏、周武王灭商的大业啊。再说，今年天象有变，太子星暗淡无光，只要专心诚意去做，坚如金石的难题也能解决。"刘强看罢信，将来人逮捕押送到汉明帝处，请他查办。

◎东汉石棺◎

汉明帝见信后，只将送信人送进监狱，并不严加审讯，而是派人留心观察，最后发现写信人是刘荆——自己同父同母的亲弟弟，不禁十分伤心。

一四九

他反复考虑之后，决定慎重处理，不追究也不公布，免得引起动乱。他装作不知道的样子，丧事办完后，就让刘荆回到封国去了。

接着，为了巩固政权，汉明帝任命东平王刘苍为骠骑将军，位在三公之上。刘苍是汉明帝的同母大弟弟，从小就喜欢读书，有勇有谋，和汉明帝一向很亲近。

汉明帝对亲生母亲阴太后和刘强的母亲郭氏一视同仁，待遇完全一样，郭氏的弟弟郭况也受到重用。

◎汉代瓦当◎

刘强原封东海王，后来刘秀又增封鲁地给他。从前，汉景帝的儿子鲁恭王好建宫室，曾建了一座豪华的灵光殿。汉明帝认为刘强无罪被废，让出太子之位，因此十分同情他，让他移居灵光殿，安享天年。

这样，刘荆虽想造反，但没人响应他。在汉明帝的正确决策下，国家呈现出安定的局面。

后汉书成语故事

精诚所加（至），金石为开（亏）：精诚，至诚；金石，指坚硬的东西。意谓专心诚意去做事，便能感动天地，即使坚固得像金子和石块一样的难题也能够解决。《后汉书·光武十王列传》："精诚所加，金石为开。"

马皇后的故事

题解

　　明德皇后马氏（公元38年－公元79年），汉明帝刘庄唯一的皇后，伏波将军马援的三女儿。闺名已经失传，她的谥号为明德皇后，单从谥号上来看，就知道她是一位令人敬服的皇后。

　　明德马皇后讳某①，伏波将军援之小女也……后时年十岁，干理家事，敕制僮御，内外诸禀②，事同成人。选入太子宫，时年十三。奉承阴后，傍接同列，礼则修备，上下安之。遂见宠异，常居后堂。

　　显宗即位，以后为贵人。时后前母姊女贾氏亦以选入，生肃宗。帝以后无子，命令养之……后于是尽心抚育，劳瘁过于所生③。

　　时诸将奏事及公卿较议难平者④，帝数以试后。后辄分解趣理，各得其情。每于侍执之际，辄言及政事，多所毗补⑤，而未尝以家私干。[故]宠敬日隆，始终无衰。

注释 <<<
①讳某：史失其名。下皆类此。
②干理：治理，料理。《广雅》说："僮、御，皆使者。"诸禀：请教，禀告。
③劳瘁：辛苦劳累。
④较议：评论驳议。
⑤毗（pí）补：毗通"裨"，增益。

后汉书故事

　　后汉王朝开国元勋伏波将军马援生于扶风茂陵，是战国名将赵奢的后代。赵奢封"马服君"，因此他的后代有一支就姓马了。

　　马援在王莽朝中曾任新城太尹，后来到凉州避难，受到陇西总兵隗嚣的赏识，任命他为绥德将军。当时，隗嚣想当皇帝，便授意马援去西蜀拉拢称霸一方的公孙述，然后再去洛阳联系刘秀。刘秀说服了马援，他便回陇西劝隗嚣归顺刘秀，隗嚣不肯。马援无奈，只好向刘秀献计，打败了隗嚣。马援为刘秀政权立下了汗马功劳，拜为太中大夫。中原统一后，马援不习惯在京城里享清福，先后要求皇帝派他出去攻打西羌、交阯、匈奴、乌桓，威震南北，稳定了京畿

◎鎏金银戈樽◎

三辅地区。

马将军曾娶两房妻子，元配死后，又续弦蔺氏。蔺氏生得十分美貌，与马援结婚时带来一个女儿，后来入宫被封为贵人，人称贾贵人，生了一个男孩取名刘炟。蔺氏与马援结婚后，生了四个男孩三个女孩。

马援在62岁高龄时，又请求出征五溪蛮夷，不幸病死疆场。马援病逝的消息传到马府，全府上下一片悲痛。正在这时，有人惊慌地报与马夫人说皇帝派使者追回老爷新息侯的印绶，还要将家属治罪。夫人听了，晕倒在地，全府上下立刻乱作一团。原来马援在出征五溪时受到梁松的诬陷。

蔺夫人自从家里遭难，非常悲痛，时常病倒。小女儿才10岁，却异常懂事，独自管理家务，只是身体不算好，时常生病。她小时候，蔺夫人曾算卦问卜，算卦的人说："此女虽有小恙，将来必能大贵。"还有的说："小女极贵，她总有一天会成为国母。不过，子嗣稍艰，若养他人之子为子，要胜过亲生的呢！"现在，她只有10岁，竟将家料理得井井有条，蔺夫人感到很欣慰。只是遇到这么多磨难，不敢相信卜人这些说法而已。

马援的冤案平反昭雪后，蔺夫人总算松了一口气。陷害马援的不光是梁松，还有窦固。马援的女儿原本许配给了窦家，她断然与窦家解除了婚约，将自己的三个女儿全部送进皇宫。

马三小姐进宫后，很快被选入太子宫。因为她才貌双全，又有修养，侍奉阴皇后十分得体，深得皇后的赏识。随着年龄的增长，她的头发长达地面，在头顶上盘四个髻还有余。她正处于妙龄时期，太子对她宠爱有加。刘庄即位后，马上册封马三小姐为贵人。后来，大臣们奏请皇帝册立皇后。当时，汉明帝已经把西汉宫妃十四等级的制度精简成五级制，只有贵人、美人等名目了。

贾贵人也就是马贵人的异父同母姐姐，已为汉明帝生下皇子刘炟，应该是最有立后希望的。但马贵人当时在宫中德才兼备，最受皇帝宠爱。年轻的皇帝拿不定主意，便去问皇太后，阴丽华毫不犹豫地说："马贵人德冠后宫，可以立后。"汉明帝闻听，当即册立马贵人为皇后了。马皇后一直没有生儿子，汉明帝便立贾贵人的儿子刘炟为太子，由马皇后抚养。马皇后尽心尽力地教育抚养刘炟，母慈子爱，始终无半点嫌隙。

马皇后永远也忘不了父亲被排挤的教训和母亲所遭受的苦楚，因此对宫中的妃嫔都很公平。她怕皇嗣太少，每当发现后宫有贤惠的美女时，便竭力向汉明帝推荐。对汉明帝喜欢的美女，她总是勉励她们多生儿子。因此，后宫的妃嫔都非常爱戴这位皇后。

马皇后忙里偷闲，喜欢读《春秋》、《楚辞》、《易经》和董仲舒的书。汉明帝见马皇后读书入了迷，不知道她能否学以致用，便有意将大臣的奏章拿给她看。她看了之后，能根据事实作出明断。就这样，汉明帝执政十八年，马皇后在他身边起到了纠偏补缺的作用，但她从不以私事干涉朝政。有一次，汉明帝见一个叫燕广的人上书说："楚王在彭城招兵买马，妄图谋反。"汉明帝看了，非常生气。原来，楚王刘英是光武帝的庶子，他母亲是许美人，因不得宠，刘秀封给楚王的地盘最小。汉明帝即位后，曾多次赏赐他，并给他增加两个县的封地，楚王也很感激汉明帝。汉明帝派人到天竺求取佛法，楚王第一个响应，是皇族中首先信佛的人。不料，几年后竟出现了这种事。汉明帝下诏将楚王废了，命其迁到丹阳，给他汤沐邑五百户，楚王太后不必交出玺绶，仍留居楚宫。哪知楚王胆小怕事，整天提心吊胆，竟自杀而死了。汉明帝听说后，觉得他造反属实，便下诏穷追余党。一些奸臣乘机搬弄是非，陷害好人，蒙冤受屈者竟达数千人。马皇后看在眼里，急在心上，找机

◎汉代 帛画◎

汉代帛画

　　帛画属于古代丧葬礼俗中的铭旌，用以"引魂升天"，入葬时作为随葬品将其盖在棺上。随着重孝道、行厚葬风气的兴盛，作为殉葬品的汉代帛画更显精致和讲究。由于帛画不易保存，多已失传。

会对汉明帝说："陛下，千万不能滥杀无辜啊！先朝发生多少小人造成的冤案，不可不慎啊！再说，楚王从小在许美人身边长大，母亲不得宠，他更是无人重视，一直靠别人的施舍过日子，从不敢违背所有的人。自从得到陛下的一点恩赐后，他便感激得五体投地了，又怎能谋反呢？"汉明帝听了，觉得言之有理，认为此案必有冤情。后来才知道，那个叫燕广的人因为和楚王有矛盾，便想出此法来陷害他。次日，汉明帝下诏把楚狱犯人或赦免，或从轻发落。后来，汉明帝东巡时，还特意到彭城看望楚王太后和楚王的妻儿。汉明帝每遇大臣有过错，总要当面斥责，毫不留情。楚王一案，汉明帝也犯了性急和穷追到底的毛病，要不是寒朗和马皇后提醒他，事情会越闹越大，越查越乱的。

马皇后天生丽质，平素经常穿粗布衣裙。汉朝后宫有个规矩，每逢初一，各宫的妃嫔都要拜见皇后。大家看到皇后的粗布衣裙，还以为是最新式的绫罗绸缎缝制的呢。她们小心翼翼地凑近一看，便忍不住发笑了。原来，穿在皇后身上的竟是粗布做的衣裙，而且连边饰都不加。她们都惊讶地说："姐姐穿的原来是自染自织的粗布衣裙呀！"马皇后不好意思地说："这种衣料很好，染上颜色不爱褪。"听皇后这么一说，嫔妃们更加尊重她，觉得身为

皇后仍然如此朴素节俭，哪个还敢铺张浪费啊？

马皇后的头发生得长而美，便在脑后梳了四个大髻。她的眉毛细而长，只是左眉角略缺，就用眉笔稍稍补了一下。后来，京都的女子有不少人模仿皇后的发式和点眉的方式，曾经流行一时。

太子刘炟即位后，尊马皇后为皇太后。几年后，马太后去世，后人称赞她说："马太后在家可为女人的楷模，在国可为母后的表率。"

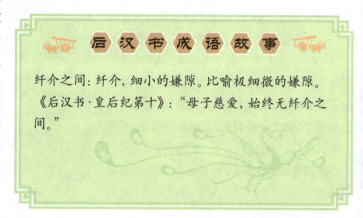

后汉书成语故事

纤介之间：纤介，细小的嫌隙。比喻极细微的嫌隙。《后汉书·皇后纪第十》："母子慈爱，始终无纤介之间。"

汉明帝与佛教

◎ 64年 明帝派使者前往西域访求佛法 ◎

世传明帝梦见金人，长大①，顶有光明，以问群臣。或曰："西方有神，名曰佛，其形长丈六尺而黄金色。"帝于是遣使天竺②问佛道法，遂于中国图画形像焉。楚王英始信其术，中国因此颇有奉其道者。

注释 <<<
①长（cháng）大：身材高大。
②天竺：印度的古称。一名身毒。

后汉书故事

有一天夜里，汉明帝做了一个梦。

在梦中，汉明帝看见一个金人，头顶上闪着白光，在宫中走着。汉明帝问道："你是谁呀？从哪儿来的？"那人没有回答，突然凌空而起，向西而去。汉明帝吃了一惊，吓醒了。只见寝宫的巨形蜡烛一闪一闪的，上面有一圈白光，很像梦中的金人。第二天早晨，汉明帝上朝，将梦中所见讲给群臣听，然后问道："你们可知这金人是谁吗？不知此梦是吉是凶。"群臣听了，都答不上来，只有博士傅毅奏道："陛下，臣听说西方有神，人们称之为佛。金人既然向西方去了，可能就是佛吧？当年，霍去病攻打匈奴时，曾把匈奴休屠王供奉的金人带回来，献给武帝。武帝把金人供奉在甘泉宫里。据说，这金人是从天竺传到匈奴的。后来屡经战乱，武帝供奉的金人早已不知去向。陛下梦到的金人肯定就是佛，佛还有佛经呢。"汉明帝听了这些，心里觉得很好奇。想了一想，便命郎中蔡愔和博士秦景到天竺去求取金佛和佛经。

天竺也叫身毒，是佛教创始人释迦牟尼的降生地。释迦牟尼降生那年，正是周灵王十五年（公元前557年）。释迦牟尼原来是个太子，从

小安享富贵，也娶了妻子。因他同情百姓，所以常常微服私访。在私访中，他看到老人和病人太苦了，尤其是人死的时候更是苦不堪言。为了让人们摆脱生老病死之苦，释迦牟尼抛弃了太子之位，离开王宫，到深山里去冥思苦想，决心要琢磨出摆脱生老病死之苦的办法。经过十六年的研究，释迦牟尼形成了自己的学说，这就是佛教。

佛教在传入中国之前，已经传到了匈奴。

蔡愔和秦景到了天竺，取到佛经，用一匹白马驮回来一幅佛像和四十二章佛经，还带回来两位高僧——摄摩腾和竺法兰。

汉明帝热情地接待了两位高僧，让他们住在专门接待外国使臣的鸿胪寺里。

后来，汉明帝将鸿胪寺改为白马寺，让两位高僧做了住持。因驮经的白马养在寺中，故称"白马寺"。

两位高僧在白马寺中将四十二章佛经译成中文。这样，佛教便传到中国了。

中国第一座佛寺——白马寺

白马寺，我国各地有若干寺庙均为此名，其中河南白马寺建于东汉永平十一年（68年），是佛教传入中国后兴建的第一座寺院，它的营建与我国佛教史上著名的"永平求法"紧密相连。从白马寺始，我国僧院便泛称为寺，白马寺也因此被认为是我国佛教的发源地，被尊为"祖庭"和"释源"。

◎白马寺◎

王景治水

题解

王景（约公元30年—公元85年），受家庭影响，少年时期就开始学习《周易》，并博览群书，特别喜欢天文数术之学。大约在光武帝后期或明帝初期(公元58年前后)任司空属官。永平初年，有人推荐王景治水，于是汉明帝令王景与王吴一起疏浚仪渠，取得成功。永平十二年，王景又受命主持大修水运交通命脉汴渠和黄河堤防，功效卓著。永平十五年，明帝拜王景为河堤谒者。王景治河的历史贡献，长期以来得到很高的评价，有王景治河千年无患之说。从史料记载看，王景筑堤后的黄河经历八百多年没有发生大改道，决溢也为数不多。

◎ 70年 王景受命主持大修汴渠和黄河堤防，功效卓著。 ◎

王景字仲通，乐浪讲邯人也。

景少学易，遂广窥众书，又好天文术数之事，沈深多伎艺[1]。辟司空伏恭府。时有荐景能理水者[2]，显宗诏与将作谒者王吴共修作浚仪渠。吴用景墕流法，水乃不复为害。

永平十二年，议修汴渠，乃引见景，问以理水形便。景陈其利害，应对敏给，帝善之。又以尝修浚仪，功业有成，乃赐景山海经、河渠书、禹贡图，及钱帛衣物[3]……明年夏，渠成。帝亲自巡行，诏滨河郡国置河堤员吏，如西京旧制。景由是知名。

注释 <<<
①伎艺：技艺，指手艺或艺术表演等。
②理：治理。
③山海经：禹所作。河渠书：即太史公《史记》。

后汉书故事

汉明帝时，黄河和汴渠连年泛滥成灾。当初，从旱路把东方生产的粮食向洛阳运送是件十分辛苦的事，人们便想利用船在黄河上运送，但黄河水流湍急，又是逆流而上，十分吃力，还极其危险。于是，人们从洛阳附近的荥阳一带挖了一条千里长渠，将黄河水引

出，和黄河并行，流向大海。这条长渠便是汴渠。这样，便可以利用汴渠运送粮食了。

可是，有一年黄河泛滥，将汴渠冲毁了。不久，黄河继续泛滥，大水东浸，连汴渠的引水门都陷入黄河里去了。两岸百姓受灾严重，怨声载道。汉明帝得报后，忙召集文武大臣开会，讨论治水之事。会上，大臣们各持己见，始终定不下来。这时，汉明帝忽然想到了治水专家王景。

王景，字仲通，乐浪人，从小学习《易经》，博览群书，喜欢天文和数学。前几年，浚仪一带水渠被黄河洪水冲毁，王景协助负责水利的官员王吴将水渠修好，一直没有再出问题，因而受到百姓的赞扬。

汉明帝将王景召进大殿，向他问道："最近，黄河和汴渠连年为患，有人主张速治，有人主张缓行，你精通水利，替朕拿个主意如何？"王景回答说："陛下，洛阳的漕运全靠东方的汴渠，如果汴渠失修，漕运将受到影响，因此，还是以速治为好。汴渠是被黄河的洪水冲坏的，只要治好黄河，让黄河洪水归位，流向大海，则汴渠自然无事，漕运也就得到保障了。"汉明帝见他一语中的，心中大喜，立即命他主持治水工程，并赏给他《山海经》、《河渠书》、《禹贡图》和大批金帛衣物。

永平十二年（公元69年）夏天，王景和王吴等人率领数十万民工在荥阳到海滨的千里大地上开始了声势浩大的治黄工程。

为了让黄河从地上河变成地下河，王景为黄河选择了一条新的入海路线。这条路线不但比从前短了，而且比较陡，便于黄

河将泥沙冲走，免得河床越来越高。黄河下游的支流很多，如济水、濮水、汴水等，王景让人将这些支流都沟通了。这样，黄河水涨时，这些支流便能起到分洪的作用了。汴渠的水来自黄河，引来的水大了要闹水灾，小了船只不能通行。由于黄河常常改道，一旦改道，水便引不来了。于是，王景让人在黄河上修好多引水门，基本上十里一个。这样，不论黄河怎样改道，总能有一些引水门可以利用。于是，汴渠随时都能引来黄河之水，不会干涸了。有了引水门，汴渠水大时，就将引水门关上。

只用了一年时间，治水工程就结束了。汹涌澎湃的黄河之水按照王景的意图驯服地流向大海，汴渠也畅通无阻了。汉明帝闻报大喜，登上龙舟，在王景的带领下巡视汴渠。两岸百姓高声欢呼，盛赞王景的治水功绩。

王景治水在中国历史上是个公认的奇迹。自从王景治水后，黄河安静了八百多年。这和此后黄河一年一决口或两年三决口的情况相比，简直不可同日而语。

班超建功西域

题解

　　班超（公元31年—公元102年），以微薄力量闯荡西域三十年，朝廷对他们的增援非常有限，但班超却让投靠匈奴的西域五十多个国家全部归顺汉朝，使汉朝出现了"四夷来宾"的和谐景象，显示出非凡的智慧和超强的军事外交能力。

◎　95年　班超镇抚西域，与汉绝六十五年的西域重归汉廷。　◎

　　班超字仲升，扶风平陵人，徐令彪之少子也。为人有大志，不修细节

　　十六年，奉车都尉窦固①出击匈奴①，以超为假司马，将兵别击伊吾②，战于蒲类海③，多斩首虏而还。固以为能，遣与从事郭恂惧使西域。

注释 <<<
①窦固：东汉开国功臣窦融之侄。
②伊吾：汉伊吾卢地区，古城在今新疆哈密。
③蒲类海：今新疆东部的巴里坤湖。

后汉书故事

　　班固是我国著名的历史学家。班固有个弟弟名叫班超，从小也和哥哥一起读书。他不仅学问大，还很有志气，总想做一番惊天动地的大事，尤其羡慕前汉的张骞，想立功异域，名垂千古。

　　班超进京后，因他学问大，汉明帝便让他帮助哥哥做些抄写的工作。后来，见他工作认真，汉明帝便升他为兰台令史。当时，北方的匈奴兵强马壮，常常进入汉境寇掠，西域也有好几个国家支持匈奴，和汉朝为敌。边境上总出事，汉明帝寝食不安。原来，张骞通西域后，西域各国摆脱匈奴的奴役，和汉朝建立了友好关系。后来，王莽篡汉，断绝了同西域各国的来往。光武帝统一全国时，大业初创，无暇西顾，匈奴乘机控制了西域各国，对汉朝构成了严重的威胁。一天，听说匈奴又进入边境杀人放火时，班超怒不可遏地将手中的笔摔到地上说："大丈夫应

该像张骞那样立功西域，怎能老待在书房里写文章呢？"

永平十六年（公元73年），汉明帝派光武帝的女婿也就是他的妹夫窦固率军反击匈奴。班超主动请缨，随军出征，英勇杀敌，立下了战功，受到窦固的赏识。窦固认为班超是个男子汉大丈夫，文能安邦，武能定国。

为了孤立匈奴，窦固特地派班超出使西域，让他们归附汉朝。这正是班超梦寐以求的事，他立即带领三十多个随员高高兴兴地出发了。永平十七年（公元74年），班超带着礼物，和随员一起到了鄯善。鄯善王虽然归附匈奴，但要向匈奴纳税、进贡，匈奴无止境的勒索使他很不满意。因为汉朝几十年来顾不上西域

◎班超襟怀坦荡◎

这一边了，他只得同西域别的国王一样，俯首听命于匈奴。这次，他见到班超，心里很高兴，表示愿意脱离匈奴，归附汉朝。不料，班超在鄯善住了几天之后，正打算到别的国家去时，突然觉得鄯善王对他不像以前那样热情了。最后，他凭直觉感到一定是匈奴来人了。这时，恰巧鄯善王又派人来送饭菜了。班超故意装作已经知道了的样子说："匈奴使者已经来了好几天了，他们住在什么地方啊？"

原来，鄯善王瞒着班超，正在同匈奴的使者打交道。那个送饭人听班超这么一说，还以为他真的已经知道了，便告诉他说："不远，离这儿只有三十里。"班超一听，立即把送饭人扣了起来，一怕走露风声，二是让他带路。班超把随员全叫过来，坐下喝酒。酒酣耳热时，班超对大家说："弟兄们，你们抛家舍业，不远万里跟我来到西域，是为了什么啊？"大家异口同声地说："当然是为了建功立业啊！"班超说："对！可是，你们看，匈奴使者才来几天，鄯善王对我们的态度就变了。如果他欺负我们人少，把我们交给匈奴人，我们就得埋骨异乡了。你们看，我们现在应该怎么办？"大家一听

这话，都纷纷站了起来，慷慨激昂地说："反正咱们要逃也逃不了啦，干脆拼了吧。"班超说："讲得好！现在，只有趁着黑夜袭杀匈奴使者这一条路了。只要杀了匈奴使者，鄯善王就胆大了。那时，他才敢真心投靠我们。大丈夫为国立功，全都在此一举了。"

班超让十个人带上战鼓，埋伏在营帐后面，对他们说："见到火光后，马上擂响战鼓，并要大声呐喊。"接着，班超带领其他人来到营帐前面，对他们说："你们弯弓搭箭，把住营帐大门，不许一个匈奴人出来。"说完，班超跑到营帐西面，顺风放起火来。火光一起，战鼓声惊天动地地响了起来。匈奴使者从睡梦中惊醒，一个个吓坏了，有些人光着脚就往外跑。但刚一跑到营帐大门，就被纷纷射来的利箭射死了。这时，匈奴使者的头儿带着三十多个人舍命地向外冲，双方展开了肉搏战，冲出来的三十多个人全部战死，在帐篷中的一百多个人被活活地烧死了。天亮后，鄯善王闻讯赶来，见到匈奴人的首级，又高兴又害怕，趴在地上不断地叩头，对班超说："我们愿意听从汉天子的命令！"为了表示诚意，鄯善王当场表示愿意把儿子送到汉廷作为人质。

班超回到洛阳，汉明帝闻报大喜，马上接见班超，重加赏赐，又派他到于阗去联络，对他说："这次要多带些人马。"班超说："陛下，宣扬大汉的威德不在人多，主要是动员西域人抵抗匈奴。如果出了岔子，人再多也不管事，反倒成了累赘。不如仍带那三十多个人去，只要随机应变，这些人足够了。"汉明帝见他说得在理，便同意了，只是让他多带些礼物。

于阗王听说班超到了，只得接见，但并不热情。他也知道国内的老百姓反对匈奴的压迫，但他认为依靠匈奴可以制服国内的老百姓，对他有好处。因此，当班超让他脱离匈奴时，他推托说："这事本王做不了主，要请神来决定。"于是，他派人叫来男巫，让男巫请示天神。

男巫当着众人的面装神弄鬼，神秘地说："我是天神，于阗王听令！你为什么要结交汉朝？汉朝使者那匹黄黑色的马倒不错，你必须把它要来祭我！"于阗王听了，便向班超要马。班超知道男巫跟匈奴好，是在捣鬼，便说："要马好说，但我们不知道他要的是哪匹马，让他自己去牵吧。"于阗王听了，便让男巫去牵马。男巫得意洋洋地随班超来到汉朝使者的驻地，班超一剑将他刺死，并砍下了他的头。班超提着人头去见于阗王，于阗王吓得直哆嗦。于阗人迷信鬼神，见代表鬼神的男巫尚且被杀，心里十分恐惧，马上答应同汉朝和好了。接着，于阗王立即下令发兵，杀了驻扎在于阗国的匈奴人，并把人头献给班超。班超见他们真心归附汉朝，便让随员搬出金银绸缎赏给于阗王。于阗王见了礼物心中大

◎错银铜牛灯◎

喜，也像鄯善王那样派儿子到汉廷去做人质。

鄯善和于阗是天山南路的两个大国，这两国归附汉朝后，其他一些国家也都跟着归附汉朝了。接着，就是天山北路了。

这时，天山北路的龟兹和疏勒还站在匈奴一边反对汉朝。龟兹王是匈奴立的，自然跟匈奴好。当初，他见疏勒王要归附汉朝，便仗着匈奴人的势力，攻杀了疏勒王，另立龟兹人兜题为疏勒王。班超了解了这些情况后，认为疏勒王虽然同匈奴和好，但国内的百姓一定不服。于是，他派随员田虑到疏勒去，并授以密计。田虑带上十几个壮汉来到疏勒，劝疏勒王同汉朝和好，疏勒王当然不肯答应。田虑见状，一声令下，手下的十几个壮汉冲了上去，将疏勒王拖倒，捆了起来。疏勒王的卫士见了，吓得都跑了。这时，班超也赶到了。他召集疏勒人在王宫前开会，问他们说："龟兹人杀了你们的国王，你们为什么不为国王报仇，反倒屈服了呢？"疏勒人说："我们无力反抗，但心里不服啊！"班超说："那好，我是汉朝使者，愿意为你们主持公道，你们可以立自己的人做国王。"疏勒人一听，忙找来前国王的儿子立为国王。疏勒人纷纷要求班超杀了兜题，班超说："杀了他有什么用？不如放他回龟兹，好让龟兹人知道我们是不愿意随便杀人的。"说着，他让随员放了兜题，兜题高高兴兴地回龟兹去了。疏勒人有了自己的国王，一个个欢天喜地。他们向班超道谢，并要求说："天使，不要回去了，就住在我们疏勒吧！免得龟兹人再来欺负我们。"班超见盛情难却，便留在疏勒，让随员回洛阳向汉明帝报告这次出使的全部经过。

◎绿釉鸡顶三管尊◎

汉明帝得报，心中大喜，同意班超留在疏勒，并立即派去了援军。

于是，已经和汉朝断绝来往长达六十五年的西域各国又同汉朝和好了。这样，侵掠成性的匈奴被孤立了。

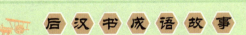

后 汉 书 成 语 故 事

投笔从戎：戎，军事、军队。比喻弃文从武。《后汉书·班梁列传》："尝辍业投笔叹曰：'大丈夫无它志略，犹当效傅介子、张骞立功异域，以取封侯，安能久事笔研间乎？'"

宽厚无为汉章帝

题解

　　章帝即位后，励精图治，注重农桑，兴修水利，减轻徭役，衣食朴素，实行"与民休息"，并且"好儒术"，使得东汉经济、文化在此时得到很大的发展。此时政治清明，经济繁荣。这时思想也比较活跃。章帝还两度派班超出使西域，使得西域地区重新称藩于汉。章帝与汉明帝时期共称"明章盛世"。但由于过分抬高儒教，致使一些官员求虚丢实，开始腐败。而且章帝过于放纵外戚，导致汉和帝时期外戚专权，埋下了日后外戚专权和宦官专政的隐患。

东汉盛世

　　◎ 75年　明帝卒。76年，太子刘炟即位，是为汉章帝。◎

　　肃宗孝章皇帝讳炟，显宗第五子也。母贾贵人。永平三年，立为皇太子。少宽容，好儒术，显宗器重之。

　　十八年八月壬子，即皇帝位，年十九。

　　冬十月丁未，大赦天下。

后汉书故事

　　汉明帝驾崩后，太子刘炟即位，史称汉章帝。刘炟生于光武帝建武中元二年（公元57年），是汉明帝的第五个儿子。汉章帝从小就很厚道，爱好学习，人又极其聪明，尤其喜欢儒家学说。

　　汉章帝即位的第二年，中原和东方一带发生了严重的旱灾，赤地千里，饥民遍地。汉章帝急得如坐针毡，下令将仓库打开，将粮食发给灾民。听说粮食发下去了，他才安下心来召集大臣商量对策。大臣们纷纷进言，司徒鲍昱说："天降旱灾，是由于阴阳失调。楚王谋反一案，无辜受害的人太多，流放的人成千上万。他们的怨

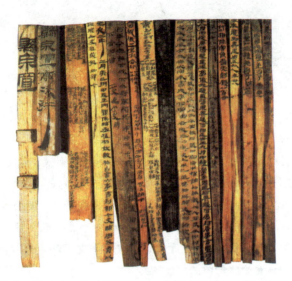

气充塞天地之间，自然阴阳失调，水旱成灾了。现在，陛下首先要赦免流放的刑徒和关在监狱中的人。"尚书陈宠也上书说："治国如同调琴一样，弦太紧会断，刑太重百姓会不满。因此，陛下一定要减轻刑罚。"汉章帝听取了他们的建议，大赦天下，减轻了刑罚。这样，社会矛盾立即得到了缓和，社会秩序也安定了。官民共同努力，渡过了天灾造成的难关。

◎汉竹简◎

汉章帝特别重视农业生产。一天，他带大臣们出巡，看见农民正在忙着种田，他按捺不住竟亲自到地里去耕田。这事传开后，见皇上尚且重视农业，百姓都安心种田了。汉章帝曾说："王者八政，以食为本。"他命令各级官府说："不得无故扰民，不得影响春耕和播种。要动员流民回乡，安心种田。凡是愿意回乡的流民，一路上由官府给予照顾。"为了让农民集中精力种田，他轻徭薄赋，减轻了农民的负担。在汉章帝的督促下，各级官府都大抓农业生产。因此，汉章帝在位期间，经济大为发展，被称为东汉盛世。

后汉书成语故事

耒耜之勤：耒，指把柄；耜，指利刃；耒耜，泛指农具。比喻勤于农事。《后汉书·肃宗孝章帝纪》："故古者急耕稼之业，至耒耜之勤。"

《白虎通》

◎ 79年 白虎观会议 ◎

至永平元年，长水校尉儵奏言①，先帝大业，当以时施行。欲使诸儒共正经义，颇令学者得以自助……于是下太常、将、大夫、博士、议郎、郎官及诸生、诸儒会白虎观，讲议五经同异，使五官中郎将魏应承制问，侍中淳于恭奏，帝亲称制临决，如孝宣甘露石渠故事，作白虎议奏②。

注释 <<<
①儵：樊儵。
②白虎议奏：今《白虎通》。

后汉书故事

　　汉章帝建初四年（公元79年），校书郎杨终上书说："天下太平，国家无事，皇上应该注重文教，整理五经。自从武帝独尊儒术以来，解释经书的众说纷纭，各持己见，莫衷一是，造成了学术上的混乱，往往离题千里，不合圣人之意。请皇上仿照宣帝召集名儒讲经石渠阁的盛事，给五经做出正确的解释，为后世留下范本。"汉章帝对杨终的建议十分赞许。他从小爱读五经，对于五经的不同解释早就不满。于是，他召集全国名儒，到洛阳北宫的白虎观中开会，对五经逐条做出解释，最后由他裁决，定出正确的解释。散会后，汉章帝命班固将正确的解释整理成书，取名《白虎通德论》，简称《白虎通》或《白虎通义》。

　　过去五经解释繁琐，歧义百出。白虎观会议之后，五经有了皇帝认可的权威解释。这有利于五经更好地为汉朝统治服务。

◎ 金缕玉衣 ◎

力保西域

◎ 91年 复置西域都护、骑都尉、戊己校尉官。 ◎

汉明帝永平十七年冬，骑都尉刘张出击车师，请恭为司马，与奉车都尉窦固及从弟驸马都尉秉破降之。始置西域都护、戊己校尉，乃以恭为戊己校尉，屯后王部金蒲城[1]，谒者关宠为戊己校尉，屯前王柳中城[2]，屯各置数百人。时焉耆、龟兹攻殁都护陈睦，北虏亦围关宠于柳中。会显宗崩，救兵不至，车师复叛，与匈奴共攻恭。

注释 <<<
①金蒲城：车师后王庭，今庭州蒲昌县城。
②柳中：今西州县。

后汉书故事

汉明帝永平十七年（公元74年），汉明帝派遣车都尉窦固、驸马都尉耿秉、骑都尉刘张从敦煌出发，进攻车师，请耿恭担任司马一职。不久，车师大败，脱离匈奴，又归附汉朝了。这时，窦固上书汉章帝说："为了巩固成果，长保西域不受匈奴侵占，应该设置西域都护和戊己校尉，保护西域的安全。"汉章帝立即准奏，任命陈睦为西域都护，耿恭为戊校尉，关宠为己校尉。

接着，窦固等人班师回朝，耿恭率数百名士兵进驻车师后王所在地的金蒲城，关宠进驻车师前王所在地的柳中城。前王和后王所在地相距五百里，前王是后王的儿子。耿恭上任后，马上向乌孙发去檄文，宣传汉朝的威德。乌孙王听说汉军打败了匈奴，并设置了西域都护，立即派使者向耿恭献上名马和汉宣帝所赐的博具，并要送儿子到汉廷入侍。第二年，北匈奴单于听说车师归附汉朝，汉朝大军已经东归，便派出左鹿蠡王率领二万骑兵向车师发起进攻。耿恭听说后，忙派司马带着三百多名士兵前去援救。这些人在路上遇到匈奴骑兵，不幸全部战死了。匈奴骑兵乘胜进击，车师大败，车师后王被乱兵所杀。接着，匈奴骑

兵包围了金蒲城。耿恭亲自上城，指挥汉军守城，并命令士兵把箭头涂上毒药。耿恭让士兵一面射一面喊："我们汉军自有天神相助，如果不信的话，你们看看箭伤就知道了。"匈奴骑兵中了毒箭后，见伤口翻裂开来，一个个都吓坏了。恰巧，在这个时候，天降暴雨，刮起了狂风，飞沙走石。耿恭率军趁势杀出城来，砍死了不少匈奴骑兵。这时，剩下的匈奴人说："看来，汉军真的有天神相助，我们快逃吧！"于是，他们纷纷逃走了。匈奴骑兵退走后，耿恭考虑到匈奴大军随后会来，金蒲城没有水源，难以固守，立即率领士兵转移到疏勒城去了。这年七月，匈奴大军果然又来了。耿恭趁匈奴人立足未稳，率新近悬赏招募的几千名壮士冲了出去，杀了不少匈奴人。匈奴人仗着人多势大，又卷土重来。他们修了一个坝，将涧水改道，不再让水流入城中。不久，汉军喝不到水，只得在城中挖井，一直挖了十五丈深，仍然没有水，渴得他们只得喝马尿。马尿没了，又从马粪中挤出汁来解渴。耿恭亲自拿起铁锹，带领士兵继续挖井，终于挖通了地下的泉水。泉水奔涌而出，耿恭灵机一动，命令士兵将水运到城上往城下泼。匈奴人见了，十分惊讶。耿恭大喊道："我们汉军自有天助，城中有的是水了。"匈奴人很迷信，听了耿恭的话，以为汉军真的有天神相助，便解围而去了。

这时，西域的焉耆、龟兹两国又归附北匈奴，攻进了汉朝都护府，杀了西域都护陈睦。北匈奴乘胜包围了己校尉关宠驻兵的柳中城。这时，汉明帝刚刚去世，朝中正忙于办丧事，无暇西顾，车师便归附了匈奴，与匈奴联兵围攻疏勒城。几个月后，城中粮尽了。耿

恭命令把铠甲和弓弩放到水里去煮，因为铠甲是用筋连接起来的，弓弩上的弦是筋做的，这些筋煮熟之后是能吃的。但毕竟筋的数量有限，不久就有人一批批地饿死了。最后，只剩下几十个人了。

北匈奴单于见耿恭是个汉子，不想杀他。他派一个使者入城劝降，耿恭却当着城下围城的匈奴将士的面将匈奴使者杀了，并在城上焚烧使者的尸体。北匈奴单于听说后大怒，立即增兵来围攻疏勒城。耿恭一面坚守如故，一面派人求援。

再说，关宠被围后，也一再遣使求援。汉章帝得报后召集公卿商议，最后汉章帝采纳了司徒鲍昱的建议，派征西将军耿秉赶到酒泉，命令酒泉太守与谒者王蒙、皇甫提调发酒泉、张掖、敦煌三郡人马以及鄯善骑士，共得七千人，直指西域。汉军到了柳中城，消灭匈奴骑兵三千八百多人，车师重又归附汉朝了。这时，关宠已经病逝，汉军不敢继续前进，想要班师东归。随军前来的耿恭部下范羌请求说："我们已经来到这里，不能抛下耿将军不管啊！"他再三请求，还是没人敢去，最后只拨给他

两千多人，让他自己去接耿恭。范羌带着这两千人，踏着一丈多深的积雪，冒死前进，吃尽了苦头才来到疏勒城下。耿恭等人和久别的亲人拥抱在一起，这时，城内加上耿恭只剩下二十七个人了。

耿恭率二十六个人随范羌东归，走不多远，匈奴人又追上来了。他们边战边退，二十六个人中又战死十多个。及至退到玉门关时，二十六个人当中只剩下十三个人了。他们一个个衣衫褴褛，骨瘦如柴。耿恭回到洛阳后，中郎将郑众、司徒鲍昱等纷纷上书汉章帝，请求封赏耿恭。于是，汉章帝提拔耿恭为骑都尉。骑都尉是统领骑兵的高级军官，级别相当于二千石，与奉车都尉、驸马都尉合称三都尉。耿恭是东汉开国功臣耿弇的侄子。

汉明帝死后，焉耆、车师相继叛汉，司空第五伦和校书郎杨终劝汉章帝说："西域远在万里之外，何必劳师远征，费尽人力物力，弄得百姓怨声载道？"汉章帝听了，也觉有理，便决定召回班超，放弃西域。班超接到命令后，正要回国，不料于阗国的国王和大臣们抱着班超的马脚，号泣着挽留。班超深为感动，只得上书汉章帝，请求继续留在西域。汉章帝见了书文，十分感动，立即同意了，并派兵增援班超。不久，班超智取莎车，赶走匈奴，威震西域。

汉章帝在关键时刻能够改变主意，支持班超，因而保住了西域。

后汉书成语故事

煮弩为粮：弩，弓弩。煮弓弩作粮食充饥。形容粮食断绝时的艰难困境。《后汉书·耿弇列传》："凿山为井，煮弩为粮，出于万死无一生之望。"

窦皇后的故事

题解

　　窦皇后（？—公元97年），6岁能作文章，而且天生丽质。建初二年（公元77年）八月，窦氏及其妹妹被选入长乐宫，得到了马太后的赏识，更得到了章帝的喜爱。公元78年被立为皇后。尔后，马太后病逝，宫内权力最大的莫过于窦后。

　　为皇后立纪，与皇帝本纪并列，是范晔《后汉书》的首创。东汉的皇后和外戚的地位日益提高，其中临朝听政的就有六位，章帝窦皇后就是其中一位。记述历代皇后能更真实深入地反映东汉由盛而衰的历史。

◎ 88年 外戚窦宪破北匈奴，出塞三千余里。◎

　　章德窦皇后讳某，扶风平陵人，大司空融之曾孙也……建初二年，后与女弟俱以选例入见长乐宫……明年，遂立为皇后，妹为贵人……后宠幸殊特，专固后宫。

　　初，宋贵人生皇太子庆，梁贵人生和帝。后既无子，并疾忌之，数间于帝，渐致疏嫌。因诬宋贵人挟邪媚道①，遂自杀，废庆为清河王。

　　后养为己子。欲专名外家而忌梁氏。八年，乃作飞书以陷竦②，竦坐诛，贵人姊妹以忧卒。

　　及帝崩，和帝即位，尊后为皇太后。皇太后临朝……兄宪，弟笃、景，并显贵，擅威权……

注释 <<<

①媚道：一种致爱巫术，就是希望利用超自然的神秘力量来获取爱情。这种巫术多出现在妻妾众多的家族中，尤以皇宫为最甚。同时也是被汉政府严加取缔和禁止的巫术。

②飞书：相当于今天的匿名信。

后汉书故事

　　汉章帝建初二年（公元77年）的一天，是汉章帝选美的日子。汉章帝听说窦家出了绝代佳人，便将窦家二女一起选入宫中。梁家的一对姐妹，汉章帝也觉得很可爱。年仅21岁的皇帝一天之间便得到了四个美人，加上原来的一对宋氏姐妹，共有三对姐妹花了。皇帝

分别册封她们为大小窦贵人、大小梁贵人、大小宋贵人。

窦家姐妹是光武帝大司徒窦融的曾孙女，她们的父亲叫窦勋，母亲是东海王刘强的女儿沘阳公主。那时，窦氏一门显赫无比，具有"一公、二侯、三公主、四二千石"的殊荣。汉明帝时，窦家开始败落。由于窦家后代子孙横行霸道，陷害忠良，先后被处死，凡是郎官的全部免职回归故里。因为沘阳公主是皇家的女儿，才被特殊照顾，留在了京城。沘阳公主看到窦家如此败落，哪肯甘心，就把复兴窦家的希望寄托在两个如花似玉的女儿身上了。

大窦贵人进宫后，表现出非凡的敏慧，她不但能讨皇帝的欢心，还能让马太后接受她，而且还获得了宫廷上下的一片赞扬。因此，一年之后，大窦贵人便被册立为皇后了。窦皇后一人得道，鸡犬升天。她的哥哥被汉章帝任命为侍中、虎贲中郎将，弟弟窦笃当上了黄门侍郎。从此，外戚开始干政了。

另一对姐妹花——大小宋贵人比窦氏姐妹入宫早。大宋贵人为汉章帝生下了皇子刘庆。刘庆1岁时，就被立为太子了。大小梁贵人与大小窦贵人的身世类似，她们的父亲梁竦是皇家的驸马、当年陷害马太后父亲的梁松的弟弟。梁松在光武帝时很受宠，官拜太仆。汉明帝时，因陷害马援而被处死。梁竦受哥哥牵连，被流放九真。梁松的妻子舞阴长公主是汉明帝的姐姐，被恩准留居京城。公主请求汉明帝开恩，把两个年幼的侄女留在自己身边，把希望都寄托在这双姐妹花身上了。后来，小梁贵人为汉章帝生下了皇子刘肇。

马太后对待三对姐妹花不偏不倚，让窦家女儿做了皇后，又让宋家女生的儿子刘庆当了太子，这样好相安无事。马太后死后，后宫开始不太平了。一天，太子刘庆的母亲宋贵人生病，御医开药方说："这病需要菟丝子作药饵。"宋贵人写信给母亲，让家人去市上购买菟丝子。送信的小太监走到掖庭门口时，正好遇上皇后宫的内侍总管，小太监如实说了，总管回宫把宋贵人的信交给了皇后。窦皇后自从进宫后，虽然统领六宫，可因为梁、宋两贵人都为皇帝生了皇子，自己的肚子却不争气，唯恐日后一旦失宠，下场可悲。她认为眼下唯一的办法就是以攻为守，保住自己的皇后位置。

沁阳公主见女儿不生儿子，便给她出主意找机会先将宋贵人除掉，再对付梁贵人。皇后想找的机会终于来了，正好总管把宋贵人的信截下了。这天晚上，窦皇后估计皇帝即将到来，便坐在宫内哭泣。汉章帝走进来，见皇后满面泪痕，十分惊讶。没等他开口，皇后已经跪在他面前，边哭边说："陛下快救臣妾一命吧！"汉章帝忙问出了什么事。窦皇后装作恐惧的样子说："宋贵人想夺皇后的位置，让她母亲买菟丝子行厌胜之术。"厌胜是一种巫术，用以诅咒制服人或物。汉章帝听了，刚想发作，又想了想说道："不会吧？宋氏姐妹从小在宫中长大，受过良好的教育，不会做出这种事来的。"窦皇后听了，立刻拿出一封模仿宋贵人笔体写的信给汉章帝看。汉章帝看罢，勃然大怒，立刻下诏，把宋贵人赶出太子宫，移到承禄观居住。

窦皇后觉得皇帝对宋贵人的处理还留有情面，哪肯就此罢手，便经常在皇帝面前说宋贵人的不是。这样一来，皇帝很少去宋贵人那里了。接着，窦皇后买通掖庭令诬告宋贵人是诅咒皇后的元凶。汉章帝马上下诏，把大小宋贵人赶出宫院，由小黄门蔡伦执行。结果，连年仅4岁的刘庆也受到牵连，被废为清河王。大小宋贵人忍受不了出宫后的恶劣环境，再加上整天担惊受怕，怕窦氏不会轻易放过她们姐妹俩，便自杀而死了。宋贵人的父亲也因此受牵连，被削职放归故里。回到家乡后，含恨而死。

聪明的刘庆被废后，从来不提母亲的事。他比刘肇大一岁，整日与刘肇在一起，小

◎汉代 帛画◎

心翼翼地陪弟弟玩。日子长了，小哥俩的关系越来越亲密。刘肇被立为太子，梁氏家族蒙受皇恩，从九真回到洛阳。梁竦看破了红尘，不肯回京，在家乡以读书为乐，不再过问政治了。不久，窦皇后与窦宪、窦笃两兄弟内外勾结，大肆诬陷梁竦。结果，大小梁贵人含冤而死，把舞阴长公主也牵连进去了。大小梁贵人死后，不想过问政治的梁竦如何逃避得了！窦宪硬说他结党营私，想为哥哥梁松报仇，汉章帝便命人将他下狱严治。梁竦下狱后不久死去，他的妻儿老小又重新回到了九真。

窦皇后先后斗倒了两对敌手，自己的

地位得到了巩固。梁氏姐妹死后，刘肇就名正言顺地成为窦皇后的儿子了。不久，年轻的汉章帝突然驾崩，年仅10岁的刘肇即位，史称汉和帝。窦皇后名正言顺地成了太后，开始临朝听政。窦氏兄弟依仗太后的势力为所欲为，肆无忌惮。窦太后一手遮天，不久便让窦宪掌权了。窦宪掌权后，废了禁止私人煮盐和冶铁的法令。当年，汉武帝费了好大力气才把煮盐和冶铁的专利收归国有，从而加强了朝廷的统治，增加了财政收入。如今，窦家为了取得豪强和财主们的支持，又把国家利益让给了他们。

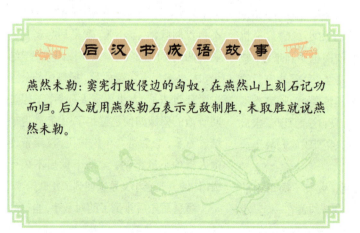

为了给汉章帝办丧事，汉和帝的伯父都乡侯刘畅特地从封国赶来，窦太后几次召他进宫议事。窦宪怕窦太后重用刘畅，分了自己的权，竟派人把刘畅杀了。窦太后见刘畅被杀，马上派窦宪追查凶手。窦宪无法抵赖，眼看性命不保了。这时，南匈奴单于上书朝廷说："北匈奴遭到饥荒，发生了内乱，请速派大军前来，一定能获大胜。"窦宪一听，为了活命，忙向窦太后请求去征讨匈奴。这时，北匈奴已经衰落，无力抵抗汉军。窦宪大获全胜，出塞三千多里，一直追到燕然山，杀了好多匈奴人，俘虏了二十多万匈奴人。窦宪让随军北伐的中护军班固写了一篇歌功颂德的文章，刻在山石上，然后班师还朝。窦宪立了战功，威风不可一世。窦太后借机拜他为大将军，让他驻扎在凉州。从此，外戚的势力开始强大起来。不久，窦家四个兄弟便权倾朝野了。百姓痛苦不堪，怨声载道。

后汉书成语故事

燕然未勒：窦宪打败侵边的匈奴，在燕然山上刻石记功而归。后人就用燕然勒石表示克敌制胜，未取胜就说燕然未勒。

少年天子汉和帝

题解

汉和帝刘肇（公元79年—公元106年），是东汉第四位皇帝，在位十七年。

汉和帝刘肇于章和二年（公元88年）壬辰即皇帝位，尊皇后为皇太后，改明年为"永元元年"。和帝年幼，窦太后临政，窦太后将政权统于自己一人之手，东汉开始了外戚当政时期。在一举扫平了外戚窦氏集团的势力之后，14岁的汉和帝开始亲理政事。他每天早起临朝，深夜批阅奏章，从不荒怠政事。安定边疆，宽缓为政，注重德教风化，爱民为本，选官用贤。从他亲政的所作所为看，尚不失为一个英明有为的君主。

汉和帝刘肇从外戚手中夺回了政权，尽管费尽心机地选用官吏，薄刑减赋，希望重振刘氏基业，但"青山遮不住，毕竟东流去"，东汉政治还是从此衰败下去了。

◎ 92年 和帝与中常侍郑众合谋诛杀窦宪，宦官自此弄权。 ◎

孝和皇帝讳肇，肃宗第四子也。

章和二年二月壬辰，即皇帝位，年十岁。尊皇后曰皇太后，太后临朝。

窦宪潜图弑逆。庚申，幸北宫。诏收捕宪党射声校尉郭璜①，璜子侍中举，卫尉邓叠，叠弟步兵校尉磊，皆下狱死。使谒者仆射收宪大将军印绶，遣宪及弟笃、景就国，到皆自杀。

注释 <<<
①郭璜：郭况子。

后汉书故事

光阴似箭，一晃汉和帝刘肇已经14岁了。他自幼喜欢读书，聪明又有心计，浑身是胆。眼见几个舅舅为所欲为，做恶多端，汉和帝深知将来必有夺位篡权的大患。当时，汉和帝还没有到亲政的年龄，便叮嘱小黄

门留神朝中所发生的事情，随时向他报告。遇见重要的奏章，他先自己浏览，然后再交到太后手里。另外，汉和帝留心观察，想发现特别有才干的朝臣。不久，他发现满朝文武大臣中，只有丁鸿和任隗不肯依附窦氏，当时二人分别担任司徒和司空。汉和帝便逐步地授予他们兵权，把兵屯在南北宫。

汉和帝整日运筹帷幄，但朝中到处都是窦氏的死党和耳目，自己连个商量的人都没有。他冥思苦想，觉得只有在宦官中找知音了。不久，汉和帝发现有个叫郑众的太监很可靠，而且很有谋略。郑众同情汉和帝，向他献计说："陛下，可先调回在凉州镇守的窦宪，然后再将窦氏集团一网打尽！"汉和帝又与哥哥刘庆商量，刘庆说："陛下可以援引先朝各代君主剪除外戚的例子，历数窦氏的罪恶，诏告天下，据实定罪，理直气壮地消灭窦氏。"几天后，汉和帝给太后问安时，顺便说："匈奴已经归顺，舅父不必在边境辛苦了，调回京来辅政吧。"太后听了，心里很高兴。

窦宪回京的消息马上有人报给了汉和帝，汉和帝立刻命令郑众说："快坐我的御辇去北宫，命令司徒丁鸿把城门紧闭，捉拿窦氏等几个主要头子。"第二天一大早，窦宪起来，忙着准备进宫，这时，只见皇宫的谒者令进来宣读诏书，收回窦宪的大将军印绶，改封冠军侯，并要他马上到封地就职。窦氏其他兄弟也被勒令迁出京城。窦宪意识到大事不好，便带领兄弟妻儿老小到封地去了。不久，窦宪和两个弟弟被勒令自杀。汉和帝处置了窦氏后，又下令追查平素里与窦氏结党营私的人，把他们全部罢免。窦太后心情郁闷，一病不起，过了几年便死了。

人们见为非作歹的窦氏集团覆灭了，都赞扬说："年仅14岁的皇上能果断地在几天内消除不可一世的窦氏势力，真不愧为英明之主呀！"

王充著就《论衡》

题解

　　王充（公元27年—约公元97年），年少时就成了孤儿，乡里人都称赞他孝顺。后来到京太学里学习，拜扶风人班彪为师。他喜欢博览群书，但是不死记章句，家里穷没有书，经常去逛洛阳集市上的书店阅读，于是精通了百家之言。王充一生在政治上很不得志，相传曾做过几任州、县的官吏，但都没什么实权。因为他嫉恨俗恶的社会风气，常常因为和权贵发生矛盾而自动辞职。因此，每次仕进都为期极短。

　　王充家境贫寒，甚至"贫无供养"，但是他把毕生的精力用于著书立说，居贫贱而不倦。他一生撰写了多部著作，其中《论衡》一书流传至今。整个东汉二百年间，称得上思想家的，仅有三位：王充、王符、仲长统。

　　王充字仲任，会稽上虞人也，其先自魏郡元城徙焉。充少孤，乡里称孝。后到京师，受业太学，师事扶风班彪①。好博览而不守章句。家贫无书，常游洛阳市肆②，阅所卖书，一见辄能诵忆，遂博通众流百家之言。

　　充好论说，始若诡异，终有理实……著论衡八十五篇③，二十馀万言，释物类同异，正时俗嫌疑。

注释 <<<
①师事：谓拜某人为师或以师礼相待。
②市肆：集市。肆，店铺。
③袁山松书记载："充所作论衡，中土未有传者，蔡邕入吴始得之。"

后汉书故事

　　王充生于汉光武帝建武三年（公元27年），小时候不欺侮同伴，也不喜欢玩耍，像个大人似的，6岁便开始学习写字了。父亲死后，母亲变卖家产，送王充到洛阳太学去读书。

　　东汉太学仍讲五经，仿照西汉制度，各经分置博士，选用儒经专家教授弟子。儒家的五种经典著作是《诗经》、《尚书》、《易经》、

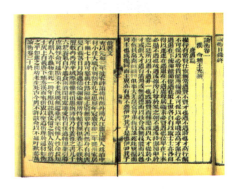

《礼记》、《春秋》。东汉皇帝重视这五种经书，学生也就是博士弟子毕业后可以分配做官。所以当时的读书人都要读经，只要在五经中选读一经就行，这是一条做官的道路。赋是一种文体，类似散文诗，在汉朝很流行。赋的内容多是歌功颂德，描写城市和山河的。如果写好了，献给皇帝，也可以做官，所以学赋也是一条做官的途径。

王充不但经书学得好，而且赋也做得好。王充从小是个神童，过目不忘。太学里只讲五经，实在不够王充学的，他就成了书市的常客。几年时间，他把书市的书都读了，而且都背下来了。读尽天下书，王充终于成了一位渊博的学者。

王充从太学毕业后，为了照顾年迈的母亲，从洛阳回到上虞，一边教书，一边著述。

后来，经人介绍，王充曾一度到郡衙当功曹。因见郡守怙恶不悛，不愿意同他同流合污，不久便辞职回家了。王充回家后，仍是一边教书，一边著述。经过三十年的笔耕，王充终于写出了传世之作——《论

◎王充墓◎

衡》。

《论衡》是我国古代哲学史和文学理论批评史上的重要著作。王充在书中提出了"天地是物质的，万物自生自灭，根本不是上天安排的"、"帝王也是父母所生，并非天的儿子"的观点。在书中，王充反对迷信，认为世上没有鬼。王充还认为社会上的人虽有善恶之分，但人性是可以转变的。他说："恶是可以转为善的，其关键在于教育，在于环境。如果蓬草生在麻中，不用人扶，它自然就直了；如果将白纱抛进墨池，不用染就黑了。"王充认为知识是力量，他举例说："战国时代，人才进入楚国，楚国就强大了；人才走出齐国，齐国就软弱了；人才为赵国服务，赵国就安全了；人才叛离魏国，魏国就衰落了。"王充认为，要想有知识，必须学习，人是没有生而知之的。王充也尊敬孔子，但反对人们把孔子神化，劝人不要盲目崇拜，不要迷信古书和古人。王充不但劝人读书，还关心对文吏的教育。

《论衡》里虽然充满了真知灼见，但由于汉朝皇帝认为自己是天子，并借助于孔夫子来奴役百姓，而王充不承认天，又不肯神化孔子，所以《论衡》在当时成了禁书，只能私下流传。但是，一些有真才实学的读书人都千方百计地想办法读到这部书。有一次，大学者蔡邕到江南去了一趟，回洛阳后，大家发现蔡邕学问大进。大家奇怪地问他："你这次到江南，遇到什么高人了？"蔡邕低声悄悄地对知己说："我在江南读到了王充的《论衡》。"

这部奇书在王充死后一千年，才和读者公开见面。

70岁时，王充贫病交加，不幸离开了人世。

通儒贾逵

题解

　　贾逵（公元30年－公元101年），系西汉洛阳才子贾谊的九世孙。汉明帝十分赏识贾逵，封他为"郎"，让他和东汉史学家、文学家班固同校秘书，应对左右。公元76年，汉章帝即位，他倡导儒家学说，特别喜欢古文经的一些著作，于是下诏让贾逵在东汉皇宫的北宫白虎观和南宫云台继续解释经典。古文经在贾逵的努力下，最终取代了今文经的地位。贾逵一生著书很多，儒家以其为宗，号为通儒，他的学说也被尊称为"贾学"。永元三年（公元91年），汉和帝任其为中郎将，后升为侍中，辅佐皇帝，成为心腹之臣。

　　贾逵字景伯，扶风平陵人也。九世祖谊，文帝时为梁王太傅。

　　逵悉传父业，弱冠能诵左氏传及五经本文[1]，以大夏侯尚书教授，虽为古学，兼通五家穀梁之说[2]……尤明左氏传、国语，为之解诂五十一篇[3]，永平中，上疏献之。显宗重其书，写藏秘阁。

　　逵所著经传义诂及论难百馀万言，又作诗、颂、诔、书、连珠、酒令凡九篇，学者宗之，后世称为通儒。

注释 <<<
[1] 弱冠：古时以男子二十岁为成人，初加冠，因体犹未壮，故称弱冠。
[2] 五家：即尹更始、刘向、周庆、丁姓、王彦等，皆为谷梁。
[3] 五十一篇：左氏三十篇，国语二十一篇。

后汉书故事

　　贾逵字景伯，扶风平陵人。他的九世祖就是西汉大文学家贾谊。曾祖贾光曾任常山太守，汉宣帝时移家到扶风平陵。贾逵的父亲贾徽曾拜西汉大学者刘歆为师，学习《左氏春秋》，兼习《国语》、《周官》，又向涂恽学《古文尚书》，向谢曼卿学《毛诗》。贾逵从小继承了父亲的学术成果，不到二十岁就能背诵《春秋左氏传》和五经的原文了。

◎汉代官印◎

贾逵从父亲那儿继承的正是刘歆发现的古文经，这就是说，他把孔子时代的文史著作都掌握并背下来了。贾逵从小在太学读书，专心致志。因他勤学好问，个子又高，足有八尺二寸，所以同学们常说："问事不休贾长头。"意思是说贾大个子不懂就问，问个不停。贾逵在经书方面尤其精通《春秋左氏传》和《国语》，便为这两部书做了注解，共有五十一篇，献给了汉明帝。汉明帝十分重视，让人誊写一部，藏进秘阁。汉明帝拜贾逵为郎官，让他到兰台和班固一起校书，并在左右供皇帝咨询。汉明帝去世后，汉章帝即位。汉章帝重视儒学，尤其喜好《古文尚书》和《春秋左氏传》。他听说贾逵是儒学大师，便让他入宫讲学，又让他把《春秋左氏传》优于《春秋公羊传》和《春秋谷梁传》的地方写出来。接着，汉章帝让贾逵选二十个高才生，教他们学习《春秋左氏传》。在汉章帝君臣的共同努力下，古文经总算有了出头之日。

汉和帝即位后，于永元三年（公元91年）拜贾逵为左中郎将，永元八年（公元96年）又拜贾逵为侍中，领骑都尉。贾逵成了皇帝的近臣，他参与策划军国大事，负责草拟文书，处理日常事务，受到皇帝的宠信和重用。

很多儒生都拜贾逵为师，向他学习儒家经书，尊他为导师。贾逵一生对儒学贡献很大，被人称为通儒。

阅读延伸

《九章算术》

《九章算术》是中国古代数学专著，承先秦数学发展的源流，进入汉朝后又经许多学者的删补，最后成书于东汉初年。它的出现，标志着中国古代数学体系的形成。后世的数学家，大都是从《九章算术》开始学习和研究数学知识的。

邓太后的故事

题解

　　东汉和帝皇后（公元81年—公元121年）邓绥，史称邓太后，中国历史上又一个垂帘听政的皇后。她谨慎自制，带头节俭，凡珍奇异玩，下令屏除，以免玩物丧志。她只要求供予读书所用的纸墨，其他一概无求。邓皇后的所作所为给后宫倡导了良好的风气。当时，班昭正在皇家东观藏书阁。班昭写的传世作品《女诫》七篇，就是根据邓皇后的举止言行加以修改补充而成的。

　　邓皇后在和帝死后，临朝执政十六年，兢兢业业，勤政爱民，扶持汉室，谨慎守成，最后操劳至死，这在古代后妃中实属罕见。

◎ 105年 和帝卒，邓太后临朝。 ◎

　　和熹邓皇后讳绥，太傅禹之孙也。

　　永元四年，当以选入，会训卒。

　　七年，后复与诸家子俱选入宫……八年冬，入掖庭为贵人①，时年十六。

　　至冬，立为皇后……帝每欲官爵邓氏，后辄哀请谦让，故兄骘终帝世不过虎贲中郎将②。

　　元兴元年，帝崩，长子平原王有疾，而诸皇子夭没，前后十数，后生者辄隐秘养于人间。殇帝生始百日，后乃迎立之。尊后为皇太后，太后临朝。

　　及殇帝崩，太后定策立安帝，犹临朝政。

　　自太后临朝，水旱十载，四夷外侵，盗贼内起。每闻人饥，或达旦不寐，而躬自减彻③，以救灾厄，故天下复平，岁还丰穰。

后汉书故事

　　汉和帝的皇后邓绥的父亲是邓禹的第六个儿子邓训，担任护

羌校尉；母亲阴氏是阴皇后阴丽华的堂姐。邓绥特别喜欢读书，6岁便能读史书了。小邓绥经常和哥哥弟弟们一起读书，一起谈心得。10岁时，她已经通读了《诗经》、《论语》。

过去常常有人说："皇帝有三宫六院七十二嫔妃。"这只是对帝王一夫多妻生活的概括。其实，各个朝代的后宫体制并不完全相同，后妃和宫女的数目也不完全一样。到了汉朝，年纪12岁以上20岁以下的女子，都在应选之列。几年来，由于汉章帝新丧，汉和帝年幼，已经停止选美了。章帝丧期过后，又要为汉和帝选后妃和宫女。这时，邓绥刚刚12岁，也被列入了选美的名单。

不料，晴天一声霹雳，西北传来噩耗，护羌校尉邓训死在任上了。阴夫人听了，顿时昏倒在地。汉朝制度，父母去世时，儿女必须守孝三年。这次选美，邓绥虽然没有进宫，但她的外甥女却进了宫，并且还被立为皇后，这便是阴皇后。三年间，邓绥在家为父亲守孝，用心读书。大汉永元七年，孝期已满的邓绥于八月朔日应召入宫。

邓绥进宫后，小心地与每位嫔妃和睦相处。虽说皇后是邓绥的亲戚，但眼下的阴氏不比当年，总好在众人面前摆皇后的架子，十分骄纵。有时在皇帝面前也使小性子，尤其是好嫉妒。因此，众嫔妃既怕她，又恨她。日子长了，皇帝对她也感到厌烦了。这一天，汉和帝下朝后，独自信步徜徉在御花园的小道上。走着走着，突然发现了前面的邓绥。汉和帝眼睛为之一亮，紧走几步，急着赶了上去。汉和帝见了邓绥，越看越爱看，不由得伸手拉住了邓绥的纤纤玉手，问道："你入宫多长时间了？"邓绥说："臣妾已经入宫半年了。"

◎汉代玉环◎

不久，邓绥便被封为贵人，在宫中的地位仅次于皇后，住进了九龙门内的嘉德宫。从此，汉和帝经常驾临此宫。邓绥虽然受到汉和帝的宠爱，但她却没有恃宠而骄，反而更加谦逊了。

邓绥家教极严，读书又多，所以养成了高贵的品质。入宫后，她经常守候在皇后身边，说话谨慎，遵守法度。对于同辈，她都特别敬重，从来不去和别人争长论短。时间一长，人们无不称赞她贤淑有德。这一切，汉和帝都看在眼里，对邓绥更加宠爱了。特别是当汉和帝发现邓绥喜欢读书后，心里更有说不出的高兴。

东汉自开国以来，几个皇帝都喜欢读书，注重教育。汉和帝亲政以后，不仅继续认真办好太学和四姓小侯专门学校，还在宫中成立了后妃学校，由班昭担任教师，给后妃们讲授儒家经典和天文、算术。班昭是扶风学士曹寿的妻子，早年守寡，品德高尚，学问过人，因此后妃们都尊称她为曹大家。邓贵人经常向曹大家请教，两人很快成为挚友。

◎汉代大小铜爵杯一对◎

汉和帝对邓绥十分中意，尤其对她的学识和刻苦读书的习惯更是赞不绝口，他渐渐地忘记了长秋宫里还有一位阴皇后。阴皇后还年轻，受不了孤眠的凄凉，她抱怨自己命苦，被选入宫，如今却守了活寡。过了几天，阴皇后听说邓贵人指使皇帝到各宫过夜。她认为邓贵人这样做无非是煽动皇妃与自己争宠，于是更加怨恨邓绥了。

有一天，汉和帝上朝，大臣奏道："陛下，有人揭发阴皇后的外祖母邓朱在家暗行巫蛊之术！"汉和帝听了，大吃一惊。对于巫蛊之术，汉朝是明令禁止的。中常侍张慎奉了和帝之命，伙同洛阳令带了公差，到邓朱房中掘地三尺，挖出了木头人，据实上奏。事发后，很多人受到牵连，邓朱的两个儿子被拷打致死，阴皇后的父亲阴纲恐惧自杀，邓朱及其亲属全被流放。事后，汉和帝觉得阴后失德，不足以母仪天下，便派司徒鲁恭到长秋宫收回皇后的玺绶，令她迁出长秋宫。阴皇后被废后，不久便忧郁而死。朝中大臣请汉和帝续立皇后，这样，23岁的邓绥凭着自己的才德和美貌，登上了皇后的宝座。

两年后，汉和帝患了急病，突然驾崩。他既没有托付后事，也未立储君，国家重担一下子落到了25岁的邓皇后肩上。邓皇后没有生儿子，汉和帝和后宫嫔妃生有两个儿子，长子刘胜已经8岁，次子刘隆尚在襁褓之中。汉和帝生前，因长子有病，少子年幼，所以未立太子。邓皇后当机立断，因长子身体不佳，便立刘隆为帝，自己以皇太后的名义临朝听政。

不料，八个月后，刘隆夭折，皇位又空虚了。

邓太后左思右想，便传哥哥邓骘进宫商量，邓骘说："当初没有立刘胜为帝，眼下更不能再立，恐他日后报复太后呀！"邓太后点头称是，于是二人便在汉和帝近支中选择，立了13岁的刘祜为帝，史称汉安帝，仍然由邓太后临朝听政。

◎汉代勾连纹螭龙璧◎

太后临朝，总是要依靠外家父兄的，邓太后也没有例外。她遵从汉和帝的遗嘱，任命大哥邓骘为车骑将军，仪同三司；任命二弟黄门侍郎邓悝担任虎贲中郎将；任命三弟邓弘和四弟邓阊担任侍中。邓太后先封邓骘担任车骑将军，等他有了军功之后再晋升他，但实际上是由他行使大将军的职权的。从此，邓骘掌握了朝中的军政大权。任命四个兄弟担任朝中要职后，邓太后特地在便殿召见了他们，对他们说："当初，和帝曾经数次要按旧例封赏我们邓家，要封大哥为侯，只是我不肯，因此大哥只不过是中级军官而已。现在，让你们出任要职，这是朝廷的需要。幼帝需要你们辅佐，朝中暂时没有更好的人选，我只有重用自家兄弟和先帝的亲信宦官郑众、蔡伦等人。只要你们尽心竭力共保汉室江山，为我分忧，一些议论是暂时的，也是不可怕的。"兄弟们听了，这才放心。

邓太后执政时期，重用大儒杨震，勤政爱民，国家出现了安定局面。

数年后，汉安帝已经长大，应该归政了。但邓太后对汉安帝很不满意。当初，邓太后见他长得挺招人喜欢，谁知长大后却是个花花太岁。邓太后总觉得把江山社稷交给这样的人不放心，但又不好废掉他，只得暂不还政，由自己来管理国家。不料，朝中风波再起，大臣一致要求邓太后归政于汉安帝。41岁时，她积劳成疾，咳血而死。这时，汉安帝已经28岁，终于亲政了。

班昭讲学

题解

　　班昭（公元49年—公元120年），班彪之女，班固、班超之妹，东汉史学家。因丈夫姓曹，历史上又称曹大家。丈夫死后，和帝赏识她的才华，让她供职宫中，教皇后和嫔妃们读书，很受和帝及后妃们的尊重。班固去世之时，《汉书》中的《八表》及《天文志》并未完成，她奉命整修，得以完成。其作品还有"赋"、"颂"、"门"、"注"、"哀辞"、"书"、"论"、"遗令"等十六篇以及《女则》、《女范》、《女孝经》等，她在《女则》、《女范》、《女孝经》中提出了妇女应当遵守的封建伦理道德，为儒家和历代封建统治者所敬重，也就被抬到"女圣人"的地位。

　　扶风曹世叔妻者，同郡班彪之女也，名昭，字惠班，一名姬。博学高才……兄固著汉书，其八表及天文志未及竟而卒，和帝诏昭就东观藏书阁踵而成之[1]。帝数召入宫，令皇后诸贵人师事焉，号曰大家[2]。

注释 <<<

①踵：继。东观：汉王朝的藏书阁。

②大家（gū）：即大姑，古代对妇女的尊称。

后汉书故事

　　东汉开国以来，几个皇帝都喜欢读书，并注重教育。汉明帝永平九年（公元66年），汉明帝为四姓小侯设立了专门学校。四姓指外戚樊氏、郭氏、阴氏、马氏四大族，他们虽然势力强大，但因不属列侯，故称"小侯"。四姓小侯专门学校专收四姓子弟入学，进行儒家思想教育，因此，学校的教学条件和教学质量都要高于太学。后来，学校招收范围逐渐扩大，凡是贵族子弟，不问姓氏，均可入学。由于学校的名气越来越大，连南匈奴单于也派遣子弟前来入学了。

　　汉和帝即位后，不但继续认真办好太学和四姓小学，还在宫中成立了后妃学校，由班昭担任教师，给后妃们讲儒家经典和天文、算数。班固死时，他的《汉书》

◎汉代托盘座花蕾形羊钮盖熏炉◎

还没有完全写完。汉和帝知道班昭是个才女，便让她进宫，续成《汉书》。《汉书》续成后，汉和帝就把她留在宫中教课了。

有一天，汉和帝的皇后邓氏问道："大姑，你讲的五经怎么和我在家里学的五经不一样呢？"班昭见皇后发问，便回答说："秦始皇统一天下之后，下令焚书坑儒，除了秦国的史书和一些种树之类的书，其他的都一把火烧光了。同时，秦始皇还规定了'挟书之律'，严禁私人藏书，违者弃世。汉惠帝时，废除了'挟书之律'。文帝、景帝时，下令发掘古籍，搜集民间散存的经书。武帝时，罢黜百家，独尊儒术，让五经博士研究、整理、讲授五经，儒家的地位大大地提高了。当时，发掘古籍是从两方面进行的，一是口耳相传的，如《尚书》由秦博士伏生凭记忆口授，由朝臣晁错用汉代通用的隶书把它记下来。伏生是济南人，当时九十多岁了，说话不太清楚，因此《尚书》只记下了二十九篇，其中难免有错误。这就是你在家时看到的《尚书》，因是用现在的文字隶书写的，所以叫今文经书。至于我讲的，则是景帝时从孔子旧宅的墙壁中挖出来的，是原书，是古文经书，用篆字写的。因此，你看的和我讲的当然就不一样了。"邓皇后又问："原来，一部经书有了两种本子。依我看，要学还得学古文经书，请问大姑，为什么不废了今文经书呢？"班昭回答说："今文经书与武帝圣意暗合，因而受到武帝的赞赏，被列为官学，成了太学的课本。古文经书则受到冷淡，只在民间私相传授。今文派说古文派不是正统，古文派说今文派不识真假。两派的斗争是很激烈的。但是，自从许慎的《说文解字》写成之后，拥护古文经书的人越来越多了。"

后妃们听班昭说得明白透彻，如数家珍，一下子都来了兴趣。班昭见学生们来了兴趣，讲得劲头更足了。她说："这许慎可不简单，是个学富五车的人。他字叔重，是汝南召陵人。许慎为人敦厚笃实，一心向学。他精通五经，学冠天下，受到大儒马融的器重。人们常说：'五经无双许叔重。'这是说在五经方面的造诣，谁也不如许慎。他不但认识汉

许慎和《说文解字》

公元100年，许慎著《说文解字》。《说文解字》是我国第一部以六书理论系统分析字形、解释字义的字典，也是1800年来唯一研究汉字的经典著作，是我们今天研究古文字和古汉语的必不可少的材料。

隶，而且认识所有的篆字，并且明白每个字的含义。因此，他能读通古文经书。要知道，古文经书是用篆字写的。"邓皇后听了，叹道："所有的梅花篆字都认识，这人可真不简单！我们如果认识篆字就好了，就能读懂古文经书了。"班昭说："这事好办。许慎为了让人们都能读懂古文经书，特地编了一部篆字字典，叫《说文解字》。他把所有的篆字按偏旁部首排列起来，逐字加以解释，将其含义解释得

一清二楚。有了这部字典，人们都能读古文经书了。"后妃们听了这话，齐声说："大姑，我们也想学习梅花篆字。"班昭一听，笑逐颜开，接着说："《说文解字》就是一部极好的篆字教材，要知道它不是无源之水。我国最早的字书是《史籀篇》，它是周宣王的太史编的。《史籀篇》之后又出现了李斯的《仓颉篇》、赵高的《爰历篇》和胡毋敬的《博学篇》，这三部书都是秦代的字书。汉初，将这三部书合编在一起，统称《仓颉篇》。后来，西汉末年的扬雄又编了一部《训纂篇》，本朝的贾鲂接《训纂篇》编了《滂喜篇》。此外，还有司马相如的《凡将篇》和史鱼的《急就篇》。这些字书的体例都是一样的，都是搜集当时的常用篆字，编成四言、六言或七言的韵语，目的是为了儿童识字时好读好记，但对字不作任何解释。这些字书虽然保留了古代文字的形体，但必须有老师解释字义，学生才能读懂。而许慎在编《说文解字》时，把每个字都加以解释了。因此，有了《说文解字》一书，便可以读懂用篆字写的书籍了。"于是，班昭开始教后妃们学篆字，每天带领后妃们读《说文解字》。

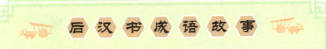

后汉书成语故事

东观续史：东观，汉王朝的藏书阁。原指班昭奉诏在东观续成其兄班固没有完成的《汉书》。后指女子才学高深。
《后汉书·列女传》："兄固著《汉书》，其八表及《天文志》未及竟而卒，和帝诏昭就东观藏书阁踵而成之。"

科学家张衡

题解

张衡（公元78年—公元39年），幼年时候，家境已经衰落，有时还要靠亲友的接济。正是这种贫困的生活使他能够接触到社会下层的劳动群众和一些生产、生活实际，从而给他后来的科学创造事业带来了积极的影响。元初元年迁尚书郎。次年，迁太史令。前后总计任此职达十四年之久，张衡许多重大的科学研究工作都是在这一阶段里完成的。张衡是东汉中期浑天说的代表人物之一，创制了世界上第一架能比较准确地表演天象的漏水转浑天仪，第一架测试地震的仪器——候风地动仪。

◎ 132年 太史令张衡制地动仪 ◎

张衡字平子，南阳西鄂人也[1]。世为著姓。祖父堪，蜀郡太守。衡少善属文[2]，游于三辅，因入京师，观太学，遂通五经，贯六艺。

衡善机巧，尤致思于天文、阴阳、历算……安帝雅闻衡善术学，公车特征拜郎中，再迁为太史令[3]。遂及研核阴阳，妙尽璇机之正，作浑天仪……

阳嘉元年，复造候风地动仪。

注释 <<<

[1]西鄂：故城在今邓州向城县南，有平子墓及碑。

[2]属（zhǔ）文：撰写文章。

[3]太史令：官名，掌管天文历算等。汉官仪"太史令属太常，秩六百石"。

◎张衡像◎

后汉书故事

汉章帝建初三年（公元78年），张衡出生在南阳郡西鄂县东郊的夏村。张衡的祖父叫张堪，年轻时到长安求学，天资聪颖，学业出众，被老学究们誉为"圣童"。光武帝刘秀起兵后，他率全家追随刘秀。后来，他全力支持吴汉攻下成都，杀了公孙述。刘秀闻讯，任命他为蜀郡太守。两年后，匈奴入侵，渔阳告急，刘秀见他能独当一面，便调他去担任渔阳郡太守，抵抗匈奴。张堪带领渔阳军民打退了匈奴人的进攻，然后组织百姓兴修水利，开垦稻田八十多万亩，使百姓生活得到了改善。有首民谣赞扬他说："张君为政,乐不可支!"张堪在家乡夏村造了一栋瓦房,红漆大门,高高的围墙,前有院子,后有花园。张堪死的时候,儿子年幼,他夫人依靠一点积蓄在家乡买了少量田地,靠收租吃饭。由于家里排场大,花费多,儿子长大后又体弱多病,未能做官,坐吃山空,所以越来越穷了。

张衡小时候对什么都好奇,尤其喜欢数星星,只要是晴天,张衡每天晚上乘凉的时候,总要看看北斗七星。张衡天天数星星,数着数着,便摸出了一些规律。从此,他对天文产生了极大的兴趣。

张衡10岁时,祖母和父亲相继去世了。母亲和舅舅商量后送他去读书。张衡15岁时,已经读了不少经书,文章和辞赋也写得很好,有希望由县令和郡太守推荐到太学去做博士弟子了。这时,太学里那些老师为了夸耀自己的所谓学问,把经书讲得非常繁琐,有的博士把一部儒经加上一百多万字的注释强迫学生死记硬背。张衡认为这样读书是一种痛苦,收获也少。他主张学习各家各派的学说,取长补短,才能得到真实的学问。于是,17岁的张衡决定先游览祖国的大好河山,在游览中增广见闻。通过两年多的游览,张衡扩大了眼界,开拓了心胸,积累了大量的创作素材。张衡在洛阳住下来,因他未经县、郡两级推荐,不能进太学读书,他就开始自学。

通过五年多的勤学,张衡的学问有了很大长进。他不但通五经,而且还通礼、乐、射、御、书、数六艺,洛阳人都称赞他是"南阳通人"。23岁时,张衡随新任南阳太守鲍德担任南阳主簿。不久,发现南阳缺少学舍。张

◎地动仪雕塑模型◎

衡主持兴建了新学舍,这所学舍对南阳文教事业的发展起了很大作用。鲍德在南阳郡任太守长达九年,被当地人赞扬为"神父",皇帝听说后,调鲍德到朝廷做了大司农。张衡因母亲年老多病,留在西鄂县老家照顾母亲。

永初五年(公元111年),汉安帝下诏,要各级官员推荐人才,鲍德推荐了张衡。这时,张衡的母亲已经去世了。于是,他辞别故里,再一次到了洛阳。张衡进京后,担任了尚书郎中,三年后又升任尚书侍郎。

汉安帝元初二年(公元115年),张衡担任太史令。太史令手下有三个丞是辅助太史令的官,一个丞是太史令的助手,一个丞管明堂,一个丞管灵台,还有几十个待诏从事低级事务。张衡刚上任,当天就到灵台去了。灵台远望像个"凸"字,顶上一层有六丈高,方形,高台四周围绕着较低的台,低台是一圈走廊和小间房子。这台是把泥土夯紧打实筑成的,正北面中间有石阶可以登上台顶。张衡首先注意到一件较大的仪器,叫做浑仪,是由四个大铜圈组成的。铜圈上刻有度数,可以转动。这是测量星星的位置用的。转动铜圈,使窥

管正对着一颗星，那颗星刚巧在窥管正中出现，可以量出那颗星距北极的度数，距黄道的度数，或距其他星的度数。张衡看了这些，觉得是到了多年来梦寐以求的地方。一年以后，灵台顶层增加了一件新仪器，因为

它是说明浑天学说的形象教具，所以称为浑天仪。张衡掌握了日、月、星辰的运行现象，能够比较精确地计算出北斗七星的运转规律。初四年（公元117年），他根据这种规律创制了新型的浑天仪。

汉顺帝永建七年（公元132年），张衡又制成了地动仪。汉顺帝阳嘉二年（公元133年）四月的一天，忽然"当"的一声响，打破了地下值班室的沉寂。值班人员跑过去一看，见东北方龙嘴里衔着的铜丸掉下来了。他连忙奔出地下室，向张衡报告。他在路上正走着，忽然遇到张衡。没等他开口，张衡抢先问道："铜丸掉下来了吗？"值班的人说："掉下来了，是东北方向的。"张衡跑进地下室，检查了铜丸掉下来的情形。原来，这天张衡看见门窗摇动，似乎发生了地震，所以快步来看地动仪，正好遇到值班看守的人来向他报告。通过这次地震，张衡认为：第一，地动仪是有效的，能够预报地震。不过这次地震在洛阳发生，地动仪的预报并不比人的感觉早，因而地动仪的作用不明显。第二，这次东北方的铜丸掉落，说明这次地震的中心是在洛阳的东北方。

◎汉代绿釉仓◎

汉顺帝永和元年（公元136年），张衡被派到河间王国，给河间王做了国相。这时，他已经59岁了。张衡在河间做官近三年，河间的治安好转了，生产也得到一定的发展。他的政绩受到当地百姓的称赞，都说："张相真不愧是张堪太守的孙子啊！"

又过了两年，张衡积劳成疾，加上十分思念家乡，于是向皇帝上表辞职回乡。汉顺帝调他回京城当了尚书。张衡担任尚书，比较清闲，便常到灵台去看他创制的浑天仪和地动仪。看到这些仪器还在正常地发挥作用，他感到无限快慰。

回京才一年，张衡生了病，第二年就去世了，终年62岁。

蔡伦造纸

题解

　　蔡伦（公元63年—公元121年），一生在内廷为官，先后侍奉四个幼帝，投靠两个皇后，节节上升，身居列侯，位尊九卿，却以惨死告终。但他在兼管尚方时，造出植物纤维纸，推动了手工业工艺的发展，被称为东汉时期的科学家。

◎ 105年 蔡伦向汉和帝献纸 ◎

　　蔡伦字敬仲，桂阳人也。以永平末始给事宫掖，建初中，为小黄门。及和帝即位，转中常侍，豫参帷幄。

　　永元九年，监作秘剑及诸器械，莫不精工坚密，为后世法。

　　自古书契多编以竹简，其用缣帛者谓之为纸。缣贵而简重，并不便于人。伦乃造意①，用树肤、麻头及敝布、鱼网以为纸。元兴元年奏上之，帝善其能，自是莫不从用焉，故天下咸称"蔡侯纸"②。

注释 <<<

①造意：首倡某种主意、办法。

②湘州记载："耒阳县北有汉黄门蔡伦宅，宅西有一石白，即是蔡伦舂纸白。"

后汉书故事

◎蔡伦像◎

　　蔡伦字敬仲，湖南桂阳人，生于汉光武帝晚年，汉明帝时入宫做了小太监。蔡伦最喜爱的事是读书，一有空就往秘书监杨太史那里跑。他见杨太史整天用刀笔在竹简上刻字，十分辛苦，不禁深表同情。一天，他问杨太史说："听说过去有人发明过纸，为什么不用纸写字呢？"杨太史说："纸在西汉时就出现了，因是用麻做的，故称麻纸，但它脆而粗糙，不适宜写字，只能用来包东西。"蔡伦听了，若有所思。

　　汉和帝永元八年（公元96年），在杨太史的举荐下，蔡伦被提拔为尚方令，专门负责管理宫中刀剑等器物的制造。由于蔡伦忠于职守，刻苦钻研技术，他负责监制的兵器质量特别好，受到广泛的赞扬。有一天，蔡伦经过御花园，偶尔发现一棵桑树的树浆溢了出来，风干之后形成了薄膜，轻轻用手一撕，薄膜居然被揭下来了。蔡伦忽有所悟："何不用树浆形成的薄膜代替竹简呢？它一定比麻纸好用。"当时，蔡伦担任尚方令，手下聚集了许多能工巧匠，于是，他在这些人的基础上，又找了许多造纸方面的人才。他们收集了许多破麻布片、麻织破鱼网、椿树皮、麦秸、稻草等，把它们放在一起切碎后，放在草木灰水和石灰水混合而成的碱性溶液里泡得发臭发软，再用这种纸浆造纸。用这种方法造出来的纸体轻质薄，非常适合写字。

蔡伦将新造出来的纸献给皇帝，受到了皇帝的称赞。蔡伦对汉和帝说："请皇上给这种书写用品赐个名字吧。"原来，过去竹简和丝织品都可以制造书籍，人们称用来制造书籍的丝织品为纸。从"纸"字的偏旁就可以知道它是一种丝织品。现在，蔡伦请汉和帝赐名，汉和帝说："蔡公公造出来的书写用品又薄又白，和过去做书用的丝织品——纸极其相似，干脆就叫纸吧。"于是，纸有了新的含义，并渐渐得到了推广。

当杨太史捧着蔡伦送给他的一叠纸时，不禁老泪纵横，这份孝心比亲生儿子还重

啊。只要了解过去刻字之难，就可以理解他这种心情了。古时，人们看书、写字是件很困难的事。当时的书籍都是用竹简、木片、龟骨、兽骨和金石等制作的。汉武帝时东方朔给皇帝上书，竟写了三千根竹简，派两个武士才把他写的奏章抬进朝堂。这份奏章大约有三百多斤重。当时，虽然有了丝织品，但价格相当昂贵，一匹帛可以换七百二十斤米。面对这种情况，人们绞尽脑汁，要研制一种能够代替竹简和木片的文字载体。而今天蔡伦造出了十分适用的纸，这是多么难得啊。汉和帝死后，邓太后临朝听政，封蔡伦为龙亭侯，因此人们称他造的这种纸为"蔡侯纸"。从那时起，人们使用龟壳、兽骨、竹简、木片做文字载体的日子一去不复返了。

汉安帝亲政后，将邓太后重用的贤臣全都换掉，换上了自己的亲信。这些人挑拨是非，对汉安帝说："陛下，蔡伦是杀害皇上祖母的凶手，不能让他逍遥法外啊！"原来，汉章帝的宋贵人就是汉安帝的亲祖母，当年，是蔡伦奉了窦太后的命令杀了宋贵人。汉安帝听说蔡伦是杀他祖母的凶手，大怒道："传我的命令，快让蔡伦自己去见廷尉！"

这时，蔡伦已经六十多岁了。他见内侍传令让他去见廷尉，心想："我身为四朝老臣，怎能受辱呢？"于是，这位身历汉章帝、汉和帝、汉殇帝、汉安帝四朝的老臣便喝毒药自杀了。

◎蔡伦墓◎

名将虞诩

题解

　　虞诩（？—公元137年），东汉名将。自幼好学不倦，12岁即能通晓《尚书》。他父母早亡，祖母一直靠他赡养。县里推举他为"顺孙"，国相也数称他有奇才，欲召为吏，而虞诩则以"祖母九十，非诩不养"辞之。祖母死后，他才入仕，在太尉李修府中担任郎中。后历朝歌县长、武都太守、司隶校尉、尚书仆射。虞诩刚正不阿，"好刺举，无所回容，数以此忤权戚，遂九见谴考，三遭刑罚，而刚正之性，终老不屈"。可见他一生的道路是多么坎坷。

　　虞诩字升卿，陈国武平人也①。

　　早孤，孝养祖母。县举顺孙……后祖母终，服阕②，辟太尉李修府，拜郎中。

　　后羌寇武都，邓太后以诩有将帅之略，迁武都太守，引见嘉德殿，厚加赏赐。羌乃率众数千，遮诩于陈仓、崤谷，诩即停军不进，而宣言上书请兵，须到当发。羌闻之，乃分抄傍县，诩因其兵散，日夜进道，兼行百余里。令吏士各作两灶，日增倍之，羌不敢逼。

后汉书故事

　　虞诩字升卿，陈国武平人，从小热爱学习，无书不读。他生下来不久，便父母双亡。懂事后，他对祖母极为孝顺，被县里推举为顺孙。祖母去世后，虞诩应太尉李修之聘做了郎中。

　　永初元年(公元107年)，东汉安帝即位不久，朝廷决定撤销西域都护府。西域就是新疆地区，西域都护府是汉朝管理西域的机构。为了接回西域都护府的官兵，朝廷让陇西一带的羌人服兵役，前去西域戍守。这支由羌人组成的军队，怕到了戍地再也回不来，走到酒泉时，纷纷向家乡逃去。朝廷得知后，一面命令各地派兵拦截，一面到羌人住地去捉拿。这样，便引起了羌人的骚动。羌人头

◎汉代蒜头瓶◎

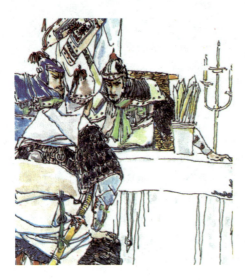

◎虞诩增灶破羌兵◎

领利用羌人对汉朝统治者的不满，聚众造反，攻破了凉州和并州，占据了甘肃的东南部，不久又扩展到甘肃的东北部和陕西的北部。

汉安帝派兵前去讨伐，苦战连年，不能取胜。于是，他想放弃凉州，只从东面堵击羌人。

这时，虞诩对李修说："此计甚为不妥，国家的土地乃是先皇辛苦开疆所得，岂能丢弃？再说，丢掉凉州，国家便不完整了。如果抛弃凉州，关中就成为国家的西疆，西汉皇帝的陵寝就将暴露在敌人面前，这怎么行呢？俗话说：'关西出将，关东出相。'我们守住凉州，陇西的敌人就有后顾之忧，不敢深入关中了。凉州百姓为国家守土，抗拒羌人，一旦把他们抛弃，就等于把他们推向敌人了。这样，会增强羌人的力量，羌人的叛乱就更不好平定了。"李修听了，连声赞好。虞诩献计道："皇帝应该让

凉州的豪杰和官吏子弟到朝中做官，加强凉州和中央的联系。"李修大喜，依计而行。

大将军邓骘坚决主张放弃凉州。由于虞诩的建议，他的主张未能实现，因而怀恨在心，要伺机陷害虞诩。不久，洛阳东北的朝歌县出现了大股土匪，一连几年平定不了。于是，邓骘便向皇帝推荐虞诩出任朝歌县长，去剿灭土匪。如果剿灭不了，好治他的罪。虞诩到朝歌上任后，订出三条标准招募壮士：第一条是持械抢劫，第二条是伤人偷盗，第三条是服丧期间不理家业。经衙役推荐，不几天就招了一百多人。虞诩设宴招待，赦免他们过去所犯的罪过，让他们打入土匪中去，引诱土匪出来抢劫，同时埋伏好衙役，一次就打死土匪数百人。接着，虞诩又派缝衣匠投到土匪中去为他们缝制衣服，用红线缝衣襟。当土匪穿着这样的长袍进城购物时，立即被衙役认出并逮捕了。为此，土匪大为惊恐，以为虞诩有神术，吓得四散逃走，朝歌从此平静下来。邓骘要害虞诩，反而成全了他。从此，虞诩天下闻名了。

后来，虞诩调任河北任怀县令。大将任尚在陇西平叛中，屡次被羌人打败。他听说虞诩是个智多星，就特地跑到任怀去向他求教。虞诩分析说："弱的不能打败强的，步行的不能追赶奔跑的。现在，羌人多骑战马，一日能行几百里，官军步行追赶他们，根本赶不上。因此，关中虽有官军二十多万，打了多年，仍不能平叛。依我之见，不如让各郡的士兵复员，条件是每二十人买一匹马交给你，将二十万官军变成一万骑兵。另外，用骑兵追击羌兵时，要前堵后追。这样，羌兵就不能任意横行了，陇西很快就会平定的。"任尚听罢大

喜,回去后依法而行。
不久,他便率骑兵袭
击了羌兵的大本营,
打了一个大胜仗。

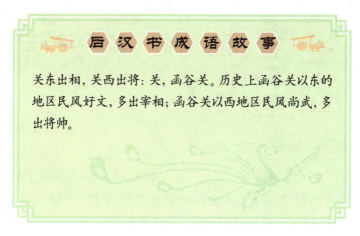

后来,羌人大举
进犯甘南武都郡。邓
太后听说虞诩有将帅
之才,召他进京,提拔
他为武都太守。羌人
听说虞诩要到武都郡
做太守,忙派几千人在
陈仓崤谷截击。虞诩带的军队人数不多,快到陈仓时,听说羌人截
击,就驻扎下来,向当地百姓散布说:"我们没有援兵,不走啦,等
援兵来了再走。"负责截击的羌人听说虞诩不走了,就分散到各县
去抢劫。虞诩听说后立即带人出发,日夜前进,一天就走了二百来
里。途中停下来做饭时,命令在每个灶旁多砌一个灶,每天都要增
加一倍。羌人发现虞诩带人走了,立即追了上来。追到虞诩等人做
饭处,发现灶数逐日增加,便不敢追了。原来,他们以为武都郡派兵
来接虞诩了。虞诩利用智慧,甩开了羌兵,顺利地到达武都郡。

不久,羌酋派一万多羌兵攻打武都郡属下的赤亭城。虞诩手下
只有三千来个士兵,他便带一部分士兵前去守城。羌兵攻城时,虞
诩只让手持小弓、软弓的人射。羌兵以为守军弓力小,射不远,便都
围到城墙下来了。这时,虞诩命令大弓、硬弓一齐射,二十个人射一
个人。敌人纷纷中箭倒下,活着的回身就逃。虞诩乘胜追击,杀
死了大量敌人。第二天,虞诩叫士兵排好队伍,打着旗
帜,从东门出城,从北门进城。进城后,换了旗帜,再
从南门出城,从西门进城。羌兵的探子看见后,回去报
告说:"汉人的援兵到了!"羌兵大为惊恐,决定撤走。
虞诩在敌人必经之路设下伏兵,将这股敌人一网打尽。

虞诩刚到武都郡时,那里的百姓只有一万多家。虞诩整顿
治安,发展生产,招集流民,三年后,武都郡盐米储量增加了十倍,
住户增加到四万多家。后来,虞诩因功进京做了司隶校尉,官至尚
书令,以忠直闻名。

◎汉代素耳杯◎

坐享其成汉安帝阎皇后

题解

东汉腐朽的政权和激烈的斗争导致了一个奇特的历史现象，即皇帝多短命。皇帝短命，即位者自然就年幼，而且许多皇帝没有后嗣，于是出现了母后临朝听政的局面。元兴元年(公元105年)，和帝驾崩，邓皇后自己没有儿子，刚满百日的刘隆被立为皇帝，即汉殇帝。延平元年(公元106年)，殇帝夭折，邓绥定立清河王刘祜为汉安帝。

安帝为清河王子，汉殇帝崩，邓太后征立为嗣皇帝。帝遂即入京即位，时年13岁。帝初立，邓太后总揽政权，至永宁二年(公元121年)二月，邓后卒，帝始亲政，年已28岁。邓氏既败，宦官李闰、江京及安帝乳母王圣等，遂即参与朝政，皇后阎氏之兄弟亦封侯拜将，参与朝政。自此，宦官、外戚共掌朝政。宦官、外戚掌权，而安帝则不理朝政，吃喝玩乐。安帝死后，太子被废。阎后立章帝之孙、北乡侯刘懿为帝，而北乡侯只在位半年。刘懿卒后，阎氏秘不发表，屯兵宫中自守。而宦官孙程等，联合宫中几大掌权宦官，秘密迎立废太子济阴王保为帝，是为顺帝。而阎后则被囚禁起来，不久死去。阎显、江京等被杀，史称此事为夺宫之变。

◎ 公元125年 安帝卒，后宦官起事，拥立刘保为帝，是为汉顺帝。 ◎

安思阎皇后讳姬，河南荥阳人也。祖父章，永平中为尚书，以二妹为贵人。

后有才色。元初元年，以选入掖庭，甚见宠爱，为贵人。二年，立为皇后。后专房妒忌[1]，帝幸宫人李氏，生皇子保，遂鸩杀李氏[2]。

建光元年，邓太后崩，帝始亲政事……后宠既盛，而兄弟颇与朝权，后遂与大长秋江京、中常侍樊丰等共谮皇太子保[3]，废为济阴王。

注释 <<<
[1] 专房：犹"专夜"、"专宠"。
[2] 鸩：毒鸟，用其羽划酒中，饮之立死。
[3] 谮：说别人的坏话，诬陷，中伤。
[4] 惠王：名寿，章帝子。

四年春，后从帝幸章陵，帝道疾，崩于叶县其夕，乃发丧。尊后曰皇太后。皇太后临朝，以显为车骑将军仪同三司。

太后欲久专国政，贪立幼年，与显等定策禁中，迎济北惠王子北乡侯懿[④]，立为皇帝。

少帝立二百馀日而疾笃……而中黄门孙程合谋杀江京等，立济阴王，是为顺帝。显、景、晏及党与皆伏诛，迁太后于离宫，家属徙比景。

后汉书故事

邓太后迟迟不肯让汉安帝管理朝政，受到大臣许多非议，其实她也有苦衷。当初，她听说汉安帝生得聪明伶俐，便立他为皇帝了。没想到汉安帝长大后，十分荒淫，不求上进。这事对外不能说，邓太后内心异常痛苦。

当时，邓太后办了一所学馆，学员是王爷的子弟及邓家的近亲。每当考试时，她都要亲自监场。河北王的儿子刘翼才气出众，太后非常重视他，便立他为平原王。汉安帝的奶妈王圣唯恐太后立刘翼为帝，便勾结内侍江京、李闰和樊丰三人，这三人早就想仿效宦官郑众辅佐汉和帝的旧事，有一个攀龙附凤的机会，便欣然接受了王圣安排给他们的任务。

汉安帝对奶妈异常信任，对邓太后又恨又怕。邓太后死后，汉安帝亲政。他昏庸无道，把外朝政事都交给了舅舅耿宝和皇后阎氏的几个兄弟，后宫的事都委托给王圣和江京等四人。这些人整天在一起陷害无辜，首先是把邓太后一门搞得家破人亡。这时，邓太后的兄弟一辈只有大将军邓骘还活着，其余几个兄弟都已经死了，他们的子弟都曾封侯赐爵，汉安帝便把他们都废为平民。邓骘被免职回归故里，被郡县官吏逼迫而死。

外戚邓家败落了，而新的外戚和宦官却火起来了。新外戚和宦官江京、李闰等都封了侯。奶妈王圣及她的孙女伯荣光耀一时，在宫里横行霸道，耀武扬威。有一天，汉安帝太子刘保的乳母王男见

◎汉代镏金铺首◎

到宫中的厨监丙吉，丙吉问王男说："近来太子可好？"王男说："还好。"丙吉问道："怎么很长时间不见太子了？"王男说："如今一人得道，鸡犬升天，宫里上下闹得乌烟瘴气，不知什么时候得罪哪家山神土地，躲还来不及，足不出户都不知何时遭到灾祸呢！谁还敢出来？"丙吉点头说："可也是，小心点吧！"说完二人便分手了。不想这些话被小太监听见，传到江京耳中。江京哪肯放过，把王男和丙吉二人害死后，将他们的家属流放到了边地。

太子刘保听说乳母无辜被人害死，悲痛万分。他从小失去了母亲，与乳母相依为命，眼下乳母又死于非命，他忽然感到没着落了。王圣听说太子如此悲伤，心中非常不安，唯恐太子即位后报复他们，便找到江京等人。四人凑到一起，商量了好久也没有拿出良策，最后王圣说："这件事得由皇后做主，方能了却我们的心愿！"

皇后阎姬是河南荥阳人，她的祖父阎章在汉明帝时曾任尚书，他的两个妹妹都是汉明帝的贵人。阎姬的姨妈嫁给了邓太后的弟弟邓弘，她以外戚女儿的身份被选入宫中。在她入宫之前，汉安帝已有嫔妃李夫人，还为汉安帝生了皇子，就是现在的太子刘保。阎姬进宫后，因她生得妩媚动人，汉安帝便改变了立李夫人为后的主意，册立阎氏为皇后了。阎氏登上皇后宝座后，仍然不满足，担心自己生不出皇子来。他利用汉安帝对她言听计从的优势，设计把李夫人鸩死。她还想把太子害死，多亏邓太后洞察一切，及时抑制事态的发展，太子刘保才保住了性命。不久，邓太后命令汉安帝立6岁的刘保为太子。邓太后死后，阎皇后一直想害太子，只是没有找到合适的机会。

王圣四人研究好对策，第二天，王圣和江京来到长秋宫，将发生的事一五一十地讲了一遍。这天晚上，汉安帝与往常一样驾临

◎东汉马头◎

长秋宫,发现皇后眼睛里滚动着泪水,汉安帝忙为她擦拭。阎皇后马上现出一副愁苦的样子说:"陛下,你可记得王男和丙吉前些日子设巫蛊诅咒陛下与臣妾吗?"皇后见汉安帝还记得,便趁机说:"其实,与此事有关连

的还有太子和他的东宫臣属们。他他们密谋造反,想谋害陛下和臣妾。"汉安帝一听,不假思索地骂道:"孺子不孝,竟敢做这等不义之事!"第二天早朝,汉安帝召集文武大臣,把皇太子废为济阴王,软禁在北宫德阳殿。

汉安帝即位后,封他的乳母王圣为野王君,并下诏给她修建高楼大厦。樊丰一听,马上为王圣张罗动工的事。这一切朝中的大臣看在眼里,急在心上。有的人敢怒而不敢言,也有的人认为即使掉脑袋也要奏报皇帝,杨震就是其中一个。他三番五次劝告皇帝,把汉安帝烦得见了他就头痛,而他仍然唠叨不休。西羌进攻金城、武威,鲜卑进攻居庸关,北匈奴和车师进攻河西,安帝胸怀也够"宽广"的,这些国事,居然置之不理,照常吃喝玩乐。他把朝中的大事交给了中常侍樊丰。杨震劝他说:"陛下,前朝有过教训,不可信任宦官啊!"可汉安帝就当没听见。樊丰等人见杨震说话不管用,胆子更大了起来,竟假传圣旨,用国家的钱给自己修花园,大兴土木。

后来,杨震一死,汉安帝可就清静了。他带着皇后、皇亲、国戚、宦官樊丰等人离开京城,到南边游玩去了。不料乐极生悲,到宛城时,汉安帝突然生了病,病情日益恶化。阎皇后慌了手脚,忙下令回京。御驾颠簸在叶县的大道上,年轻的汉安帝有气无力地躺在车里咽了气。

汉安帝死时年仅32岁,一句话也没有说。阎皇后几个人商量后决定,学习古人的方法,秘不发丧。次日傍晚,宫中才传出信来,说皇上驾崩了。江京和阎显等人簇拥着阎皇后坐上了金銮殿,以皇太后的身份召集百官,一面下令治丧,一面派人去迎接汉章帝的孙子北乡侯刘懿来洛阳。阎皇后让2岁的刘懿即位,自己名正言顺、如

愿以偿地做了太后。她的第一步就是想把阎家的人提拔到重要岗位上，只是朝中有汉安帝的舅舅耿宝等人掣肘，令她不得施展，她只能封阎显为车骑将军。阎显给她出

◎汉代龙首柄铜釜◎

主意说可以联系朝中元老，只要有人出头，朝中的文武百官一定响应，那时，便可顺水推舟，铲除这几个害群之马。阎显得到太后的支持后，便立刻行动起来了。他暗自结交太傅冯石、太尉刘熹和司徒李郃，不久三人就混得很熟了。阎显经常请他们喝酒，于是四人联名上奏太后，历数了王圣等人的罪恶。阎太后看到奏章后，立刻下诏，几个人便成了阶下囚。经过一番审问，耿宝服毒自杀，樊丰等人都在狱中毙命，王圣的孙女伯荣被流放到雁门。阎太后除掉了这些心腹之患，立刻下诏："封阎景为卫尉，阎耀为城门校尉，阎宴为执金吾。"阎显就更不用提了，执掌着朝中大权，可以说位居显要。

刘懿小皇帝因为年龄小，从外地到京城的途中受了颠簸，在宫廷里生活又不太习惯，便生起病来，病情越来越重。进京只有二百多天，便呜呼哀哉了。阎太后接受了江京的意见，对外封锁消息。同时，秘密派人前去迎接河间王子弟进京。这些秘密行动没有躲过宦官孙程的眼睛。当年，邓太后在世时，他曾是邓太后的红人，一向与江京、樊丰不和。眼下见宫廷上下忙得乱了阵脚，便觉得机不可失。于是他马上找到了前太子府长吏、中黄门王廉、长乐宫太官丞王国、东宫谒者兴渫等人，几个人都赞成孙程的想法，便又分头联络了一些人，加上他们，共计十九个宦官，筹备起事。

这年十一月二日，十九个宦官一同来到德阳殿西钟下，集体宣誓，表示决不反悔。两天后的晚上，他们各持武器闯进了章台门，冲进了崇德殿。这天晚上值班的是黄门令刘安、钩盾令陈达等四人。他们发现这么多宦官闯进来时，已经来不及声张了。于是，大家直奔德阳殿西钟下，迎立11岁的济阴王刘保为帝，史称汉顺帝。接着，孙程下诏，命令尚书仆射以下的官员，一律跟随汉顺帝的御辇，来到了南宫云台。

　　骠骑将军阎显正在太后宫中，小黄门樊登惊慌失措地跑来报告道："不好了！济阴王已经即位称帝了！"太后一听愣住了，阎显也不知道如何是好，二人慌成一团。太后的弟弟阎景听说宫中出事了，忙带领五百名士兵冲进盛德门。孙程已传顺帝的诏令，命令尚书郭镇统率御林军缉捕阎景，双方人马正好在盛德门相遇。一场血战持续了一夜，外戚和阎氏兄弟全部被杀。

　　一年后，阎太后忧郁成疾，一命呜呼了。

张纲埋轮

题解

　　张纲为留侯张良的七世孙，少时勤奋好学，对经学有一定研究。他虽出身官宦家庭，但少纨绔气息，很注意气节方面的修养。主管教化的司徒知道张纲品学兼优，便征召他但任朝廷御史。在朝廷"豺狼当道"之时，激于"秽恶满朝"，他毅然上书直言，揭露梁冀的十五大罪状，要求朝廷将其处以"大辟"之刑，矛头直指外戚诸梁集团，"奋身出命"而"扫国家之难"！

　　◎ 108年，朝廷派张纲等八个大使巡行全国，检查吏治。 ◎

　　纲字文纪。少明经学。虽为公子，而厉布衣之节。举孝廉不就，司徒辟高第为［侍］御史。时顺帝委纵宦官，有识危心。

　　汉安元年，选遣八使徇行风俗，皆耆儒知名，多历显位，唯纲年少，官次最微。馀人受命之部，而纲独埋其车轮于洛阳都亭，曰："豺狼当路，安问狐狸！"

后汉书故事

　　张纲字文纪，犍为郡（四川乐山地区的一个县名）武阳县人。他的七世祖就是汉初三杰之一的张良。张纲从小就懂儒家经典，虽身为贵家公子，却像平民一样崇尚朴实。后来，司徒高第聘请他到朝廷当了御史。

◎汉代的五铢钱◎

　　汉顺帝时，宦官当权。见国家呈现出危亡的征兆，于是，他上书谏道："当年，大汉初建之时和光武中兴之日，太监不过数人。朝廷充满和气，四海相率宾服。愿陛下减少太监，追随先帝之风。"汉顺帝是在宦官

拥戴下当上皇帝的，对他们感恩不尽，因此没有听张纲的话。

汉顺帝汉安元年（公元142年），朝廷派了八个大使巡行全国，检查吏治。这八个大使都是名臣，人称"八俊"。其中张纲最年轻，其余七个都是宿儒。接到命令后，那七个宿儒都出发了，只有张纲不肯动身，将朝廷派给他的车子卸下车轮，埋在土里，愤愤不平地说："朝廷上有豺狼当道，为什么要到地方上去查问狐狸？"

张纲所说的豺狼指梁皇后的哥哥梁冀，他和宦官勾结在一起，把持朝政，无恶不作。

张纲认为朝廷要检查吏治，应该先从梁冀开始，否则舍本逐末，不能从根本上解决问题。因此，他没有出京，把车轮埋了，回家写了一篇奏章，参劾梁冀，列举了梁冀的十五条罪状。

张纲埋轮上书，震动了朝廷，但汉顺帝没有听他的。梁冀听说张纲参劾他，想把他立即置于死地，但又怕舆论难容，只得慢慢寻找机会。不久，机会来了。原来，广陵一带因地方官盘剥百姓，百姓活不下去了，只好聚众造反，推张婴为头领，杀了郡守和县令，上山落草为寇了。他们常常下山劫富济贫，活动范围遍及扬、徐二州之间，朝廷多次派兵征讨，十多年也没有平定。最近派去的大将，又兵败回朝了。梁冀听说后，便劝尚书任命张纲为广陵太守，让他去送死。如果不死，也可以找些借口杀了他。

过去，每次大将出征时，都要向朝廷要好多军队，而这次张纲上任，只是单车前往。大臣们见了，都为他捏了一把汗。张纲到了广

陵，也顾不上休息，就带了十多个郡吏和衙役上山，来到张婴大营前。张婴听说新任太守来了，大吃一惊，连忙让人把好营门，全军警戒。张纲在营门外大喊道："我是新任太守张纲，是来慰问你们的，愿与你们长老相见！"原来，这伙义军称他们的首领为"长老"。张婴听说后，见张纲只带十多个人前来，知道他确有诚意，便开了营门，向他下拜，将张纲请到大堂。张纲劝他说："过去历任太守太贪暴

◎汉代锉金银香薰◎

了，你们没有活路，才愤而造反。太守固然有罪，但你们这样做也属不义。现在，皇上以仁义治天下，因此派我来给你们送爵禄，而不是送刑罚。这正是转祸为福的大好时机啊！如果你们执迷不悟，天子赫然震怒，荆、扬、兖、豫四州大军一旦前来合围，你们岂不危险了吗？"张婴听了张纲一席话，流泪说："我们也知道在这啸聚山林，如鱼游釜中，不是长远之计。只是担心投诚之后，必遭朝廷屠戮，妻儿老小性命难保！"张纲听了，指天发誓道："我愿以身家性命保你们全数平安，不死一人！"张婴听了，十分感动，便率万余人接受招安了。梁冀想借刀杀人，反倒给了张纲一个立功的机会。汉顺帝听说后，去了一块心病，大喜道："十年征讨，不知死了多少人，花了多少军饷，今日张纲只身前往，马到成功，古时名将也不过如此啊！"说完，就要降诏召张纲回朝，委以重任。梁冀见了，忙从中作梗，汉顺帝只得作罢。

后汉书成语故事

张纲埋轮：张纲掩埋车轮。比喻敢于弹劾权贵。《后汉书·张王种陈列传》："馀人受命之部，而纲独埋其车轮于洛阳都亭……"

"文范先生"陈寔

题解

陈寔出身贫寒,青年时为县吏。由于他天资聪明,勤奋好学,能够"坐立诵读",被县令推荐到太学深造。先后任县督邮、郡西门亭长、郡功曹、闻喜(今山西省闻喜县)长、太丘(今河南省永城市)长等职。桓帝时,他受党锢之祸株连,下狱和遭禁近二十年。解禁后,大将军何进、司徒袁隗多次请他入朝担任辅助皇帝掌管军政大权的司徒、司空、太尉,陈寔都婉言谢绝了。他去世后,群公百僚,无不叹息;乡里百姓,皆失声痛哭。著名文学家蔡邕亲自为他撰写碑文,谥号"文范先生"。

陈寔一生不曾担任很高的官职,但为什么在士大夫中享有如此盛誉,在百姓中威望极高呢?正是因为他清正廉洁、品格高尚。

陈寔字仲弓,颍川许人也。出于单微。自为儿童,虽在戏弄,为等类所归①。少作县吏,常给事厮役,后为都亭佐。而有志好学,坐立诵读。县令邓邵试与语,奇之,听受业太学。

家贫,复为郡西门亭长,寻转功曹。

复再迁除太丘长②。修德清静,百姓以安……以沛相赋敛违法,乃解印绶去,吏人追思之。

及后逮捕党人,事亦连寔。徐人多逃避求免,寔曰:"吾不就狱,众无所恃。"乃请囚焉。遇赦得出。

寔在乡闾,平心率物。其有争讼,辄求判正,晓譬曲直,退无怨者。

及党禁始解,大将军何进、司徒袁隗遣人敦寔③,欲特表以不次之位。寔乃谢使者曰:"寔久绝人事,饰巾待终而已。"时三公每缺,议者归之,累见征命,遂不起,闭门悬车,栖迟养老。中平四年,年八十四,卒于家……谥为文范先生。

◎汉代青白玉熊◎

二〇二

东汉末年，颍川郡许县出了一个学识渊博、品德高尚的读书人，名叫陈寔。陈寔出身低微，无钱读书。但他从小就有号召力，和小伙伴一起玩时，大家都选他当头儿。因此，成人后，他在县里做了属吏。

陈寔为人正直，做官后，待人接物，极其公平，同事都很喜欢他。他天性好学，小时候因为家穷，误了学业。这时做官了，有了条件，他便抓紧一切时间学习。即使是办公时间，他也见缝插针，只要没事，他嘴里总是不停地诵读。县令邓邵见他学习入了迷，便让他到太学读书去了。由于陈寔有志读书，用心专一，竟读通了五经，成为一代大儒。

后来，陈寔出任太丘县令，注重教育，能用美德感化地方，不许属吏骚扰百姓，百姓因而过上了安定的日子，得以专心从事生产。邻县百姓见状，不断地向太丘县迁移。陈寔苦口婆心地劝导他们，然后将他们遣送回去。上司来太丘县视察，百姓一个告状的也没有。太丘县隶属沛国，国相违法盘剥，百姓赋税太重，而小小的县令又无力制止，一怒之下，陈寔辞官不干了。陈寔走后，百姓十分想念他。

◎汉代牛耕铜◎

东汉历史上第一次党锢之祸时，陈寔因为道德高尚，被人们所推崇，也受到牵连。当朝廷派人逮捕党人的时候，好多党人纷纷逃避，藏了起来。陈寔不肯躲藏，对人说："我不入狱，党人靠谁申辩？"于是，他自请入狱了。

后来，陈寔出狱，做了大将军窦武的属官。第二次党锢之祸时，陈寔回家乡隐居了。

在家乡许县，陈寔以自己的模范行为、正直作风感化一方。只要村中发生了争执，人们都来找他评论是非曲直。经他判明后，双方都心服口服，毫无怨言。有一年，许县闹饥荒，一个小偷潜入陈寔家中，藏在房梁上准备偷东西。陈寔发现后，并不惊动他，只是把儿子、孙子叫到跟前，向他们讲述修身之道："年轻人要努力向上，不要自甘堕落。坏人本来不一定坏，大多因少年时代不注意自己的行为，养成了坏习惯，这才逐渐变成坏人了。梁上君子就是这样的人。"梁上的小偷听了，深受启发，心中感动，便从梁上跳下

◎汉代陶鼎◎

来，向陈寔叩头请罪。陈寔对他进行了规劝，并让儿子取出两匹绢送给了他。这个梁上君子走后，改恶从善，重新做人了。这件事很快在当地传开了。在陈寔的影响下，许县再也没有发生过偷盗的事。

汉灵帝晚年，第二次党锢之祸解除后，大将军何进、司徒袁隗派人催促陈寔出来做官，为朝廷效力，并说要给他高位。陈寔对来人说："我老了，已长期不问政治，现在只是等死而已。"后来，朝廷里职位最高的三公出缺了，大家都推荐陈寔，于是朝廷又派人去请他出山。这时，他宣称自己久病在身，行动困难，将大门关上，藏起车马，再也不出门了。

汉灵帝中平四年(公元187年)，陈寔去世，享年84岁。大将军何进派人到许县吊丧，全国各地前来追悼的人多达三万人。他们共同为陈寔建了一座纪念碑，尊称他为"文范先生"。

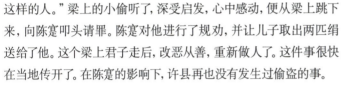

后汉书成语故事

梁上君子：梁，屋梁。躲在屋梁上的君子。为窃贼的代称。《后汉书·陈寔传》："……寔阴见，乃起自整拂，呼命子孙，正色训之曰：'夫人不可不自勉。不善之人未必本恶，习以性成，遂至于此。梁上君子者是矣!'……"

四朝巨奸梁冀

题解

梁冀（?—公元158年），从小就是显贵的国戚，又因拥立了汉桓帝，故而成为凌驾于皇帝之上的残暴权臣，他的家族也因此占据显赫高位。梁冀在位二十余年间，穷奢极欲，罪恶深重，一再迁就他的汉桓帝终于忍无可忍，利用宦官的势力铲除了这股极恶势力。

《后汉书》的帝纪部分新增了皇后纪，是东汉皇后和外戚地位日益提高的真实反映，而为窦宪、梁冀这样的重权在握、影响较大的外戚立传，则是对《后汉书》无外戚传的重要补充。

◎ 159年 汉桓帝与宦官唐衡、单超诛杀梁冀。 ◎

注释 <<<
①大将军：汉代将军的最高称号，多由贵戚担任。

初，梁冀两妹为顺、桓二帝皇后，冀代父商为大将军①，再世权威，威振天下……帝逼畏久，恒怀不平，恐言泄，不敢谋之。延熹二年，皇后崩，帝因如厕，独呼衡问……于是更召瑝、瑗等五人，遂定其议，帝啮超臂出血为盟，于是诏收冀及宗亲党与悉诛之……五人同日封，故世谓之"五侯"。又封小黄门刘普、赵忠等八人为乡侯。自是权归宦官，朝廷日乱矣。

后汉书故事

汉顺帝在宦官的支持下即位后，觉得宦官不能重用，竟将拥立他的十九个宦官都以"争功"的罪名罢免，赶出了洛阳。

永建六年（公元131年），汉顺帝17岁，该立皇后了。他宠爱的贵人有四个，他一时拿不定主意，不知立哪个才好。有一天夜里，汉顺帝到贵人梁妠宫中就寝，梁妠对汉顺帝说："后宫佳丽三千，陛下应该普施云雨才是，不应只爱我一个人啊！"汉顺帝听了这话，觉得这个女人非同一般。于是，第二天上朝，汉顺帝当着百官的面立

◎汉代木俑◎

梁妠为皇后。

梁妠是大将军梁商的女儿，从小喜欢读书，9岁就学完《论语》了。接着，她又学了《诗经》。她在闺房中摆满了烈女的画像，用以自励。13岁入宫，被封为贵人。梁妠被立为皇后，按照惯例，她的父亲梁商入宫总揽了朝政。梁商能顾全大局，常劝子弟要和宦官搞好关系，不要擅权。梁商死后，他的儿子梁冀继任大将军。梁冀却是个十足的膏粱子弟，他和宦官狼狈为奸，巧取豪夺，中饱私囊。

汉顺帝死后，他唯一的儿子刘炳即位，史称汉冲帝。梁妠成了皇太后。这年，汉冲帝才2岁，梁太后临朝听政，梁太后的哥哥梁冀独揽了朝中大权。从此，在东汉历史上开始了持续时间最长、危害最大的外戚专政时期。

第二年，在位才五个月的小皇帝去世了。这时，大臣们一致要求说："章帝的玄孙清河王刘蒜有德有才，已经17岁了。我们为天下苍生着想，应该立他为帝。"梁冀对梁太后说："刘蒜已经17岁了，一旦即位，我们就得靠边站了。我看，不如立刚刚8岁的千乘王刘缵，他年纪小，不懂事，我们可以继续掌权。"这样，8岁的刘缵做了皇帝，史称汉质帝。汉质帝也是章帝的玄孙，和刘蒜是堂兄弟。

梁冀在朝廷上盛气凌人，不可一世，汉质帝虽小，但也有些看不惯了，便在上朝时当着群臣的面指着梁冀说："你真是个跋扈将军！"梁冀听了，顿时一愣。大臣们听了，都暗暗佩服。梁冀退朝后，越想越怕。梁冀是个心狠手辣的人，他把毒药放在蒸饼中，活活药死了汉质帝。这时，汉质帝才当了一年零六个月的皇帝。

汉质帝死后，大臣们旧话重提，还主张立清河王刘蒜为帝。梁太后说："既然你们要立长君，蠡吾侯刘志今年15岁了，就立他为帝吧！"大臣们慑于梁冀的淫威，只好顺从。刘志即位，史称汉桓帝。梁太后临朝听政，大权仍然掌握在梁冀手里。

汉桓帝即位后，迎娶梁太后的妹妹梁莹进宫，立为皇后。汉桓帝怕得罪梁莹，不敢到其他妃嫔那里去，整天陪着她。四年后，梁太后病逝，汉桓帝便常到后宫其他妃嫔那儿去，对梁莹疏远了。梁莹没生儿子，怕失掉皇后的位置，见后宫妃嫔有怀孕的，就设法让她们堕胎。汉桓帝怕她哥哥梁冀，不敢责备她，但对她更疏远了。

这时，朝中大权还掌握在梁冀手中，新官任命后，要先到梁冀的大将军府谢恩后才敢上任。汉桓帝的年纪越来越大，马上要亲政了，而梁冀的妹妹又失宠了。梁冀想："要想保住禄位，必须采取措施。"梁

◎汉桓帝◎

冀的妻子孙寿出主意说："去年，我到舅舅家参加生日宴会，见到了续娶的舅母宣氏带来的女儿邓猛，长得像一朵花似的。如果我们把她送进宫中，皇帝就不会再爱别的女人了。那时，还愁我们的禄位保不住吗？"梁冀一听，心中大喜，便将邓猛认作自己的女儿，送进宫中。汉桓帝见了邓猛，以为是仙女下凡。从此，汉桓帝专宠邓猛，感激梁冀，任其胡作非为，无论谁弹劾梁冀，他都不听。不想梁冀作恶多端，终于恶贯满盈了。他见汉桓帝独宠邓猛，着实高兴了一阵子，但又担心宣氏早晚会把这件事的真相说出去，于是决定派刺客趁黑夜去刺杀宣氏。宣氏听说梁冀要刺杀她，慌忙入宫告诉女儿邓猛。汉桓帝听说后，勃然大怒，心想："不除梁冀，朕早晚也会有性命之忧的。但朝中大臣都是梁冀的人，自己孤掌难鸣，怎么办呢？"过了一会儿，汉桓帝上厕所，见自己心爱的小太监唐衡跟在后面，便悄悄地问他说："你知道宫中有谁和梁冀不和吗？"唐衡四顾无人，这才偷偷地说："中常侍单超、小黄门左悺受过梁冀的欺凌，心里正恨他呢。还有中常侍徐璜、黄门令具瑗也与梁冀有仇。"汉桓帝找到这四个人，再加上唐衡，一同歃血为盟，誓除梁冀。

八月丁丑这天，汉桓帝来到前殿，命令尚书令尹勋率兵守卫皇宫。接着，又命令黄门令具瑗率领羽林军一千多人，会同司隶校尉张彪包围了大将军府。梁冀夫妻见状，急忙饮鸩酒自杀了。汉桓帝下令将梁氏灭族，接着抄没了梁冀的家产。统计后发现，梁冀的家产竟相当于全国半年的租税收入。

汉桓帝除掉了梁冀，为了报答唐衡等五名宦官，把他们都封为侯了。这样，东汉政权又从梁冀手中转到宦官手中了。不久，朝中大臣和太学生联合起来，反对宦官执政。汉桓帝大怒，将以李膺为首的大臣二百多人逮捕，关进监狱，这就是东汉历史上第一次"党锢之祸"。

一年后，汉桓帝病逝于洛阳宫中。汉桓帝在位二十一年，梁冀执政长达十二年，宦官执政长达九年。纵观汉桓帝一生，除了玩女人外，可以说他什么也没做。

后汉书成语故事

专横跋扈：专横，肆意妄为；跋扈，强暴。独断专行，蛮横强暴。《后汉书·梁统列传》："帝少而聪慧，知冀骄横，尝朝群臣，目冀曰：'此跋扈将军也。'"

玩乐天子汉灵帝

题解

汉灵帝刘宏能登上皇帝位，是幸运的。汉桓帝刘志虽然36岁而终，但身后并无子嗣，年轻的窦皇后及其父亲窦武，把继承人的年龄设定在少年段。12岁的刘宏由一个皇族旁支已经落魄了的亭侯子弟，摇身一变而为万乘之尊。

刘宏能登上皇帝位，又是不幸的。汉桓帝留下的是一个千疮百孔的社会。外戚跃跃欲试地准备统理朝政，宦官虎视眈眈地觊觎着皇权，士人的不平之鸣，遍野的饥民之声，合奏成一曲悲哀的末世之歌。东汉自汉和帝刘肇登基后，送出少年（包括幼儿）皇帝，他们不懂国家政务，因此造成了外戚和宦官轮番窃掌国柄的斗争局面。整个灵帝一朝，都在宦官势力垄断之中。面对宦官的恣意妄行和士人的激烈抗争，汉灵帝感到无能为力，便只想着敛财玩乐，流连于香艳和荒诞之间。

◎ 168年 桓帝卒，刘宏被拥立为帝，是为汉灵帝，宦官集团掌握朝政。 ◎

桓思窦皇后讳妙，章德皇后从祖弟之孙女也。父武。延熹八年，邓皇后废，后以选入掖庭为贵人，其冬，立为皇后，而御见甚稀，帝所宠唯采女田圣等。永康元年冬，帝寝疾，遂以圣等九女皆为贵人。及崩，无嗣，后为皇太后。太后临朝定策，立解渎亭侯宏，是为灵帝。

太后素忌忍①，积怒田圣等，桓帝梓宫尚在前殿，遂杀田圣。又欲尽诛诸贵人，中常侍管霸、苏康苦谏，乃止。时太后父大将军武谋诛宦官，而中常侍曹节等矫诏杀武②，迁太后于南宫云台，家属徙比景。

后汉书故事

汉桓帝在位二十一年，没有什么建树。同时，他也没有儿子。36岁时，汉桓帝荒淫过度，瞑目而逝了。汉桓帝死后，由窦皇后做主，迎立12岁的解渎亭侯刘宏为帝，史称汉灵帝。

有人要问，汉桓帝先宠梁皇后，后宠邓皇后，怎么又出来个窦皇后呢？原来，邓皇后受宠七年，一直无子，汉桓帝又爱上了别人。这个人就是如花似玉的郭贵人。邓皇后如果宽宏大量也就罢了，不料她竟和郭贵人争风吃醋，惹得汉桓帝一时性起，将邓皇后废了。不久，汉桓帝又见异思迁，爱上了彩女田圣。汉桓帝只和她同寝一宿，就要立她为皇后。不料，到朝上一公布，群臣纷纷反对，都说："田圣出身低贱，不能当皇后。要立皇后，还是立窦贵人吧！"窦贵人姓窦名妙，是当年汉章帝窦皇后的后人，因出身高贵，群臣异口同声地要求立她为皇后。汉桓帝虽是皇帝，也不能不顾群臣的意见，便立窦贵人为皇后了。

汉灵帝做皇帝时才12岁，便由窦太后临朝听政了。窦太后的父亲窦武一心想让汉朝中兴，便起用党人，并和太傅陈蕃、大臣李膺等人密谋，要除掉为害国家的宦官。不料事情败露，反被宦官所杀。宦官逼汉灵帝杀了李膺等大臣一百多人。接着，又逮捕党人和太学生六百多人，并规定党人的门生和子弟不许做官。这就是东汉历史上第二次"党锢之祸"。

汉灵帝昏庸无能，国库空虚，便标价卖官，政治腐败到了极点，终于引发了轰轰烈烈的黄巾大起义。这些，汉灵帝都不管，他只在后宫享用美女。他先看上了何美人，立她为皇后。不久，何皇后生了个儿子，汉灵帝给他起名叫刘辨，爱如珍宝。不久，王美人入宫。王美人是中郎将王苞的女儿，不但姿色不比何皇后差，而且略

胜何皇后一筹。何皇后为人极好忌妒，不许皇上爱别的女人，也不许别的女人生孩子。遇见比自己强的女人更是容不下。她见王美人比她强，总想对王美人下毒手。不久，王美人怀孕了，她见何皇后容不了她，便将肚子用带子裹紧，免得被何皇后发现。在汉灵帝的关照下，孩子终于生下来了。汉灵帝见是个儿子，心中大喜，为他取名叫刘协。

何皇后听说王美人生了儿子，又惊又怕，命令宫女偷偷地将毒药放在煎好的药中，王美人喝了毒药，七窍流血而死。事后，汉灵帝将刘协送到自己母亲宫中，由自己的母亲董太后亲自抚养。王美人死后，汉灵帝心灰意冷，不理朝政，又是修苑囿，又是造台观，不是骑马打猎去散心，就是在后宫装作商人取乐。他在后宫开了一个杂货店，他亲自当老板，手拿算盘，提着一杆秤卖东西，宫女则装成顾客，到他这儿来买东西。汉灵帝卖了一天东西，晚上累了，便和一群宫女共眠。汉灵帝把国库中的钱挥霍光了，便又开始卖官，三公开价一千万钱，九卿开价五百万钱，除了皇帝这个位子不卖外，其他任何官都可以用钱买。

董卓的故事

题解

董卓（？—公元192年），善战好战，富有谋略，专横独断，残暴至极。他一心谋求篡权的机会，胁迫何太后，废掉少帝，拥立陈留王，从此享有了至高的权力，将洛阳人迁徙到长安，在长安城东修建了万岁坞，纵情奢华享乐，成了杀人不眨眼的恶魔。在王允、吕布的共同谋划下，董卓终于被铲除，他的家族也因此毁灭。贪权、贪财、好色、残暴是历代贪官的共性，董卓就是这样一个无所不贪的大奸雄。

◎ 184年 黄巾起义，随后被镇压。◎

注释 <<<
①卓别传记载："卓父君雅
为颍川轮式尉，生卓及弟旻，
故卓字仲颖，旻字叔颖。"
②部曲：借指军队。

董卓字仲颖①，陇西临洮人也。性粗猛有谋。少尝游羌中，尽与豪帅相结。

及帝崩，大将军何进、司隶校尉袁绍谋诛阉宦，而太后不许，乃私呼卓将兵入朝，以胁太后。卓得召，即时就道。

初，卓之入也，步骑不过三千，自嫌兵少，恐不为远近所服，率四五日辄夜潜出军近营，明旦乃大陈旌鼓而还，以为西兵复至，洛中无知者。寻而何进及弟苗先所领部曲皆归于卓②，卓又使吕布杀执金吾丁原而并其众，卓兵士大盛……遂胁太后，策废少帝……乃立陈留王，是为献帝。

寻进卓为相国，入朝不趋，剑履上殿。

时王允与吕布及仆射士孙瑞谋诛卓。

后汉书故事

巨鹿张角，是个有雄心大志的人。他见国家如此，便想乘机推翻汉朝天下，建立太平盛世。为了组织兵力，他创办了太平道，让人加入，然后伺机起义。张角懂得医术，为人治病不要报酬，只要加入太平道就行。经过十年的努力，他的教徒竟发展到数十万人，几乎遍及全国。这时，正赶上天灾频仍，饥民遍地。张角抓住这个时机，发动起义，号召百姓创建丰衣足食的乐土。这次起义历史上称为黄巾起义。百姓纷纷参加起义军，攻城夺地，专杀贪官污吏，天下震动。汉灵帝惊恐万分，一面派兵镇压，一面命令地方组织兵力围剿。这样一来，各地豪强纷纷建立自己的军队，开始拥兵自重了。黄巾起义被镇压下去之后，地方上的豪强利用组织起来的兵力开始混战，乘机发展自己的势力，变成割据一方的军阀。于是，东汉王朝进入了军阀割据时期。

凉州军阀董卓就是这些军阀中的一个。他是陇西临洮人，从小有勇有谋，膂力过人。董卓年轻时，曾到羌族地区游历，向羌族的豪强贵族赠礼物，与他们交朋友，培植自己的势力。

这次，他因镇压黄巾起义有功，步步高升，做了破虏将军，势力越来越大了。

汉灵帝中平六年(公元189年)，汉灵帝病死。他有两个儿子，老大刘辩，老二刘协。刘辩是何皇后的儿子，汉灵帝不喜欢他。临死前，汉灵帝把刘协托付给宦官蹇硕。蹇硕受命担任上军校尉，成了皇宫禁卫军的统帅。他想按汉灵帝的遗嘱杀掉何进，另立刘协为帝，但没有杀成。于是，何皇后的哥哥何进便立刘辩为帝，史称少帝。何进掌握了朝中大权，蹇硕心中不安，便与众宦官谋除何进。不料走漏了消息，何进先将蹇硕杀了。外戚和宦官争权夺利的斗争愈演愈烈。何进担任大将军，势力强大，引起了宦官的不满和反对。担任中军校尉的袁绍劝何进说："宦官为害朝廷几十年，应该利用这个大好时机将所有宦官全部杀掉。"何进一想自己几乎死于宦官之手，便去请示何太后，何太后为难地说："先帝归天才几日，难道让我现在就去面对朝臣吗？"何进只得作罢。袁绍见状，又向何进建议说："将军不如号召四方猛将进京，胁迫太后诛杀宦官。"何进采纳了他的建议，想依靠凉州军阀董卓的力量，便下令召董卓速到洛阳。宦官听说何进要杀他们，忙假传圣旨，召何进进宫，趁他不备，将他杀死。何进部将闻讯，与中郎将袁术、中军校尉袁绍率军入宫，大杀宦官，死者二千余人。东汉以来猖獗近百年的宦官集团终于覆灭了。

这时，董卓也来到洛阳。董卓为了掌权，要行废立之事。负责京

◎汉代龙牌◎

城治安的大将丁原看出董卓有野心，对董卓的行为深表不满。董卓见丁原是员猛将，对汉室忠心耿耿，知道不除掉他，自己是不能掌权的。董卓听说丁原的部将吕布是个反复无常的人，就用金钱去收买吕布。吕布接受了董卓的重赂，不几天就把丁原杀掉了，替董卓扫除了夺权的障碍。这年九月间，董卓废了少帝，毒死何皇后，另立刘协为帝，史称汉献帝。

　　董卓依靠拥立之功，自封为丞相，独揽了朝中大权。他参拜不名，入朝不趋，剑履上殿，全无人臣之礼。从此，他开始在洛阳为所欲为了。董卓在洛阳的所作所为引起了人们的强烈反对。袁绍因和董卓意见不合，逃到了渤海郡。典军校尉曹操怕董卓对他下毒手，逃出洛阳，到了陈留。他们联合十多个州郡的太守，共推袁绍做盟主，组织联军讨伐董卓，这支联军称为"关东军"。关东军从东面对洛阳采取了半圆形的包围阵势，但他们各有各的打算，为了保存实力，都观望不前，没有对董卓构成压力。董卓也没把他们放在眼里，董卓担心的是黄巾起义军的余部郭太。这时，郭太在西河重整旗鼓，多次打败董卓派去的军队。董卓怕起义军渡过黄河，切断他的后路，便急忙挟持汉献帝撤出洛阳，逃往长安。董卓撤出洛阳时，要把百姓全都带走。董卓怕百姓在半路上逃回洛阳，派军队把洛阳一带的房屋、宫殿全都烧光了，洛阳顿时变成一片废墟。

　　董卓到了长安，更加专横跋扈，穷奢极欲。董卓不管百姓死活，征集二十五万民夫，在离长安城二百六十里的郿建了一座城堡，称为郿坞。董卓在城堡里屯积了够他们食用三十年的粮食、二三万斤黄金、八九万斤白银，还有其他无数珍宝。他以为有了这些，就可以万无一失、高枕无忧了。董卓怕人行刺，外出时总是在衣服里面穿上厚厚的铠甲。董卓倒行逆施，恶贯满盈，引起众怒了。后来，连他委任的官吏也成了他的敌人。汉献帝初平三年(公元192年)四月间，王允和吕布合谋，要杀董卓。王允是太原人，少有大志，能文能武，做郡吏时即能为民除害。这时，王允已步步升至司徒了。几天后，适逢汉献帝有病初愈，群臣在未央殿聚会，向皇帝致贺。董卓身为丞相，表面上的礼节还是要讲的。他布置好护卫，乘车进宫。吕布等十余人埋伏在朝门内，趁董卓车到时将他刺死。接着，又将董卓族人全部诛杀。

　　这年，汉献帝才12岁，朝中大权都掌握在大臣手里。

曹操的故事

题解

　　曹操出生于一个显赫的宦官家庭，年轻时期的曹操机智警敏，有随机权衡应变的能力，且任性好侠。公元184年曹操于汉末黄巾起义时显露头角，后被封为西园八校尉之一，参与了天下诸侯讨伐董卓的战争。董卓死后，他独自发展自身势力，纵横乱世，南征北战，先后战胜了吕布、袁术，并接受了张绣的投降。建安元年八月，曹操亲至洛阳朝见献帝。随即挟持献帝迁都许县（今河南许昌东）。从此，曹操取得了"挟天子以令诸侯"的优势，东征西讨，开始了他翦灭群雄、统一北方的战争。

　　◎ 公元196年 曹操"挟天子以令诸侯"。 ◎

　　建安元年，曹操迎天子都许，乃下诏书于绍。

　　乃先遣颜良攻曹操别将刘延于白马，绍自引兵至黎阳……曹操遂救刘延，击颜良斩之。绍乃度河，壁延津南。

　　绍使刘备、文丑挑战，曹操又击破之，斩文丑。再战而禽二将，绍军中大震。操还屯官度，绍进保阳武。

　　相持百馀日，河南人疲困，多畔应绍。绍遣淳于琼等将兵万馀人北迎粮运……会攸家犯法，审配收系之[1]，攸不得志，遂奔曹操，而说使袭取淳于琼等。

　　初，绍闻操击琼，谓长子谭曰："就操破琼，吾拔其营，彼固无所归矣。"乃使高览、张郃等攻操营，不下。二将闻琼等败，遂奔操。

注释 <<<
①审配：东汉末年军阀袁绍帐下谋士。收系：拘禁。

◎曹操雕像◎

后汉书故事

　　曹操字孟德，汉桓帝永寿元年（公元155年）生于沛国谯县。父亲曹嵩本姓夏侯，因做了宦官曹腾的养子，所以改姓曹了。曹操为人豪爽，胸怀大志。他博览群书，熟读兵法，给《孙子兵法》十三篇作了注解，还练就了一身好武艺，能飞檐走壁。20岁时，曹操被郡县长官举为孝廉，担任了皇宫的侍从官。不久，被调任洛阳北部尉，负责洛阳北部的治安工作。董卓应召进洛阳时，曹操正担任典军校尉。董卓见他不是一般人，便想拉他入

伙。曹操见董卓为人残暴，不得人心，知道他日后必败，因此不管董卓怎样拉拢，都不愿意跟他同流合污。不久，曹操想方设法逃出洛阳，回到陈留，要起兵讨伐董卓。曹操的父亲住在陈留，家中富有，愿意供曹操招兵买马。陈留太守是曹操的朋友，也支持曹操起兵。陈留首富卫兹是陈留的孝廉，愿将全部家产拿出来供曹操招募义兵，并愿追随左右。曹操得到卫兹的帮助，开始招兵买马。这消息传出后，有不少对董卓不满的人带着他们的子弟前来投奔曹操。不久，曹操的同乡好友夏侯惇和堂弟曹洪也带了一批人赶来参加。曹操的队伍越来越大，很快聚集了五千多人马。

　　汉献帝初平元年(公元190年)正月，曹操带兵前往酸枣，加入以袁绍为盟主的关东军，讨伐董卓。这支关东军的将领们都抱着割据一方的野心，为了保存实力，谁也不敢和董卓正面交锋，曹操只得带着他那五千多人马追击董卓。追到荥阳时，和董卓部将徐荣遭遇，徐荣以逸待劳，曹操寡不敌众，被打败了。曹操率残军回到酸枣，见关东军各路将领仍按兵不动，只知整日饮酒作乐，曹操见他们难成大事，便离开了酸枣。不久，关东军粮尽，也就自动散伙了。曹操为了补充兵员，和夏侯惇到扬州等地去募兵。

　　袁绍夺取了冀州等地，称雄北方。各地军阀继续混战，给百姓带来了无穷的灾难。各地农民被迫起义，迅速蔓延开来。初平三年(公元192年)，青州黄巾起义军攻入兖州，杀了刺史刘岱。济北相鲍信等人请曹操担任兖州刺史。曹操集中兵力，打败了黄巾起义军，得到降兵三十多万人。他从中挑选健壮青年，组成了有名的"青州兵"。从此，"青州兵"成了曹操纵横天下的本钱。曹操能征惯战，势

力越来越大，投靠他的人也越来越多了。一天，他手下的谋士对他说："将军，要想消灭各地拥兵自重的军阀，必须利用皇帝的名义号令天下才能办到，这叫作'挟天子以令诸侯'。其次，必须让士兵屯田，自给自足，才能吃饱饭，打胜仗。"曹操一听大喜，马上照办。

建安元年（公元196年）八月，曹操前往洛阳，将从长安迁回洛阳的汉献帝又迁到许昌，牢牢地控制在自己手中。从此，他专断朝政，汉献帝成了傀儡，百官也全得听他的。

曹操用亲信担任皇宫卫士，看住朝廷。自己出征时，让谋士荀彧管理朝政。从此，朝中大权全归曹操，汉朝天下已名存实亡。曹操稳住朝廷后，开始南征北战，打败了张绣，杀掉了吕布，击破了袁术，又用汉献帝的名义封孙策为吴侯，稳住了江东。

袁绍见曹操日益强大，不禁坐立不安。汉献帝建安五年（公元200年）二月，袁绍任命沮授为监军，亲自统领十万大军，从邺城出发，进攻许昌，要消灭曹操。袁绍进军到黄河北岸的黎阳，派郭图、颜良进

攻白马。他企图引诱曹操离开官渡，一举消灭曹军。曹操接到在白马的东郡太守刘延的报告后，立即召集谋士和武将商量对策。大家建议说："不要和袁绍硬打硬拼，应该避实就虚，声东击西。"于是，曹操指挥军队装出要从延津方向渡过黄河去攻打袁绍后方的样子，引诱袁绍主力离开黎阳，并且麻痹围攻白马的颜良。袁绍得到曹操向延津进军的消息，限令黎阳的军队赶在曹军渡河之前到达延津渡口，做好和曹军决战的准备。曹操见袁绍中计，忙悄悄率领轻骑奔向白马。

在白马的颜良、郭图倚仗兵马多，又有在黎阳的主力做后盾，正洋洋得意地开怀畅饮。这时，曹军突然出现，颜良手忙脚乱，仓促应战。曹军左右夹攻，颜良抵挡不住，在阵前被斩。郭图一看形势不好，骑上战马逃走了。袁绍听说大将颜良被杀，进攻白马的袁军已被歼灭，气得直跺脚。为了给颜良报仇，他派大将文丑带领五六千骑兵渡河追击曹操。这时，曹操已从白马撤军，刚走到延津南面的一个山坡下，忽闻报袁绍派兵追来。曹操见那里地势险要，顿时心生一计。他传下命令："停止前进，丢下一些车辆物资，然后埋伏好。"徐晃挑选六百多名精锐骑兵在树林中埋伏起来。不多时，文丑的大队人马到来。他们看见道上的车辆物资，以为是曹军为了逃命才丢下的，便一窝蜂地拥上去抢东西。这时，曹操一声令下，埋伏好的骑兵突然冲了出来，文丑遭到突然袭击，仓促应战，被徐晃一刀斩于马下。他手下的士兵逃走了一些，剩下的都投降了。打了胜仗的曹军将士带着战利品回到官渡大营。

袁军接连打了两次败仗，士气低落。但

袁绍自恃兵多，仍要渡河跟曹操的主力决战。官渡距许昌不到二百里，是南北交通咽喉，兵家必争之地。如果官渡失守，许昌就失去了屏障。因此，曹操鼓励将士，竭尽全力固守官渡阵地。袁绍一时不能得手，战局进入胶着状态。

　　曹操虽然多次打退袁绍的进攻，守住了阵地，但由于双方相持时间过长，粮草供应越来越困难。而袁绍的军粮却从后方源源不断地运到距官渡四十里的乌巢。正在这时，卫兵报告曹操说："从袁军那边跑过来一个名叫许攸的官员，说是有急事求见。"许攸原先就认识曹操，曹操赶快把他迎了进来。许攸是袁绍的谋士，不久前，他家中有人犯法，已被收监。许攸得到音信后，急忙前来投奔曹操。曹操向许攸询问破袁之计，许攸建议曹操派兵去袭击乌巢的粮仓。曹操一听大喜，和众谋士商量，拟定了夜袭乌巢的方案。袁绍得知乌巢被袭，粮食被烧，吓得目瞪口呆，不管有人反对，命令部将张郃、高览进攻官渡的曹营。张郃、高览只好带领军队出发了。袁军到达官渡后，前有曹洪的顽强抵抗，后有从乌巢回来的曹军的猛烈袭击，张郃腹背受敌，抵挡不住，知道袁绍难成大事，就和高览一同投降了曹操。

　　袁绍连吃败仗，粮草被烧，谋士离叛，将领投降，士兵逃散。他见大势已去，慌忙向北撤军。逃过黄河的时候，身边只剩下八百个人了。袁绍逃回北方后，不久吐血而死。他的儿子逃往乌桓。曹操乘胜追击，乌桓投降。袁绍的儿子又逃到辽东，被辽东太守公孙康杀死，其首级被献给了曹操。

◎曹操指挥若定◎

　　至此，曹操统一了北方。曹操在前线打了胜仗，回到汉献帝身边，更是说一不二了。

　　曹操统一北方后，努力发展农业，积蓄粮食；加紧练兵，增强军事力量。这样，他的实力越来越雄厚了。为了统一中国，他决定进军南方，消灭荆州的刘表和江东的孙权。孙权听说曹操拿下了荆州，忙派鲁肃到刘备那里去察看军情，并且说服刘备和东吴联合，共破曹操。

　　赤壁之战，曹军大败。曹操的儿子曹丕见刘备等人总以灭曹安刘为号召，要出师北伐，便想废掉汉献帝。

玩偶皇帝汉献帝

题解

献帝时天下一片混乱,汉献帝实际上已沦为曹操的囚徒。伏皇后是汉献帝的皇后,曾设法夺回王权,却最终难逃曹操的毒手,其下场十分悲惨。曹操的二女儿曹节被立为皇后,虽一直忠于汉室,却也一生凄凉。

◎ 220年 刘协禅位于曹丕,东汉王朝画上句号。 ◎

注释 <<<
①总己:总摄己职。
②逊:让。
③山阳:县名。故城在今怀州修武县西北。

孝献皇帝讳协,灵帝中子也。

九月甲戌,即皇帝位,年九岁。

十一月癸酉,董卓自为相国。

冬十一月,曹操自为司空,行车骑将军事,百官总己以听①。

十一月丁卯,曹操杀皇后伏氏,灭其族及二皇子。

二十一年夏四月甲午,曹操自进号魏王。二十五年春正月庚子,魏王曹操薨,子丕袭位。

冬十月乙卯,皇帝逊位②,魏王丕称天子,奉帝为山阳公③。

明年,刘备称帝于蜀,孙权亦自王于吴,于是天下遂三分矣。

后汉书故事

汉献帝兴平二年(公元195年)夏天,汉献帝和伏皇后一行逃出长安。这时,汉献帝15岁,伏皇后已经19岁了。

五年前,汉献帝被董卓胁迫从洛阳迁到长安时,伏完全家随皇帝西行。后来,伏完把15岁的女儿送进皇宫,陪伴11岁的汉献帝,被封为贵人。随着年龄的增长,伏贵人出落得如出水芙蓉一样,又极有教养,因而被立为皇后了。

　　董卓的部将李傕和郭汜在董卓被杀后攻进长安，率领大军从后面拼命追杀，逼得汉献帝一行人一口气跑了四十多里路，眼看夕阳西下，才来到陕县。刚刚停下来休息，又听到了喊杀声。汉献帝和伏皇后都已累得筋疲力尽，连眼皮都抬不起来了。这时，太尉杨彪近前奏道："陛下，咱们还是连夜渡过黄河，前往孟津，投奔关东比较可靠。"汉献帝点头说："也只有如此了。"杨彪便派人到处去寻找船只。大约半个时辰，船只找来了。汉献帝伸手搀扶伏皇后，向河滩走去。真难为这位新皇后了，腋下还夹着从长安带出来的几匹绸缎，这是从长安带出来的唯一的一点财产了。汉献帝一行人好不容易来到岸边，才知道只有一只船。河岸足有一丈多高，伏完看见女儿手中的绸缎，一拍脑袋说："有了！"于是，他叫众人用这些绸缎把汉献帝裹起来，两个士兵紧紧拉住一头，将汉献帝轻轻吊下去，上了船。至于伏皇后，伏完伸手将女儿抱在怀里，闭上双目朝下就跳，下面有人接着，也上了船。

　　船到对岸，直奔安邑。进了城门，早有河内太守和河东太守前来接驾。河东太守张扬与董承商量说："我们得先回去修复洛阳的皇宫，然后再护送皇帝回洛阳。"于是，董承先走了些日子，到洛阳去了。汉献帝等回到洛阳时，见洛阳的皇宫仍是一片废墟，根本无法修复。没有粮食，没有像样的地方可以安身。汉献帝的困境被远在兖州的曹操知道了，立即派军进逼洛阳。不久，汉献帝见曹操大兵压境，知道是在用武力要挟自己，无奈只好封曹操为镇东大将军、费亭侯，又领司隶校尉、录尚书事。至此，曹操独揽了朝廷的大权，迁都许昌。

　　汉献帝到了许昌，只是守着皇帝的空位子，不得不封曹操为大将军、武平侯。董承不堪忍受曹操的专横跋扈，暗中联络刘备出兵讨伐曹操，自己准备做内应。董承的女儿董贵人把父亲的想法说与汉献帝，汉献帝表示赞同，密令董贵人缝制了一条玉带，把亲手写的密诏藏在玉带中。不料，宫里宫外到处都是曹操的耳目，事情很快就败露了，董贵人被活活勒死了。接着，曹操也没有请汉献帝下诏，就命行刑官立刻将董承等人斩首示众，并灭了三族。

　　这情景将伏皇后吓得面如土色。贵为皇后，她不堪忍受这种压迫，便偷偷写信给父亲，诉说汉献帝和自己被曹操欺凌的情况。伏完见到女儿的亲笔信，便对送信的宦官穆顺说："曹操的死党众

◎汉代八连弧"君宜官秩"镜◎

多，不能轻举妄动。如果江东孙权和西川刘备二处起兵，曹操一定前去。那时，朝中的忠臣同心协力，里应外合，方可一举成功。"穆顺说："你可写奏章回复陛下，求密诏派人前往吴、蜀二处，相约起兵讨贼救主。"穆顺出宫后，便有人报告曹操了。穆顺回

◎玉猪◎

来时，刚走到宫门口，便被截住了。曹操搜出伏完的奏章后大怒，连夜点齐三千人马，包围了伏完的府邸，将伏家老幼一齐拿下，并搜出了伏皇后的亲笔信。次日，曹操命左右用乱棒将伏皇后打死。接着，曹操又入宫把伏皇后所生的两个儿子用鸩酒毒死了。当晚，曹操把伏完和穆顺的族人二百多人全部斩首，朝野上下无不惊骇。

自从伏皇后死后，汉献帝一连数日不曾吃饭。曹操入宫劝道："陛下不必担忧，臣对陛下决无二心。臣的女儿已经入宫，做了陛下的贵人，她们为人贤惠，可以册立为皇后。"曹操有三个女儿，依次为曹宪、曹节、曹华，都已入宫做了贵人。此时，汉献帝听了曹操的话，哪敢不依。不久，曹操的二女儿曹节被立为皇后。这时，汉献帝35岁，曹节才18岁。

建安二十年（公元215年），曹操病逝，长子曹丕在邺城袭了魏王的爵位。曹丕早就想废掉汉献帝自己做皇帝了。于是，他授意华歆等人去许昌逼汉献帝退位。汉献帝被逼退位后，被贬为山阳公，曹皇后降为山阳公夫人。这位出身曹门的女子，与她的兄长不同，一直忠于汉室。她一心一意地服侍汉献帝，直到十四年后汉献帝病逝。后来，她又孤独地生活了二十六年，于61岁那年去世。

阅读延伸

成书《古诗十九首》，民歌光大"汉乐府"

东汉末年文人创作的《古诗十九首》继承和融汇了诗骚乐府的光辉传统，代表了汉代五言诗的艺术高峰，是我国诗歌史上文人五言诗的第一批丰硕成果，有其独特的艺术成就和重要地位。